Mary Reed McCall

Après avoir étudié à l'université de Saint-Pétersbourg, elle décide de réaliser son rêve et devient écrivain. Son roman *La revanche du templier* est élu Meilleure romance médiévale par le *Romantic Times*. Elle écrit également de la romance contemporaine sous le nom de M. Reed McCall.

Tentations

Du même auteur aux Éditions J'ai lu

LES CHEVALIERS DE L'ORDRE DU TEMPLE

Tentations
N° 8151

La revanche du Templier
N° 8894

Le Templier déchu
N° 9024

MARY

REED McCALL

LES CHEVALIERS DE L'ORDRE DU TEMPLE

Tentations

Traduit de l'anglais (États-Unis)
par Indologic

J'AI LU

POUR elle

Titre original
BEYOND TEMPTATION

Éditeur original
Published by Avon Books, an imprint of HarperCollins, New York

À Cynthia Bunal Dyer, mon amie depuis le jardin d'enfants. Dans le car scolaire, tu t'es assise à côté de moi... et nous ne nous sommes plus quittées. Tu seras toujours la meilleure de mes meilleures amies.

À Dawn O'Reilly Smouse, britannique de naissance, américaine par mariage. J'ai eu de la chance de te rencontrer, le jour où nos filles aînées sont entrées au jardin d'enfants. Merci pour ton amitié.

Remerciements

Mes plus chaleureux remerciements à Stephanie Koch. Mes enfants t'adorent, ainsi que John et moi ! Merci pour ce qui s'est passé l'été dernier...

À tous ceux qui m'ont aidée, notamment May Chen, Lyssa Keusch, Meg Ruley, Annelise Robey, et bien sûr mes chers parents, David et Marion Reed...

Et enfin à tous ces hommes de bien et de principe qui se sont battus avec honneur, ont vécu pour leurs convictions et sont morts avec courage sous la croix écarlate de l'ordre du Temple : je vous rends hommage.

« Non nobis, Domine, non nobis, sed Nomini Tuo da gloriam... »

« Pas à nous, Seigneur, pas à nous mais à Ton nom donne la gloire... »

Devise des templiers

« Quand j'y repense, j'ai du mal à croire qu'un seul d'entre nous ait survécu à ce fameux jour, et surtout aux semaines et aux mois qui ont suivi. Ce fut un vendredi noir, comme on l'a appelé par la suite. Puis vint le répit, après ce déchaînement de mal qui s'était abattu sur nous dès l'aube.

« Noir, oui, comme une âme dévorée par les flammes furieuses de l'enfer… »

Lettres de sir Richard de Cantor,
1315

Prologue

Dans les bois près de Montivilliers, France, vendredi 13 octobre 1307

La pluie s'abattait en rafales cinglantes, le vent gémissait dans les frondaisons. Richard de Cantor s'accroupit, hors d'haleine, près de son cheval. Il attendit les autres à l'abri. Il avait mal à la tête, son cœur battait la chamade, un sentiment d'horreur incrédule le tourmentait à chaque inspiration. Que penser de ce qui se passait depuis le lever du soleil ?

On leur donnait la chasse comme à du gibier.

Et apparemment dans toute la France. La chasse aux templiers était ouverte. Lui-même et ses trois compagnons d'armes – John de Clifton, Damien et Alex d'Ashby – étaient les seuls chevaliers à avoir pu s'échapper de la préceptorie de Saint-Siméon, quand les soudards du roi Philippe le Bel étaient passés à l'attaque.

En vérité, il n'avait pas la moindre idée de ce que tout cela voulait dire. En tant que templiers, ils faisaient partie de l'ordre le plus respecté et le plus redouté de la Chrétienté. C'était absurde. Il fallait affronter leurs poursuivants, exiger des explications.

Son instinct de guerrier lui suggérait de livrer bataille, mais les ennemis étaient trop nombreux. Richard et ses compagnons n'avaient pas l'ombre d'une chance ; d'ailleurs, la règle de l'ordre leur interdisait de prendre ce risque. Car l'horrible vérité était que leurs ennemis étaient chrétiens, et de surcroît soldats du roi de France ! Combattre des chrétiens était péché mortel.

Quant à se rendre...

Un chevalier du Temple ne se rend pas, tant qu'il lui reste un souffle de vie.

Il y eut un froissement de branches et des craquements dans les taillis. Richard, sur le qui-vive, posa la main sur la garde de son épée. John entra à cheval dans la clairière, suivi de Damien qui portait Alex en croupe. John jura – s'attirant le regard furieux de Damien –, mit pied à terre et s'avança vers Richard. Un trou dans les nuages laissait percer un rayon de lune.

— Que faire, Richard ? grinça John.

Derrière eux, Damien aidait son frère enchaîné à descendre de son destrier. Puis les deux frères s'approchèrent. Damien était tendu, Alex bouillait de fureur contenue.

— Ça dépend. Où sont les gens d'armes ?

— Une demi-lieue, pas plus, répondit sombrement Damien. Ils ne lâcheront pas notre piste. La pluie et l'obscurité nous aident sans doute, mais dans un quart d'heure, ils nous tomberont dessus.

— Ne croyez-vous pas, gronda Alex, que cela augmenterait nos chances si vous me détachiez ? Depuis Chypre, vous me traitez en prisonnier et cela ne fait que nous ralentir.

Damien resta raide comme la justice, son poing ganté de fer crispé sur la chaîne qui liait les poignets de son frère aîné. Il se taisait, observant Richard qui ignorait ostensiblement Alex.

— Le problème, continua celui-ci, c'est que vous vous obstinez à porter ce maudit surcot. Ils nous traquent parce que nous sommes templiers : tu n'as toujours pas compris, Damien ? Par le sang du Christ, écoute-moi, pour une fois ! Tant que tu y es, expose-toi à leurs flèches sans armure, avec la croix écarlate sur ton...

— Tais-toi ! grommela Damien en tournant vivement sa tête blonde vers son frère. Tu blasphèmes. Ne crois pas une seconde que je vais moi aussi jeter aux orties l'insigne de notre vocation.

— Dans ce cas, tu risques de mourir avant le jour, bougonna Alex. Quant à moi, je ne compte pas me laisser faire. Libérez-moi, que j'aie une chance de me battre.

Il y eut un silence. Il dévisagea Richard, puis John de son regard flamboyant.

— Vous savez que j'ai raison. Nous avons tout le jour chevauché de la sorte, et nous perdons du terrain.

Richard soutint sans ciller le regard d'Alex. Son ami marquait un point, il le savait. Il avait l'ordre de remettre Alex au grand maître Jacques de Molay en personne, afin de répondre des péchés de chair qu'il avait commis pendant leur séjour à Chypre. Mais tout cela, c'était avant la folie de ce jour, avant que l'ordre tout entier ne soit attaqué.

Comme Alex le sentait hésitant, il poussa son avantage.

— Par le sang que nous avons versé pour Dieu et l'un pour l'autre, Richard, délie-moi. Quelles que soient mes fautes envers l'ordre, ce n'est plus moi l'ennemi, cette nuit. Ce sont les hommes du roi. Laisse-moi faire ma part dans cette bataille.

— Il a peut-être raison, souffla John. L'appui d'Alex nous sera utile si l'ennemi nous trouve. Nos chevaux sont fourbus. Nous les avons poussés à bout. Nous ignorons s'il nous faudra aller loin comme ça.

— La côte n'est qu'à quelques lieues, répondit Richard en passant la main dans ses cheveux trempés. Mais ces quelques lieues seront de trop s'ils nous prennent avant. Pour nous sauver, il faut faire quelque chose d'inattendu.

— Quoi ? Nous rendre ? s'indigna Damien. Ne compte pas sur moi, Richard.

— Non, Damien. Pas ça, mais quelque chose de presque aussi surprenant de la part de templiers. Séparons-nous : divisons notre force, gagnons la côte chacun de notre côté et embarquons séparément pour l'Angleterre.

— Tout cela est parfait ! rétorqua Alex d'un ton cinglant. Sauf que je n'ai pas un sou pour payer la traversée, tu le sais bien. Avec mon surcot, on m'a retiré tous mes droits de templier. Je n'ai pas un liard.

— Cela peut s'arranger avant de quitter ce bois. N'aie crainte, Alex : tu auras plus qu'assez pour embarquer. Mais tu devras toujours répondre de tes crimes contre l'ordre, ne te fais pas d'illusion. Enfin… « la survie d'abord », n'est-ce pas ?

Damien avait toujours l'air furieux, mais il hocha la tête à contrecœur.

— Affaire entendue, conclut Richard. Une fois en terre anglaise, il nous faudra nous mettre en sûreté et attendre les nouvelles. Le manoir de Hawksley n'est qu'à quelques jours de route. Je ne pensais pas y retourner de mon vivant mais, étant donné les circonstances, c'est là que nous trouverons l'asile le plus sûr.

Les quatre hommes se turent, accablés par le sentiment que leur destin était scellé. Puis Richard s'approcha de sa monture et prit dans les fontes une bourse pleine de pièces, qu'il lança à Alex. Celui-ci l'attrapa au vol, de ses mains entravées.

— Délie-le, Damien, murmura Richard. Le temps nous manque.

Les dents serrées, Damien s'exécuta. Une fois libéré, Alex se mit à se frotter les poignets tandis que Damien repartait vers son cheval, sautait en selle et tournait bride.

— Inutile de traîner, lança-t-il aux autres en les regardant à tour de rôle. Fasse le Ciel que nous ayons tous une bonne traversée ! Et que nous nous retrouvions au manoir.

Damien éperonna sa monture et, penché sur l'encolure, disparut au galop dans l'orage.

John le regarda s'éloigner.

— Allons-y, avant que les gens d'armes n'arrivent, dit-il ensuite en saisissant Richard par le bras. Bon voyage, l'ami !

— Dieu te bénisse, répondit Richard, puis il se tourna vers Alex pour lui dispenser les mêmes encouragements.

Alex était déjà en selle. Ses yeux d'un bleu sombre brillaient d'une lueur indéchiffrable. Un coup de tonnerre retentit. Il calma sa monture effrayée puis, ayant recouvré son équilibre, haussa le ton pour dominer le fracas de l'orage.

— Mon frère est fou. Richard, je ne peux pas le laisser sans protection. Je vais l'escorter de loin, à son insu. Tu me comprends, n'est-ce pas ?

Sans attendre de réponse, Alex fit un grand salut du bras et, avec le demi-sourire dont il était coutumier, quitta la clairière en trombe.

— En Angleterre !

John monta en selle et partit dans la même direction. Juste avant de sortir de la clairière, il croisa une dernière fois le regard de Richard, puis s'engagea dans le vallon.

Quelques instants plus tard, Richard faisait de même. La violence de la pluie l'obligeait à se pencher sur l'encolure de son coursier. Très vite, il perdit de vue la silhouette de John dans la tourmente. Il laissa son destrier trouver lui-même le chemin de la côte.

Il chevauchait à bride abattue, sous les hurlements du vent et les nappes de pluie, soutenant sans relâche son effort, espérant que le projet convenu avec ses compagnons d'armes aboutirait. Dans le cas contraire, il venait de les envoyer à une mort certaine.

Le retour

1

Manoir de Hawksley, dans l'est du Sussex,
une semaine plus tard

Par tous les saints, c'était beaucoup trop tôt ! Un nouvel appel retentit, faible, désespéré, et résonna dans la grande salle. Meg sortit en trombe de la dépense où Willa, la cuisinière, était venue la chercher. L'appel se finit en sanglots tandis que Meg dévalait les dernières marches. C'était bien trop tôt : la dernière crise d'Aliénor ne datait que d'une semaine…

Dans la pénombre, Meg ne repéra pas tout de suite sa cousine : ce furent les hoquets d'Aliénor qui la guidèrent. Elle gisait derrière l'énorme coffre sculpté où l'on rangeait l'argenterie.

— Chut, maintenant. Chut, Aliénor ! dit doucement Meg en enlaçant les frêles épaules de sa cousine. Ça va aller.

Mais Aliénor continuait à gémir et à se battre les flancs. Meg sursauta en remarquant que la jeune femme ne portait pas son fardeau habituel. *Mais bien sûr…* Du coin de l'œil, elle chercha la poupée de chiffon : rien ! Elle se pencha contre Aliénor, avec toute la tendresse qu'elle ressentait. Il fallait qu'elle se calme, qu'elle se laisse reconduire dans sa chambre. Pour la millième fois peut-être depuis son arrivée dans ce sinistre manoir deux ans plus tôt, Meg maudit celui qui était la cause de toutes ces souffrances, cet homme qu'elle n'avait jamais vu mais dont elle avait tant entendu parler.

Elle ne connaissait pas sir Richard de Cantor mais elle savait la vérité sur son compte : comme tous les hommes, il n'en faisait qu'à sa guise sans se soucier des conséquences.

Une violente émotion envahit Meg, suivie par une douleur insistante. Mais elle se reprocha aussitôt d'avoir laissé remonter à la surface cette vieille souffrance enfouie depuis longtemps... L'histoire personnelle de Meg n'avait de véritable lien ni avec Aliénor ni avec le mari qui l'avait abandonnée.

Recouvrant son sang-froid, Meg murmura quelques mots de réconfort, écarta les mèches du visage de sa cousine. Aliénor avait les yeux fous et le front crispé.

Meg l'incita à se lever. Il allait falloir appeler Hugh pour qu'il prenne son tour de garde. La dernière crise d'Aliénor avait failli tourner à la catastrophe. Elle s'était enfuie de sa chambre et, poussée par les démons de la folie, était montée jusqu'aux créneaux. Elle avait voulu se jeter dans les douves.

Peut-être, au fond, aurait-il mieux valu que tout finisse ainsi...

Meg soupira, pleine de remords à cette simple pensée. Car sa cousine méritait mieux, aussi bien dans cette vie que dans la prochaine. Quelles que fussent les difficultés, il fallait lui éviter de courir un tel risque.

— Paix, Aliénor, tu n'as rien à craindre, murmura Meg en l'attirant contre elle.

Elle avait parfois du mal à se rappeler qu'Aliénor avait deux ans de moins qu'elle. Aucune des deux n'avait la trentaine mais Meg, pressant l'épaule décharnée de sa cousine, avait l'impression d'étreindre une vieille femme.

Elle la guida jusqu'à l'escalier, et échangea un regard peiné avec Willa. D'un signe de tête, elle demanda à la cuisinière de s'enquérir du doudou et de le remonter dès qu'elle l'aurait trouvé.

Dans la demi-heure qui suivit, Meg fit boire à Aliénor quelques gorgées de vin à la valériane, puis la dépouilla de son bliaud taché, l'aida à enfiler des vêtements propres et la borda sous sa couverture, dans son fauteuil préféré devant la cheminée. Une fois le paquet de guenilles dans ses bras, Aliénor s'endormit, sans se départir de la moue soucieuse qui gâtait sa beauté autrefois légendaire.

Meg ressortit en soupirant et tira le verrou derrière elle. Elle fit un signe de tête à Hugh qui gardait la porte. Il y avait de la bonté dans ses yeux sombres. C'était un simple forgeron, mais l'un des rares villageois à être restés sur leurs terres quand le seigneur de Hawksley les avait abandonnés. Tant qu'il serait là, Aliénor ne risquerait rien.

Elle redescendit au rez-de-chaussée, espérant finir les corvées qu'elle venait d'entreprendre quand toute cette affaire avait commencé. Il fallait retourner les fromages et trier les sacs de pommes avant l'arrivée de frère Thomas et…

— Meg ! Oh, Meg ! Dépêche-toi, par le Saint Sauveur, par Marie et par Joseph ! Viens vite !

Meg pénétrait dans la grande salle quand le hurlement retentit : c'était le jeune James, l'un des fils du tanneur. Hors d'haleine, il avait fait irruption dans la salle par la porte de derrière, près des cuisines. Il reprenait son souffle avec peine, les paumes sur les genoux.

— J'ai couru aussi vite que j'ai pu, haleta-t-il. Je voulais que tu sois prévenue à temps. Un chevalier est dans Hawksley... Il a franchi les portes du village il y a un moment, sans s'arrêter. Un grand chevalier imposant avec sur son bouclier les armes de...

James fut interrompu par un coup retentissant contre l'épaisse porte de chêne en face de lui. Le lourd vantail s'ouvrit en grinçant et heurta le mur de pierre. La silhouette imposante d'un chevalier en armure s'encadra à contre-jour sur le seuil. Au lieu d'une épée, il tenait de la main gauche un gros sac de cuir, solidement fermé comme une bourse. Meg, bouche bée, détailla la cotte de mailles, les gantelets et la cape de l'inconnu. Malgré le contre-jour, elle vit qu'il avait la tête nue, et des cheveux noirs jusqu'aux épaules. Son menton volontaire était hérissé d'une barbe de plusieurs jours.

Elle redressa les épaules pour demander ce que signifiait cette intrusion. Le chevalier fit un instant mine de rebrousser chemin, puis se décida au contraire à entrer dans la salle. Meg se raidit davantage : ce soldat fatigué lui disait vaguement quelque chose. Elle ne l'avait jamais vu, mais il ne lui était pas inconnu. Ses yeux étaient fascinants, à la fois verts comme une sombre forêt et dorés comme du miel de châtaignier.

Elle se reprocha de faire des comparaisons aussi romantiques, et écarta résolument ces pensées. Le chevalier s'arrêta au milieu de la pièce, dont il fit le tour du regard. Meg cessa de respirer quand il posa les yeux sur elle. Et lorsqu'il parla, elle crut défaillir.

— Je crois comprendre, madame, que c'est vous qui commandez ici. C'est donc à vous que je dois poser mes questions : qui donc êtes-vous ? Et qu'avez-vous fait de ma femme ?

Il y eut un instant de silence, et les domestiques se mirent à chuchoter. Quand il comprit que son interlocutrice l'avait identifié, il eut un pincement au cœur. Elle ne le connaissait pas mais elle savait qui il était, et ce n'était guère un bon point pour lui.

— Êtes-vous sir Richard de Cantor ? demanda-t-elle sèchement.

— Oui, mais on m'appelle aussi templier... et surtout, en ce qui vous concerne, seigneur du manoir de Hawksley.

Elle eut une moue révélatrice qui n'échappa pas au chevalier et celui-ci la regarda de nouveau droit dans les yeux.

— J'ai répondu à votre question, mais vous n'avez toujours pas répondu aux miennes. J'exige de savoir. Dites-moi votre nom, et ce qu'est devenue ma femme.

— Vous voulez dire Aliénor ? Celle que vous n'avez ni vue ni cherché à voir depuis cinq ans ?

Même si elle se trompait lourdement en ce qui concernait cette dernière supposition, Richard garda le silence et la fusilla du regard. Son interlocutrice en conçut quelque inquiétude. Voilà qui était mieux. Comme si elle venait de se rappeler les pouvoirs qu'il détenait en tant que seigneur du domaine, alors qu'elle-même ne pouvait prétendre à rien.

Elle remarqua l'épée qu'il portait au côté et passa la langue sur ses jolies lèvres avant de répondre.

— Je suis Margaret Newcomb, fille cadette du comte de Welton, et cousine éloignée d'Aliénor. Je suis sa dame de compagnie. Pour le moment, elle se repose à l'étage.

Richard n'aurait pas cru cette femme de si haute naissance. Parente éloignée ou non, que faisait une fille de comte dans son humble manoir ? C'était une énigme à résoudre, une fois qu'il aurait pris ses repères. Il poursuivit son interrogatoire.

— Aliénor est-elle malade pour se reposer à midi, lady Margaret ? demanda-t-il en lui décernant le titre auquel elle avait droit, mais qu'elle s'était abstenue d'utiliser pour se présenter.

— Aliénor est assez… souffrante depuis un certain temps déjà. J'ai été obligée de la décharger du souci de la maison.

La nouvelle tomba comme une pierre sur l'estomac de Richard. C'était précisément ce qu'il redoutait. Oh, Dieu ! Il avait tant espéré, prié et prié encore de tout son cœur et de toute son âme, chaque jour depuis qu'il s'était enrôlé parmi les templiers, pour qu'Aliénor recouvre la santé. Ce qui l'avait encouragé depuis deux ans, c'est l'absence de détails douloureux dans les lettres de son frère.

Il s'arracha brusquement à ses pensées et s'inclina sèchement devant Margaret.

— Je la verrai quand elle s'éveillera. En attendant, j'ai besoin d'un bain. Faites-moi monter de l'eau chaude dans la chambre à donner, car je ne veux pas la déranger.

— Non, c'est impossible.

Richard se raidit.

— Je ne veux pas parler du bain, messire, précisa vivement Margaret. La chambre à donner, c'est là que dort Aliénor.

— Et pourquoi pas dans sa chambre ?

— Eh bien… elle a du mal à y trouver le repos.

Elle se tut et rougit. Richard se demanda ce qu'elle savait de l'horrible vérité qui avait provoqué son départ et rendu Aliénor folle.

— La chambre à donner est plus petite, mais elle s'y repose mieux. Elle y a fait installer ses affaires.

— Je vois, acquiesça Richard. Faites préparer mon bain dans la grande chambre, d'ici une demi-heure. Je vais y installer mes affaires jusqu'à nouvel ordre, en sorte de ne pas gêner Aliénor. Et faites mander frère Thomas, à la préceptorie. Il a été nommé régisseur du domaine quand j'ai quitté l'Angleterre. Il l'est toujours ?

— Oui.

— Dites-lui de rester à dîner. J'ai des tas de choses à voir avec lui.

Lady Margaret s'empourpra de nouveau et se contenta d'approuver d'un signe de tête.

Richard traversa la grande salle sans regarder à droite ni à gauche, point de mire de toutes les personnes présentes. Il tenait solidement son sac de cuir et, en six enjambées, arriva au pied de l'escalier qu'il gravit.

Sur le palier, de sinistres souvenirs l'assaillirent comme une bourrasque. Il ouvrit la porte, entra dans la pièce plongée dans une semi-obscurité, lâcha son sac par terre et referma derrière lui.

Il s'adossa contre le vantail massif, le temps d'apaiser son tumulte intérieur. Il regardait la chambre sans la voir. Elle était peuplée de fantômes qui le tourmentaient. Des sensations revenaient par bouffées : l'odeur de violette, la caresse du soleil sur les longues tresses soyeuses et sombres, le rire cristallin d'une petite fille... et tant de choses qu'il ne pouvait évoquer sans épouvante.

Richard ferma les yeux et leva la tête, oppressé. Il savait que le fait de reprendre ses fonctions de seigneur du manoir de Hawksley, ne serait-ce que provisoirement, constituait une pénitence atroce. Ce serait un combat douloureux, pire que tout ce qu'il avait subi depuis cinq ans sur le champ de bataille, sur la paille humide des cachots ou sous le soleil brûlant du désert. Mais son devoir était là et – que Dieu lui vienne en aide – il n'avait pas le choix.

Une demi-heure plus tard, Meg se présenta à la porte de la chambre de sir Richard – ou plutôt de *sa* chambre. Elle avait redouté qu'il ne ressorte tout de suite de la pièce pour protester, car elle était jonchée d'affaires lui appartenant. Mais il n'avait pas bougé.

En fait, il était resté anormalement calme même lorsque les deux marmitons avaient commencé leurs allées et venues pour emplir d'eau bouillante le demi-tonneau de bois. Le seigneur de Hawksley avait trouvé le baquet retourné dans un coin, où il servait de table à Meg entre deux bains. Richard l'avait remis à l'endroit et avait demandé aux valets de le remplir. Meg préférait ne pas songer à la façon dont ce bel athlète s'installerait, tout nu, dans le tonneau. Cette image était trop intime pour qu'elle s'y attarde.

Elle attendait sur le palier, ne sachant que faire. Cela faisait un moment que les domestiques avaient fini d'apporter l'eau, mais aucun bruit ne sortait de la chambre : pas d'éclaboussures, pas de mouvements. Attendait-il qu'elle vienne le baigner ?

En qualité de maîtresse des lieux, cette tâche lui incombait, mais elle n'en voulait pas. Elle était furieuse contre Richard de Cantor parce qu'il s'imposait dans leur vie sans préavis. Il avait abandonné le domicile conjugal et fait le malheur de sa femme, si ce que l'on disait était vrai. Et Margaret n'avait aucune raison d'en douter. D'ailleurs, Aliénor en était la preuve tragique.

L'honneur exigeait pourtant qu'elle tienne son rôle dans la maison. Meg frappa discrètement, serrant contre sa poitrine une pile de serviettes propres et un pot de savon mou. Une réponse étouffée lui parvint à travers la porte et, retenant son souffle, elle souleva le loquet et se glissa à l'intérieur. La chambre était immense, elle le savait très bien, mais c'était un choc de revoir ainsi cette pièce qui lui servait de refuge pratiquement depuis son arrivée à Hawksley. Elle remarqua tout de suite le tonneau dans l'angle opposé, en face du lit à baldaquin. Mais pas de Richard. L'odeur épicée des pétales de bourrache montait de l'eau chaude en volutes parfumées.

— Vous avez besoin de quelque chose, milady ?

La voix mâle et calme de Richard provenait du coin sombre derrière le lit. Meg sursauta : qu'elle était sotte ! Elle avait oublié la porte de communication donnant sur la garde-robe. Richard était probablement à l'intérieur du petit débarras.

Il y cherche sans doute des objets de valeur, songea-t-elle.

Meg fut dépitée de surprendre en elle une pensée aussi peu chrétienne, mais tout remords était vain : Richard était templier, après tout, et les membres de cet ordre étaient soupçonnés d'avoir amassé un trésor, bien que liés au vœu de pauvreté. D'ailleurs, elle connaissait beaucoup d'hommes qui se moquaient des règles. Le frère Thomas, le templier chargé de Hawksley en l'absence de sir Richard, était un véritable cas d'école. En effet…

— Vous ne répondez pas, milady ? Quelque chose ne va pas ?

Un soupçon d'agacement perçait dans le ton de Richard. Elle alla poser les serviettes à côté du tonneau.

— Non, tout va bien, répondit-elle en posant le pot de savon sur la pile de linge. Je suis seulement venue vous donner votre bain, puisque Aliénor ne le peut pas.

— Ce ne sera pas nécessaire.

— Bien sûr que si. Vous êtes seigneur de Hawksley, et absent depuis longtemps. Vous avez donc droit à…

— J'ai déjà pris mon bain, souffla-t-il dans la nuque de Meg.

Celle-ci, surprise, fit volte-face. Comment s'était-il approché si vite, et sans bruit ? En tout cas, il disait vrai : il était rasé de frais et vêtu de neuf. Ses cheveux noirs étaient encore humides sur ses épaules. De si près, Meg était subjuguée par sa taille imposante et son corps athlétique. D'instinct, elle fit un pas en arrière et ses jambes heurtèrent le tonneau. Une vaguelette jaillit pardessus le bord et le dais qui surmontait le tonneau vacilla.

Impassible, Richard tendit le bras par-dessus l'épaule de Meg pour empêcher la draperie de tomber dans l'eau. Ce geste eut quelque chose d'intime. Meg huma sa délicieuse odeur d'épices et sentit sa chaleur qui tranchait avec la température glaciale de la pièce. Peut-être n'est-ce que la chaleur du bain, se dit-elle.

— Pardonnez ma maladresse, bafouilla-t-elle. C'est-à-dire que… je ne savais pas que vous auriez fini si vite.

— À Chypre, j'ai pris l'habitude des toilettes rapides. Nous n'étions pas là-bas pour jouir du confort des palais.

Il lâcha la tenture et baissa le bras. Meg constata que ses yeux étaient encore plus beaux de tout près.

Troublée, elle se racla la gorge. Il recula d'un pas, peut-être gêné après tout, et la tension retomba.

— J'ai l'impression que j'accapare la chambre que vous utilisiez.

— Cela ne fait rien. En qualité de seigneur, cette pièce vous revient. J'enlèverai mes affaires avant la nuit.

— Je rends hommage à votre sens du devoir, lady Margaret.

Elle réprima une grimace.

— Il n'y a là rien de mal, sir Richard. À propos, je dois vous dire que je ne suis pas habituée à être appelée par mon titre. J'ai depuis longtemps demandé aux gens du manoir et du village de m'appeler simplement Meg.

— Meg ? répéta-t-il, incrédule.

— Oui.

— Mais vous êtes noble, fille de comte, n'est-ce pas ? Vous venez de me rappeler les vertus du devoir. Moi, simple chevalier, je suis loin d'avoir votre naissance. Ce genre de familiarité ne me semble pas…

— N'insistez pas ! trancha-t-elle en croisant les doigts.

— Pourquoi ?

La question la surprit et elle hésita. La vérité toute nue n'était certes pas bonne à dire. Il fallait compter sur sa galanterie pour accepter les faibles raisons qu'elle allait avancer.

— À l'exception de frère Thomas et des autres personnes qui habitent le prieuré du Temple, les gens du domaine sont plus à l'aise avec moi, et moi avec eux, si nous nous passons de mon titre. Cela me facilite les choses dans mon rôle de gouvernante d'Aliénor, car j'ai souvent besoin de leur demander des services. Si vous me faisiez la grâce d'accéder à ma requête, je vous en serais profondément… reconnaissante.

Richard ne la quittait pas du regard. Elle ignorait si l'expression de ses beaux yeux noisette était ironique ou vexée.

— Fort bien, convint-il enfin. J'accepte, mais je mettrai du temps à m'y faire. Naturellement, je vous demanderai de me retourner la politesse. Il serait ridicule que vous m'appeliez par mon titre si j'omets le vôtre. D'accord ?

Avec un petit frisson dans le dos, elle se dit que jamais elle n'avait vu un homme renoncer au titre qui lui était dû. Mais elle s'abstint de tout commentaire et baissa le nez.

— Cela va de soi. Bien, puisque ma présence dans cette pièce est désormais sans objet, je vais me retirer. Vous devez être las de votre voyage, je ferai enlever mes affaires une fois que vous vous serez reposé.

— Pas encore. Il nous reste un point à débattre.

Nous y voilà, se dit-elle. Depuis qu'elle l'avait vu sur le seuil, elle savait qu'il allait la congédier, Aliénor n'ayant plus besoin de dame de compagnie.

Et si elle devait quitter le manoir de Hawksley…

Elle avait les paumes moites ; elle les essuya sur ses jupes.

— Vous ne m'avez pas dit où vous souhaitez mettre vos affaires. À moins de partager la chambre d'Aliénor, vous allez devoir coucher avec les domestiques sous l'escalier, ce qui ne serait guère convenable. Étant donné votre haute naissance, s'entend. Vous restez fille de comte, même si vous préférez ne pas être appelée comme telle.

Meg rougit. Si c'était une façon détournée d'obtenir qu'elle demande à partir, il se trompait lourdement. Au point où elle en était, elle aurait couché même dans le poulailler.

— Le fait de partager la chambre d'Aliénor me convient parfaitement, messire, répliqua-t-elle en cachant de son mieux sa peur et son animosité.

On gratta à la porte. Meg sursauta, et Richard ordonna d'entrer. C'était Willa. Meg devait beaucoup à cette brave femme qui, passé une période d'acclimatation, avait été pour elle plus une mère qu'une domestique à Hawksley. Willa avait bien sûr remarqué qu'elle s'éternisait dans la chambre du maître. Comme une mère poule qui veille sur son poussin, elle venait s'assurer que tout allait bien.

— Pardonnez-moi, messire, murmura-t-elle avec déférence après s'être placée à côté de Meg, je viens vous dire que votre message est bien arrivé à frère

Thomas. Il m'a fait dire qu'il viendrait dès que possible.

— J'en suis ravi, madame... ?

— Willa, messire. Willa tout court.

— Bien. Je m'incline devant les habitudes de la maison. Je ne me souviens pas de vous avoir vue ici, Willa. Quelle est votre situation en ces lieux ?

— Je suis cuisinière et gouvernante, messire, depuis bientôt trois ans.

— Je vois. Dans ce cas, peut-être pourriez-vous aider lady Margaret – non, je veux dire Meg – à déménager dans l'autre chambre après dîner.

— Dans l'autre chambre ? répéta Willa, atterrée. Avec lady de Cantor ? Mais c'est impossible !

— Si, Willa ! insista Meg d'un ton égal, souligné d'un regard impérieux. Tu m'aideras à m'installer, afin que je ne gêne pas ma cousine.

— Dites-moi, intervint Richard, y a-t-il quelques difficultés dont je n'ai pas connaissance ?

— Non, tout va bien. Cette disposition me convient à merveille.

Nerveuse, Meg eut un sourire contraint et rougit comme une pivoine. Willa ne fit pas d'autre observation et, bafouillant quelque excuse, quitta la pièce.

— Tout est dit, donc ? s'enquit Meg en s'écartant à son tour.

Il acquiesça d'un signe de tête, mais son regard avait quelque chose de brûlant.

Meg s'éclipsa et referma derrière elle le vantail en bois. Avec un soupir de soulagement, elle s'appuya un instant contre le mur.

L'important, c'était que le seigneur de Hawksley ne l'eût pas chassée. Le reste, elle s'en occuperait en son temps, même si le fait de partager la chambre d'Aliénor compliquait la situation. Meg tâcherait de servir de tampon entre sa cousine et cet homme. Il avait quelque chose de dangereux, et pas seulement du fait de sa réputation. Il lui faisait battre le cœur de façon incontrôlable, elle sentait des fourmillements partout et une chaleur troublante quand il était tout près. C'était fort gênant.

Meg se ressaisit et descendit dans la grande salle. Elle se sentirait beaucoup mieux en reprenant ses occupations... et en conservant une saine distance entre elle et l'énigmatique seigneur de Hawksley.

Richard demeura figé comme une statue tandis que lady Margaret Newcomb – *Meg*, comme il devait l'appeler – se glissait hors de sa chambre. La jeune femme lui faisait un effet stupéfiant, pas tellement à cause de ses manières directes mais du désir lancinant qu'elle éveillait en lui. C'était inattendu et certainement pas souhaité, mais c'était ainsi.

Quand ils s'étaient trouvés si près l'un de l'autre et qu'il avait dû tendre le bras pour empêcher la tenture de tomber dans l'eau, une envie impérieuse l'avait saisi de caresser ses cheveux. Il s'était abstenu, mais avait humé de tout son être la douce odeur qu'elle dégageait. Il s'était montré faible. Pour la première fois depuis des années, il éprouvait le besoin aigu, brutal de toucher une femme. C'était comme une douleur mordante qui lui pesait au creux du ventre.

Il savoura ce souvenir encore une seconde, malgré le remords qui lui mettait l'âme en émoi. Car enfin, il était marié, il venait de rentrer chez lui. Marié à une femme gagnée par la folie, mais marié quand même. Eût-il été célibataire que cela n'eût rien changé, car aucune femme ne méritait l'infortune de s'unir à lui. Deux fois déjà, il avait fait la preuve qu'il ne méritait ni l'amour ni la tendresse des personnes de l'autre sexe. Ce point, il croyait le considérer comme acquis.

Jusqu'au moment où lady Margaret Newcomb était entrée dans sa vie.

Avec un rictus douloureux, il s'assit à la table devant la fenêtre et prit le sac qu'il avait réussi à emporter de France : il contenait une partie du trésor des templiers.

En vérifiant son contenu, Richard tenta de remettre de l'ordre dans ses pensées. Les semaines qui venaient s'annonçaient difficiles à bien des égards. Il aurait déjà assez d'ennuis sur les bras au manoir sans aggraver la situation en cédant à une tentation dangereuse.

Son cœur broyé par les regrets et les remords ne le supporterait pas.

2

Richard faisait les cent pas dans sa chambre en attendant frère Thomas. Le moine templier avait été retardé au point de rater le repas, ce qui n'était sans doute pas plus mal. En effet, l'atmosphère avait été tendue. Richard mangeait en silence depuis qu'il faisait partie de l'ordre du Temple mais, cette fois-ci, toutes les personnes présentes l'observaient.

Meg lui avait annoncé qu'Aliénor dînerait dans sa chambre, ce qui lui arrivait fréquemment. Ces paroles avaient rappelé au chevalier combien il connaissait peu la femme qui depuis huit ans portait son nom.

Il s'arrêta devant l'âtre et s'accroupit en tendant les mains vers le foyer. Le fait d'être de retour à Hawksley faisait affluer des souvenirs qu'il avait écartés sans mal tant qu'il était à Chypre.

Il se rappela sa première rencontre avec Aliénor, à la cour. Avec ses cheveux d'or et ses yeux bleus aux longs cils, elle avait quelque chose de frêle, d'éthéré, échappant à toute compréhension. « Le vent souffle où il veut, et tu entends sa voix, mais tu ne sais ni d'où il vient ni où il va » : ainsi en était-il des humeurs et du cœur d'Aliénor. En tout cas, elle avait eu besoin de lui. Et c'est ce qui les avait conduits au mariage.

Plus tard, Richard avait reconnu qu'il n'y avait jamais eu grand-chose entre eux. Certes, elle était belle, mais il avait accepté cette union surtout pour lui apporter le confort, la protection. Il s'était facilement cantonné à ce rôle, pour remplir le vide qu'elle portait en elle. Et elle avait semblé satisfaite de son sort.

Petit à petit, cependant, sa femme était devenue pour lui une étrangère : tantôt froide et silencieuse, tantôt larmoyante et inconsolable. C'est ce qui l'avait poussé à devenir templier, pour trouver la rédemption et une paix qui le fuyait.

Cinq ans plus tard, il ne la connaissait plus du tout.

Il se leva en soupirant. Il avait beau redouter cet instant, il lui fallait se résoudre à voir Aliénor tête à tête. Et puis, il y avait cet entretien avec frère Thomas, prieur de la préceptorie locale de l'ordre du Temple, et administrateur de Hawksley en son absence.

Un prie-Dieu l'attendait devant l'unique fenêtre de la chambre. Prier, pourquoi pas ? Il se sentait plus à l'aise dans les joutes et les chasses mais, pour le moment, ces activités n'étaient pas à sa portée. Et puis peut-être que, cette fois, sa prière serait exaucée...

Il s'apprêtait à s'agenouiller quand une voix retentit.

— Messire Richard, pardonnez mon retard.

Ainsi soit-il, songea le chevalier.

— Cela fait longtemps que nous ne nous sommes pas vus, poursuivit frère Thomas. J'avoue que j'attendais votre retour au manoir il y a près d'un an, à l'expiration de votre engagement officiel au sein de l'ordre.

Richard se tourna avec lenteur, vaguement agacé par le ton de l'ecclésiastique. Frère Thomas était debout dans l'ombre sur le seuil. Richard lui fit un signe de tête pour l'inviter à entrer. Il avait l'air singulièrement plus prospère que lors de leur dernière rencontre.

— Je n'ai pas vu la nécessité d'interrompre mon service de façon abrupte, mon frère, alors que de toute évidence, je pouvais encore être utile à l'ordre.

— Et votre femme ? lança le moine en approchant. En avez-vous tenu le moindre compte ?

— D'après les lettres de mon frère, Aliénor ne manquait de rien. Toutefois, je crois savoir que... en ce moment, elle est très... tourmentée et risque de ne pas me reconnaître.

— Eh oui, murmura frère Thomas en hochant la tête. C'est fort surprenant, après tout ce que vous avez sacrifié pour Dieu...

Il n'en dit pas plus, mais le sous-entendu était limpide : son péché était si grand que cinq années offertes au service de Dieu semblaient une pénitence bien légère. Si Richard avait été pardonné, Aliénor aurait guéri.

— Quoi qu'il en soit, reprit frère Thomas, ne retardez pas trop l'heure des retrouvailles. Ce ne serait pas convenable.

— Je ne veux pas causer un choc à ma femme en la réveillant après une aussi longue absence. Sa cousine m'a expliqué qu'elle se reposait et qu'il ne fallait pas la déranger.

— Dans ce cas... Lady Margaret fait preuve de beaucoup de diligence auprès de sa cousine, trop peut-être. Maintenant que vous êtes de retour, vous veillerez à limiter l'influence de cette dame.

Richard prit note de l'hostilité de frère Thomas à l'endroit de Meg. Il s'abstint de prendre parti.

— Que savez-vous d'elle ? Je m'étonne qu'une fille de comte se cloître dans la propriété d'une obscure cousine au lieu de briller en société.

— Pensez-vous ! C'est une chance inouïe pour cette pécheresse que d'avoir trouvé asile ici.

— Pécheresse ? Qu'entendez-vous par là ?

— Votre femme ne risque rien, rassurez-vous, précisa frère Thomas, conciliant. Simplement, lady Margaret est une vraie fille d'Ève. J'ai reçu quelques détails la concernant à son arrivée il y a deux ans, mais je savais déjà qu'elle avait eu des relations coupables avec un homme, qui est devenu ensuite templier. Cette séductrice lui a fait don de sa vertu.

Richard resta impassible, malgré sa stupéfaction.

— Comment est-elle arrivée à Hawksley, dans ce cas ?

— Naturellement, gronda frère Thomas, son père le comte n'était guère ravi de sa faute. Il l'a enfermée dans un couvent. Puis, à la mort de la précédente infirmière de lady de Cantor, lady Margaret a été choisie pour la remplacer. Le comte espérait que cette humble mission lui apprendrait l'obéissance, et lui ferait regretter sa conduite inqualifiable. Personnellement, je ne constate guère de résultats sur ce point.

— Je vous accorde, confirma Richard en songeant au langage passionné et au regard ardent de Meg, qu'elle ne m'a pas semblé bourrelée de remords.

— Exactement. Elle est trop hautaine, étant donné les circonstances. Mais je compte sur vous pour la dresser, et lui faire faire d'indispensables progrès. Je dois admettre que ma visite hebdomadaire à Hawksley dans le but de la corriger est restée sans effet.

— Je ne suis pas sûr de bien vous comprendre, murmura Richard, de plus en plus stupéfait.

— Je veux parler de la pénitence physique que j'administre à lady Margaret, évidemment, révéla frère Thomas, un peu gêné. Le fait de mortifier sa chair une fois par semaine peut aider son âme à se libérer du péché dans lequel elle s'est enlisée. C'est une pratique reconnue pour remettre la personne sur le droit chemin après une faute grave. Et vous, en qualité de templier, ne devez pas vous étonner de cette pratique.

Richard ne répondit pas tout de suite, et ajouta une bûche dans la cheminée. Il avait le cœur serré en évoquant ce que frère Thomas venait de décrire : la discipline ! Des punitions infligées régulièrement, pour purifier l'âme du péché. Parfois, il s'agissait de coups violents administrés sur le dos ou les paumes de la main avec une verge en bois. D'autres fois, c'était le fouet. Il se demanda ce que Meg avait subi en serrant les poings de rage.

Reprenant son sang-froid, il se tourna vers le moine.

— Cet usage m'est familier, bien sûr. Mais j'ignorais, frère, que lady Margaret y était soumise. Cela fait deux ans qu'elle est ici : c'est long, pour une pénitence.

— Sa faute est grave. Elle expose son âme au feu éternel, et prive son père du mariage qu'il avait arrangé pour elle. C'est lui qui a recommandé cette pénitence à l'abbesse à laquelle il l'avait initialement confiée. J'ai reçu ensuite l'ordre de prendre le relais.

— Je vois, soupira Richard en ajoutant une bûche supplémentaire dans le foyer. Ainsi, ce même devoir m'échoit à présent. Mais comme vous devez le savoir, j'ignore combien de temps je dois rester à Hawksley. Je n'ai aucune consigne du grand maître en ce qui concerne mes activités à venir, maintenant que je suis officiellement déchargé de mon service auprès de l'ordre.

— Oui, répondit frère Thomas en se rembrunissant. Le grand maître… De cela aussi, je désirais parler avec vous.

— Avez-vous des nouvelles ? A-t-il pu fuir la France ?

— J'ai eu quelques nouvelles. Juste hier matin.

— Quelles nouvelles ?

— À mon plus vif regret, elles sont mauvaises. Jacques de Molay a été incarcéré le 13 octobre au matin, ainsi que plusieurs milliers de membres de l'ordre. Vous êtes connu comme une fine lame, sir Richard, mais il semble que vous avez eu beaucoup de chance cette fois-ci. Vous n'avez été qu'une poignée à quitter la France en ce jour maudit.

Richard n'était pas près d'oublier sa traversée de la Normandie sous l'orage. Ce souvenir ranimait sa colère.

— L'arrestation du grand maître est une grande injustice, poursuivit frère Thomas. La veille encore, il siégeait dans la loge d'honneur aux funérailles de Catherine de Valois, belle-sœur du roi Philippe.

Richard retint un juron, mais pas la question qui lui brûlait les lèvres.

— Mais pourquoi les templiers ? De quoi les accuse-t-on ?

— D'hérésie et d'outrages aux bonnes mœurs.

— Quoi ?

— Je sais… soupira frère Thomas avec un geste las. C'est inimaginable, mais c'est ainsi.

— Mais le pape n'est-il pas intervenu ? demanda Richard. Seul le souverain pontife a autorité sur l'ordre du Temple. Pourquoi n'a-t-il pas condamné ce geste du roi Philippe ?

— Il l'a fait, mais les accusations sont terribles. Ce qui brouille l'affaire, c'est que des prisonniers ont avoué les crimes dont on les accuse. Philippe le Bel a utilisé certains moyens pour leur arracher des aveux.

— La torture ! s'exclama Richard.

C'était plus un constat qu'une question, et frère Thomas se fit véhément :

— Oui. Le roi de France n'a fixé aucune limite. C'est un sacrilège mais, si les templiers avouent les uns après les autres, cette peste va s'étendre… et peut-être gagner nos rivages.

Richard acquiesça.

— Que ferons-nous si notre roi Édouard imite le monarque français ? enchaîna son interlocuteur. Il est jeune, il est à peine monté sur le trône. Saura-t-il résister à la meute qui nous traque ? En Angleterre, beaucoup de membres de l'ordre, dont moi-même, n'ont jamais tenu une arme de leur vie. C'était pareil en France : ils sont tombés comme des agneaux devant le loup. Que va-t-il advenir de nous ?

Richard garda le silence, puis une inspiration lui vint brusquement.

— Frère, je ne puis parler que pour moi-même. Je me suis déjà enfui une fois pour sauver le trésor du Temple… et ma propre vie, je l'avoue. Mais je ne fuirai pas une deuxième fois, même si l'Inquisition entre dans Hawksley.

Frère Thomas tendit un doigt vers le menton glabre de Richard.

— Néanmoins, vous avez décidé de raser cette barbe que doivent porter tous les templiers. Peut-être en viendrez-vous aussi à quitter l'Angleterre, si le danger est trop pressant ?

Richard se sentait pris en défaut. Il s'était rasé après s'être séparé de Damien, John et Alex.

— Comme vous l'avez déjà souligné, mon engagement officiel vis-à-vis de l'ordre s'est achevé il y a un an. En revanche, je conserve un lien très fort avec mes frères d'armes. Ensemble, nous avons fait le nécessaire pour rester en liberté, et nos vies n'étaient pas seules en jeu. Nous avions la charge de biens remis par le précepteur de Normandie en personne, Geoffrey de Charnay. Il se rendait à Paris pour rencontrer le grand maître, il était avec nous quand le filet s'est abattu. Mes trois compagnons et moi-même nous sommes échappés de justesse.

— Je vois, répondit frère Thomas. On a beaucoup jasé en France à propos du trésor du Temple qui aurait été mis en sécurité avant les arrestations. Ce que vous avez emporté en fait partie ?

— Je le pense.

— Vous avez vérifié ce que vous transportiez ?

— À peine. Le temps pressait, expliqua Richard en le regardant dans les yeux. Notre devoir était de mettre ces sacs en sûreté.

— C'est pour cette raison que je vous propose de cacher ce trésor à la préceptorie. Il sera plus en sûreté en terre templière.

— Le manoir de Hawksley est aussi terre templière : il l'est devenu depuis mon serment à l'ordre.

— Non, il ne l'est qu'à moitié. Votre serment a une durée déterminée et vous êtes marié. La moitié de votre domaine doit être réservée à l'entretien de votre femme, lui rappela frère Thomas.

Il avait raison mais, dans son esprit, Richard avait depuis longtemps fait don de son manoir à l'ordre. Cela avait représenté un dur sacrifice, en expiation de ses péchés. Car ce domaine lui avait été offert par le roi en personne.

— Non, insista frère Thomas. Le manoir de Hawksley n'est pas le meilleur endroit pour déposer des valeurs appartenant à l'ordre, pour le cas où une rafle aurait lieu en Angleterre. Si les choses se passent comme en France, les soldats feront main basse sur tous les biens.

— Mais ce sera aussi le cas de la préceptorie, rétorqua Richard. C'est une place officielle de l'ordre, la première qui sera mise à sac. Pendant notre fuite, nous avons vu en France d'innombrables préceptories subir cet outrage.

— C'est que je ne vous ai pas tout dit. Il y a longtemps, j'ai découvert une cachette, dans le cimetière. Je suis le seul à la connaître, avec un de nos frères à la retraite : nous étions ensemble quand je suis tombé dessus. Il n'y avait pas grand-chose dedans : quelques morceaux de tissu, des calices brisés. Mais c'est un solide caveau, entièrement maçonné, qui occupe l'emplacement d'une tombe. La fortune des templiers y sera en sûreté. Même les inquisiteurs, pour impies qu'ils soient, n'oseront pas profaner un cimetière. En vérité, dès que j'ai su qu'il y avait des troubles en France, j'ai pris tout l'argent et les objets de valeur de la préceptorie, et je les ai mis là.

Richard croisa les bras. Frère Thomas n'avait pas tort. Et il était intègre, il n'y avait pas de crainte de ce côté-là.

— J'ai simplement besoin de savoir la place qu'il vous faut, continua-t-il comme si Richard avait déjà accepté.

— N'ayez pas d'inquiétude. Il ne s'agit que d'un petit sac.

— Et où est le reste ? s'écria frère Thomas.

— J'ai fui la France avec deux autres chevaliers : nous nous sommes divisé le trésor quand nous avons été contraints de nous séparer. Mes compagnons doivent apporter les deux autres sacs à Hawksley. Si Dieu le veut, ils seront ici la semaine prochaine.

— Si je comprends bien, conclut frère Thomas après réflexion, nous ne pouvons que prier pour que tout se passe bien…

Impossible de savoir si Thomas souhaitait que les choses se passent bien pour le trésor ou pour ceux qui le transportaient.

À cet instant, on frappa à la porte et quelqu'un entra sans attendre de réponse.

C'était Meg, évidemment.

— Pardonnez-moi de vous déranger, messire, lança-t-elle avec une insolence affichée. J'ai jugé bon de vous avertir qu'Aliénor est éveillée, pour le cas où vous souhaiteriez la voir.

Il ne répondit pas sur-le-champ et Meg, le feu aux joues, l'interrogea du regard.

Frère Thomas intervint.

— Je vous salue, lady Margaret, commença-t-il d'un ton rogue. Je suis content de vous voir en dehors de nos rendez-vous fixés chaque semaine, mais je suis surpris que vous nous dérangiez. La nouvelle ne pouvait-elle attendre que sir Richard et moi-même ayons terminé ?

Meg s'empourpra davantage, sans que Richard sache si c'était de honte ou de colère. Il opta pour la deuxième hypothèse quand la jeune femme toisa le moine d'un air de défi. Richard eut soudain envie de caresser du pouce cette jolie bouche tendue par une moue hautaine.

— Je suis heureux d'être interrompu, mon frère, car j'attendais la nouvelle avec impatience, déclara-t-il afin d'empêcher la jeune femme de rétorquer brutalement.

Il effleura le bras de Meg pour la raccompagner, et ce simple contact le fit tressaillir. Cela faisait si longtemps qu'il n'avait pas touché une femme, songea-t-il. Fallait-il qu'il soit frustré pour réagir à ce point !

Elle fit mine de résister, puis emboîta le pas à Richard, qui s'effaça pour la laisser passer.

— Nous pourrons convenir des détails plus tard, si vous le voulez bien, dit-il à frère Thomas. Comme vous l'avez vous-même souligné, il serait inconvenant de différer davantage mes retrouvailles avec ma femme. Faites-vous monter de la bière en attendant.

Le frère acquiesça sèchement d'un signe de tête et Richard sortit avec Meg, puis referma la lourde porte en bois. La jeune femme semblait encore contrariée et prête à exploser.

— L'hostilité entre vous et frère Thomas saute aux yeux. Quelle en est la cause ?

— Il a fait semblant d'ignorer quelque chose qu'il connaît parfaitement et cela m'exaspère, répondit-elle.

— À propos d'Aliénor ? demanda Richard.

Il salua Hugh, toujours de garde devant la porte d'Aliénor.

Le forgeron s'inclina avec déférence, avant de s'éloigner en direction de l'escalier.

Meg s'arrêta devant la chambre.

— Oui, à propos d'Aliénor, confirma-t-elle.

Comme sa voix douce résonnait dans le couloir, la jeune femme baissa le ton.

— Le temps a dû vous sembler long mais, messire, avant d'entrer dans cette chambre et de revoir votre femme, il y a quelque chose qu'il vous faut comprendre. Aliénor n'est pas…

Elle se détourna, cherchant ses mots.

— Aliénor vit la plupart du temps dans un monde qu'elle s'est créé, avec des démons que nul autre ne voit. Quand elle est calme et sereine, ce n'est que pour un moment : une heure par jour, pas plus. Même alors, l'émotion n'est pas loin. Elle…

— Je sais, l'interrompit Richard. Je ne le sais même que trop. Ma femme est tantôt pleurnicharde, tantôt figée comme une statue. Parfois, elle se balance des heures en fredonnant des mots sans suite. Quelle pitié… J'espérais la trouver guérie à mon retour, mais ce n'est pas le cas.

Meg ne parvint pas à cacher sa surprise, et il fronça les sourcils. Pourquoi s'étonnait-elle qu'il fût au courant – mieux, qu'il se souciât de l'état d'Aliénor ?

Cette question le tourmentait. Il savait qu'il ne devait pas faire attention à ce que les autres pensaient de lui. Pourtant l'opinion de cette jeune femme lui importait.

Il s'efforça de revenir à la situation présente. Une dernière question restait à poser avant d'affronter Aliénor.

— Dites-moi, milady, est-ce qu'elle est toujours accrochée à sa poupée de chiffon ?

Le regard de Meg se fit indulgent.

— Oui, répondit-elle, elle l'a toujours avec elle. Elle est très malheureuse si elle l'égare, ne serait-ce que quelques minutes.

Richard était tendu, de plus en plus tenaillé par l'angoisse.

— Peut-être vaut-il mieux que je la voie tout de suite, avant qu'elle ne change d'humeur.

Au moment de soulever le loquet de la porte, il se décida.

— Accompagnez-moi, si vous le voulez bien. Aliénor risque de faire une crise en me voyant. Cela ira mieux si vous êtes là.

Fronçant les sourcils, Meg acquiesça en silence.

Il ouvrit la porte et inspecta la petite pièce plongée dans la pénombre ; le volet de l'unique fenêtre était fermé. Aliénor était assise à l'autre bout de la pièce, recroquevillée dans un fauteuil. Elle lui tournait le dos et ne se retourna pas.

De terribles souvenirs assaillaient Richard.

Tenaillé par le remords, il s'avança : il eut l'impression de franchir le seuil de l'enfer.

3

Qu'elle était maigre ! Richard ne la voyait que de profil, mais il était clair qu'elle flottait dans sa robe. Elle tenait d'une main sa poupée de chiffon et se balançait, muette, sur son fauteuil. Pour Richard, ce fut un coup au cœur. Il dut se forcer pour approcher. Son visage incliné était caché par des mèches blondes.

Il mit un genou à terre à côté d'elle, et lui posa doucement la main sur l'épaule. Elle arrêta de se balancer, mais sans se tourner vers lui. Il eut la nausée en reconnaissant le visage difforme de la poupée, masse répugnante de tissu et de ficelle.

Il ferma les yeux pour recouvrer son calme. Il ne pouvait à la fois gérer le passé et le présent. S'il s'y risquait, c'est lui qu'il faudrait enfermer quelque part, avec un garde devant la porte !

— Aliénor... dit-il doucement. C'est moi, Richard. Je suis enfin de retour.

Elle demeurait immobile. On n'entendait que les bûches qui crépitaient dans la cheminée.

— Alie, reprit-il en lui touchant de nouveau l'épaule. Je...

Cette fois, elle leva la tête et la tourna vers lui. Elle était encore belle, d'une beauté éthérée, angélique. Mais son regard était vide. Elle le fixa un moment, puis plissa un peu le front, gratta doucement avec les dents sa lèvre inférieure. Et soudain, elle ferma les yeux et renversa la tête pour pousser un long gémissement, la bouche fermée, comme si elle s'efforçait de ne pas hurler. Crispée dans un rictus atroce, elle était d'une pâleur à faire peur. Elle bougeait les lèvres et tournait la tête d'un côté et de l'autre. Elle essayait de dire quelque chose, et il se pencha pour écouter. Elle tordait convulsivement sa poupée.

Il comprit enfin ce qu'elle disait.

— Isabel… Isabel… Isabel…

Le ton était froid, sans expression. Richard frissonna. L'instant d'après, le visage d'Aliénor s'éclaira soudain et son regard s'anima.

— Ah… dit-elle à mi-voix en avisant l'objet qu'elle portait sur les genoux. La voilà !

Avec un cri de joie, elle serra la poupée dans ses bras et la berça doucement, chantant la ritournelle avec laquelle elle avait autrefois bercé son enfant de chair et de sang.

Richard restait sans voix, déchiré par une douleur vieille de cinq ans. Il ne s'en était jamais vraiment remis. Il ne voulait pas se remémorer tout cela, mais le passé le prenait à la gorge. Il se souvenait du sourire adorable de leur petit ange, entendait sa voix musicale, revoyait ses doigts potelés prendre une fleur dans les cheveux dorés d'Aliénor…

Incapable d'en supporter davantage, Richard se leva brusquement. Il savait qu'il méritait cette douleur, mais il était incapable de rester dans cette pièce. C'est alors qu'il vit Meg : elle avait les larmes aux yeux. Elle était triste, mais rayonnait de compréhension et de sympathie pour lui. Cette gentillesse ne fit que fissurer davantage ses défenses.

Il secoua la tête, égaré, et s'éloigna vers la porte. Mais à cet instant, un hurlement strident résonna derrière lui. Un poids s'abattit contre son dos et des ongles se plantèrent dans son cou. Tout se passait comme au ralenti. Il sentit un bras lui serrer la gorge à l'étouffer et une longue chevelure lui tomber devant le visage, l'aveuglant. Puis il entendit Meg crier, et s'extirpa enfin de sa confusion. Il saisit le bras d'Aliénor et le tordit pour se dégager. Elle se laissa faire comme une marionnette, et s'affala sur le dallage en gémissant.

Hugh entra en trombe dans la chambre, le frère Thomas sur les talons. Voyant ce qui se passait, le moine se plaqua contre le mur tandis que le forgeron tentait d'aider Richard. Celui-ci souleva Aliénor et la déposa sur son lit.

Elle se détourna en geignant et se mit à griffer les couvertures à tâtons. Meg se hâta de lui mettre sa poupée dans les bras. La malade se calma alors d'un coup, ferma les yeux et, son tas de chiffon contre la poitrine, roula sur le côté en position fœtale.

Richard n'arrivait pas à la quitter des yeux. Éperdu, haletant, il essayait de recouvrer un peu de bon sens. Aliénor ne bougeait plus, mais elle n'était pas en paix. Bandée comme un arc, elle s'agrippait à sa poupée comme un naufragé à sa bouée.

Mais c'était sa femme, parbleu ! Sa femme pour la vie. Il était responsable d'elle, c'était son devoir de la protéger, et il était clair qu'il s'y était mal pris.

Seigneur, ce n'est pas étonnant que tous à Hawksley me méprisent… comme je me méprise moi-même, songea-t-il.

— Je dois partir, maintenant, finit-il par annoncer.

Il croisa un instant le regard de Meg et fut de nouveau surpris. La jeune femme avait ravalé ses larmes et son regard était sombre et clair, son visage reflétait une force tranquille. La scène l'avait sans doute troublée mais, à l'évidence, elle ne condamnait pas Richard. Elle l'observait avec simplicité, comme pour tenter de comprendre le fonctionnement de son cœur et de son esprit.

Eh bien, qu'elle essaie ! pensa-t-il, acrimonieux. De toute façon, il n'y avait rien à comprendre. Surtout pour elle, qui ignorait les méandres obscurs qui le hantaient…

Il salua Meg et les deux hommes d'un geste sec, puis tourna les talons et sortit à grandes enjambées.

Moins d'une heure plus tard, Meg s'apprêtait à entrer dans la chambre de Richard, où celui-ci l'avait convoquée peu après le départ de frère Thomas. Sachant que le seigneur de Hawksley avait le pouvoir de la congédier d'une minute à l'autre, la jeune femme se hâta d'obéir. Pourtant, une fois devant la porte, elle hésita.

En vérité, elle n'avait pas encore réfléchi à ce qu'impliquait la scène qui avait eu lieu dans la chambre à coucher d'Alie. Richard l'avait pour le moins stupéfiée. Après tout, on lui en avait tant dit sur son insouciance, son avidité et sa violence qu'elle ne s'était pas attendue à le découvrir si tendre, devant sa femme en proie à la folie. L'arrogant templier, au lieu de réagir avec un dégoût indigné, s'était montré très affecté, fragile presque.

Leurs retrouvailles avaient été une indéniable catastrophe. Quelle horreur de voir Aliénor sauter sur son mari, et de constater la douleur qui le consumait, lui !

Ainsi, les ragots s'avéraient calomnieux au moins sur un point : pour Richard, Aliénor comptait vraiment.

Quant aux autres médisances sur son compte, il fallait sans doute en prendre et en laisser.

— Est-ce que vous vous décidez à entrer, milady, ou préférez-vous que nous parlions sur le palier ?

Meg sursauta.

— Non, j'arrive, j'arrive, répondit-elle doucement avant d'entrer.

Elle espérait que l'embarras qu'elle ressentait en présence du chevalier ne conduirait pas celui-ci à la trouver complètement idiote.

— Pour quelle raison m'avez-vous fait venir, sir Ri…

Il haussa un sourcil, lui rappelant leur accord d'abandonner l'usage du titre. Une autre chose avait fait taire Meg tout net : le spectacle du chevalier tel qu'il s'était préparé pour la nuit. Il avait retiré manteau et pourpoint et n'avait gardé que ses bottes, son pantalon et sa chemise entrouverte. Son large torse était lisse, et il était assis derrière une grande table jonchée de parchemins et de bouteilles d'encre. En approchant, elle fut de nouveau frappée par sa beauté hors du commun. Il dégageait une impression de grâce virile : un mélange bien dosé de puissance maîtrisée et d'élégance souveraine.

Meg était à la fois mortifiée et inquiète de la violence de sa propre réaction. Pas question qu'elle se laisse aller ! Elle n'était qu'une servante du domaine. Il avait sur elle plus de pouvoir, juridiquement et statutairement, que toute autre personne à l'exception du roi. Hélas, trois fois hélas, il était templier et marié avec Aliénor, donc doublement inaccessible. Le fait qu'il fût indéniablement beau n'entrait pas en ligne de compte. D'ailleurs, elle avait rencontré des dizaines d'hommes dotés des mêmes qualités, et aucun ne lui avait fait d'effet particulier.

À l'exception d'Alexandre, et tu sais où cela t'a conduite ! lui chuchota une petite voix intérieure.

Elle se redressa et regarda Richard bien en face.

— Eh bien, pourquoi m'avez-vous fait venir ? dit-elle, omettant volontairement de l'appeler par son nom.

Elle crut un court instant distinguer une lueur d'amusement dans ses prunelles.

Il se leva et s'assit à demi sur la table, et fit signe à Meg de s'asseoir sur le banc près de lui.

— C'est au sujet d'Aliénor, déclara-t-il. Et de ce qui s'est passé dans sa chambre aujourd'hui. J'imagine que ce fut pour vous une épreuve.

Malgré l'impassibilité relative de Richard, elle lut dans ses yeux vert et noisette quelque chose de douloureux, qui éveilla en elle une nouvelle bouffée de sympathie. Déconcertée, elle se tortilla sur son siège.

— Il est temps que je vous en dise plus sur moi et que j'en apprenne davantage, à propos d'Alie et de ce déplorable épisode, poursuivit-il.

Meg se contenta d'acquiescer.

— Tout d'abord, continua Richard avec fermeté, j'ai appris que des bruits courent au village sur le fait que j'aurais négligé ma femme.

Le voyant soudain si farouche, Meg se dit qu'il devait être un formidable adversaire sur le champ de bataille.

— Avez-vous eu vent de ces rumeurs ? demanda-t-il.

Elle rougit, car justement elle y avait pensé avant d'entrer.

— Oui, j'ai entendu parler de certaines choses, reconnut-elle.

— Et naturellement, vous les avez crues ?

— Eh bien, je... c'est-à-dire que... ou plutôt... car voilà...

Elle ne réussit pas à finir sa phrase. Mais sa déconfiture se mua vite en irritation. Elle maudit le rouge qui lui montait aux joues. Il n'y avait nulle honte à avoir. Sir Richard de Cantor ne pouvait la blâmer d'avoir cru les médisants. C'est lui qui avait abandonné Alie, et l'avait laissée porter seule le deuil de leur enfant. Justement, il en avait encore de terribles remords, si ce qu'elle avait vu n'était pas feint. Pourquoi avoir peur de reconnaître qu'elle avait considéré ces doutes comme fondés ?

— Je ne vous en veux pas pour ça, la rassura-t-il comme s'il lisait dans ses pensées. Étant donné l'état d'Aliénor, le contraire m'aurait même étonné. En réalité, les bruits qui courent sur moi sont exacts, dans une certaine mesure.

Cet aveu inattendu exaspéra Meg. Chaque fois qu'ils se voyaient, il disait ou faisait quelque chose d'inattendu qui la troublait.

— Vous vous considérez comme un monstre ? questionna-t-elle.

Elle parlait sèchement, dans un effort pathétique pour garder ses distances.

— Vous reconnaissez que vous êtes égoïste, avide, cruel, totalement insensible aux autres ?

Au lieu de se mettre en colère, il éclata d'un rire en cascade. Quand il répondit, il avait encore des pattes-d'oie rieuses au coin des yeux.

— Par le Ciel ! Je savais que l'on médisait de moi, mais voilà qui dépasse tout ce que j'avais imaginé. Vous êtes sûre qu'on dit tout cela ?

— J'en ai bien peur, confirma-t-elle avec un léger sourire.

— Eh bien, le mieux que j'aie à faire est de me comporter comme l'ogre que je suis censé être.

— Je crois que je préfère l'homme que j'ai observé depuis quelques heures, murmura Meg, toujours souriante.

Elle aurait mieux fait de se taire.

Il la scrutait à présent d'un regard pénétrant et chaleureux, comme pour tenter de la percer à jour.

— De toute façon, milady, trancha-t-il enfin, je vais vous révéler toute la vérité. Je ne me suis jamais désintéressé d'Aliénor, quelle que soit la distance à laquelle je me trouvais du manoir de Hawksley. C'est avant tout pour elle que je me suis engagé dans les templiers.

Les *templiers !*

Ce mot seul suffisait à glacer le sang de Meg.

— Je n'ai guère fait d'études, messire, mais le fait de rejoindre les rangs d'ambitieux machiavéliques, qui brandissent d'une main une épée prétendue sainte tandis que de l'autre ils pèchent par hypocrisie, me semble une étrange façon de prendre soin d'une grande malade. De quelle façon, dites-moi, votre engagement a-t-il contribué à soulager Alie ?

Il se rembrunit, et riposta d'un ton plus dur.

— Tout cela est compliqué, milady, pour de nombreuses raisons. Toutefois, j'ai entendu dire que vous connaissiez l'usage selon lequel on soumet son corps à des pénitences quand on a un péché à expier.

Elle savait qu'il faisait allusion au châtiment qu'elle recevait : la maudite discipline. Le simple souvenir de la façon dont la brutale abbesse et le moine l'avaient traitée la faisait blêmir de rage. Elle serra les poings : comment osait-il faire allusion à cette humiliation, qui n'avait rien à voir avec la question qu'elle venait de poser ? D'un côté, il s'agissait d'un acte volontaire ; de l'autre, d'une pénitence qu'on lui avait imposée.

— Et tant que nous en sommes aux questions, j'en ai une à vous poser, poursuivit-il. Pourquoi critiquez-vous à toute occasion l'ordre militaire et hospitalier auquel j'appartiens ? Je n'ai jamais tenté de passer pour saint, ni même pour foncièrement bon. Alors que l'ordre est saint, lui, et gouverné par le pape en personne. Les rites d'initiation constituent un secret bien gardé, c'est vrai, et ne rentre pas qui veut : il faut que le corps et l'esprit soient éprouvés. Cela vous donne-t-il le droit de vous moquer ?

— Je parle de ce que j'ai personnellement constaté, riposta-t-elle du tac au tac. L'ordre du Temple est dévoyé, corrompu, il envoie à la mort de nombreux innocents. Des hommes sont expédiés contre leur volonté dans des déserts lointains, ils tombent dans des combats avec lesquels ils n'ont rien à voir. Pardonnez-moi, messire, mais j'ai du mal à croire que Dieu approuve ce genre de carnages, fût-ce sous les auspices de notre sainte mère l'Église.

— Je vois, murmura Richard en s'agrippant à la table au point de faire blanchir ses phalanges. Donc, c'est contre la nature militaire de l'ordre que vous vous insurgez ? Mais comment protéger les pèlerins et les Lieux saints ? Bien sûr, ce serait plus facile si les hommes étaient tous des anges, milady, mais nous vivons une époque de violence, vous savez.

Meg eut un grognement vague, et se leva pour faire les cent pas dans la pièce. Elle frôla de la main, à travers sa tunique, son pendentif en argent, et les larmes lui vinrent aux yeux comme chaque fois qu'elle évoquait le souvenir de ces semaines atroces où elle avait attendu en vain des nouvelles d'Alexandre.

Quand elle en avait enfin eu, elle avait été obligée de s'aliter. Son père lui avait annoncé la chose dans toute son horreur sanglante, avec une précision glacée. Quelques heures plus tard, la vie telle qu'elle la connaissait, avec ses espoirs et ses rêves d'avenir, s'était effondrée à jamais.

Meg fit un immense effort pour effacer cet insupportable passé et, près de la fenêtre, se tourna vers Richard.

— Non, messire. Je ne m'élève pas contre le fait que les templiers soient des moines soldats. J'ai peut-être été élevée dans du coton, mais je n'ignore pas que notre monde est violent. L'homme ne changera jamais et, à cet égard, l'ordre ne se démarque pas.

À l'extérieur, la cour était plongée dans l'obscurité et un petit courant d'air glacial se glissait dans les fissures de la fenêtre.

— En revanche, ce que je n'accepte pas dans votre ordre bien-aimé, reprit-elle un peu plus bas, c'est le libre cours qu'il donne à la corruption et à la coercition : des gens sont recrutés de force. Si assez d'or change de main, des recrues sont enrôlées, que cela leur plaise ou non. Pour autant que je sache, cela est en contradiction avec la règle de l'ordre elle-même. Les chapitres, vous venez de le confirmer, sont secrets mais les templiers sont censés se montrer exigeants pour recruter leurs pairs. Bien d'autres interdits sont quotidiennement bravés par tous vos dévots chevaliers, clercs et sergents, non ? Vœux de pauvreté, de chasteté, d'obéissance... Ils ont bon dos, n'est-ce pas ? Ne niez pas, messire : vous avez des yeux pour voir, tout de même.

— Quelques brebis égarées profanent peut-être leurs vœux, milady, répondit sombrement Richard, mais pas tous les templiers. Ce n'est le cas ni de moi ni de la plupart des compagnons aux côtés desquels j'ai servi et auxquels j'ai plus d'une fois confié ma vie.

Meg ne se risqua pas à croiser son regard : elle éclaterait en sanglots. Elle continua d'une voix enrouée.

— Dans ce cas, si vous aviez eu pour compagnon le chevalier auquel je pense, peut-être ne serait-il pas mort.

— Cet homme qui est mort pour l'ordre, c'est celui que vous aimiez avant de venir à Hawksley, n'est-ce pas ? Vous lui avez offert votre vertu, cela vous a déshonorée.

Elle fit volte-face et une larme roula sur sa joue.

— Frère Thomas m'en a informé, expliqua Richard d'un ton sentencieux.

Elle éclata d'un rire mauvais.

— Vous ignorez, semble-t-il, que frère Thomas n'est pas précisément le miroir de la vérité. En ce qui me concerne, il n'a appris que ce que mon père voulait bien que le monde sache. En provoquant ce scandale, j'ai privé mon seigneur et père d'un beau parti à la cour. Mais, Dieu en soit loué, l'histoire ne s'arrête pas à ce que l'on sait à Hawksley et dans les chaumières.

Richard ne répondit pas, et un lourd silence s'installa. Meg se tordait les mains et se demandait s'il attendait d'elle des précisions. De toute façon, même s'il lui ordonnait de tout lui dire, elle ne pourrait accéder à sa demande. C'était déjà trop douloureux pour qu'elle y pense...

Et cette douleur, elle la partageait avec Aliénor. Elle s'en était aperçue dès son arrivée à Hawksley. Tout ce qui les séparait, c'étaient une différence d'âge de quelques années et le monde obscur où Aliénor s'était enfermée. Par moments, Meg l'enviait. Elle aussi aurait voulu se murer dans un monde à elle, poser le lourd fardeau des souvenirs qui finirait par la consumer. Mais ce n'était pas son chemin. Elle avait pour destin de supporter la compagnie des fantômes glacés du passé.

— Je suis navré de ce que vous avez souffert, milady, déclara Richard, et que votre promis se soit fait tuer alors qu'il était enrôlé de force par les templiers. Mais sachez que pareil événement est rare. L'ordre tel que je le connais est composé d'hommes honorables qui considèrent l'appel de Dieu comme leur vraie vocation, pour laquelle ils n'hésitent pas à risquer la mort.

— Mais la corruption est là, insista-t-elle. On transgresse les règles, on accepte des pots-de-vin.

— Oui, c'est malheureusement vrai. Dans chaque tonneau de pommes, il y en a de pourries, car la nature humaine est corruptible. Cette réalité est incontournable mais, je l'affirme, l'ordre du Temple lutte de toutes ses forces pour éviter ce genre d'abus.

— On dirait que ce n'est pas l'avis du roi Philippe le Bel, riposta-t-elle avec ardeur. Son coup de filet il y a deux semaines en dit long sur l'opinion qu'il nourrit envers les templiers.

Richard accusa le coup. Il réfléchit un instant, et elle regretta presque de l'avoir blessé.

— Le roi de France, exposa-t-il enfin, répondra de ce geste le jour du Jugement dernier. Mais sachez ceci : tous les templiers savent qu'avant cette grande rafle, Philippe le Bel avait posé deux fois sa candidature pour être admis au sein de l'ordre. Les deux fois, il fut éconduit, car on le soupçonnait de désirer moins l'accomplissement de la sainte mission des templiers que le contrôle des immenses richesses de l'ordre. Voilà la vraie raison de ces arrestations. Cela n'a rien à voir avec la corruption ou avec l'hérésie.

Meg fut troublée par ces mots. Le fait qu'un monarque soit susceptible de corruption au même titre que les templiers, cela n'était guère surprenant, mais elle n'avait pas envisagé les choses sous cet angle.

— Je... je l'ignorais, murmura-t-elle.

— Eh oui, vous l'ignoriez, et le reste du monde aussi, à cause des pressions exercées par le roi Philippe. Ainsi, bien que respectueux de vos sentiments, je vous demanderai de vous abstenir en ma présence de critiques ouvertes concernant l'ordre. M'accorderez-vous cette faveur ?

Elle acquiesça.

— J'accepte, à condition que vous n'exigiez pas que je change d'avis sur ce point.

Richard eut un sourire désabusé.

— Dieu me garde de vouloir contrôler vos pensées – ou celles d'une autre femme, d'ailleurs. Vos pensées n'appartiennent qu'à vous.

— Dans ce cas, j'accepte.

— Nous ne sommes pas si terribles, vous savez. Mes compagnons de chevauchée, mes camarades de combat sont de braves garçons. Ils ne sont pas parfaits mais ils souhaitent la victoire du bien. Ce sont des qualités qui se perdent aujourd'hui. Mais on arrive à les trouver çà et là : il suffit de s'en donner la peine...

Meg sentit une chaleur lui monter aux joues et elle baissa modestement les yeux sur ses mains.

— J'ai noté vos paroles concernant l'ordre, Richard. Mais n'attendez pas de moi que j'oublie ce que moi-même et les personnes que j'aime avons souffert.

— Je comprends.

Le calme revenu était singulièrement agréable, songea Meg. Un lien de sympathie commençait à se nouer entre eux.

Richard n'y était pas indifférent, derrière ses apparences flegmatiques. Un peu gêné, il fit le tour de la table et reprit place sur son fauteuil, comme pour mettre un terme à la conversation. Leurs regards se croisèrent.

— J'ai une dernière chose à vous demander avant de reprendre ma correspondance et me coucher.

— Quoi donc ? s'enquit-elle.

— C'est à propos d'Aliénor. Willa s'inquiétait de vous laisser dormir dans la même chambre qu'elle et, après l'incident de cet après-midi, je me demande s'il est sage de vous laisser en sa compagnie sans protection.

Meg se mordit la lèvre. Alie s'était parfois montrée violente, mais jamais comme aujourd'hui. Mais avait-elle le choix ?

— Je ne sais que dire, répondit-elle, sinon que je connais les éclats d'Alie. Je peux appeler à l'aide si nécessaire.

— Est-ce que cela lui arrive souvent ?

— Dernièrement, son comportement est devenu de plus en plus aberrant. Elle s'en prend parfois à ceux qui s'occupent d'elle, mais je vous assure qu'elle ne s'est jamais jetée sur quiconque avec la férocité dont elle a fait montre à votre endroit.

Elle s'interrompit. Elle s'en voulait de rougir une fois de plus.

— Pardonnez-moi. Je ne voulais pas vous blesser...

— Mais c'est la vérité, répliqua Richard. Vous n'avez pas à vous excuser.

De nouveau gêné, il feuilleta quelques parchemins, remit un encrier à sa place, rangea des plumes qui n'en avaient nul besoin. Malgré sa dernière phrase, Meg savait qu'il était touché et elle aurait eu envie de le consoler, pour écarter toute ombre de son regard.

— Donc, reprit-il pour dire quelque chose, votre installation actuelle vous satisfait ?

— Oui.

— Essayons donc, alors. Mais promettez-moi de m'avertir de tout changement dans le comportement d'Aliénor, et des craintes que sa présence vous donnerait.

— Je le ferai, promit Meg.

Elle se sentait déçue, sans raison particulière. En effet, sir Richard de Cantor s'était montré particulièrement compréhensif avec elle et l'avait entretenue comme si elle méritait sa considération, alors qu'elle n'était qu'une femme déshonorée servant dans sa maison. Peu importait qu'elle fût une parente lointaine de son épouse.

— Eh bien, murmura-t-elle en gagnant la porte, je vous laisse poursuivre votre correspondance. Bonne nuit.

Richard leva vers elle un regard pénétrant.

— Oui, milady. J'espère que vous allez bien dormir. Si quoi que ce soit arrive, appelez et je viendrai, je vous le promets.

Meg eut la gorge nouée à ces paroles et ne put répondre. Elle était profondément touchée que le chevalier lui offre ainsi sa protection.

Elle se glissa dans le couloir pour aller rejoindre la pauvre femme égarée qui dormait d'un sommeil agité.

Richard assista au départ de Meg, cachant jusqu'au bout son émoi. Par le Ciel, lady Margaret Newcomb éveillait en lui des tourments qu'il n'avait jamais endurés ! Et il ne s'agissait pas que de son hostilité vis-à-vis des templiers. Il ne s'agissait pas non plus de son franc-parler, en tout cas pas seulement. Elle était pour lui l'image même de la tentation féminine. La simple pensée de Meg le faisait réagir et lui, si fier de son sang-froid, était incapable de maîtriser ses bouffées de désir ardent.

Certes, elle ne ressemblait guère aux beautés conventionnelles de la cour. Pas plus que le doux zéphyr ne ressemble à la tempête. Le parfum léger qu'elle laissait dans son sillage le plongeait dans un émoi brûlant. De même le reflet des bougies dans sa chevelure sombre et brillante. L'envie le prenait de plonger les doigts dans cette masse somptueuse.

La toucher, sentir sous sa paume cette peau si douce... Seigneur Jésus, il fallait à tout prix bannir de son esprit ce genre d'images !

Il se força à maîtriser son souffle, à calmer son cœur qui battait la chamade. Il se sentait près d'elle tellement plein de vie ! Davantage qu'au cours de toutes les aventures vécues depuis cinq ans.

Hélas, elle était totalement hors de portée pour lui. Il était marié, et peu importait que cette union fût sans amour, qu'il fût lié à une femme désormais tout entière sous l'empire de la folie. Bien qu'affranchi de ses vœux de templier, il s'y sentait encore tenu spirituellement car la pauvreté, la chasteté et l'obéissance lui avaient apporté force et réconfort quand il en avait eu le plus besoin.

D'ailleurs, se rappela-t-il une fois de plus, même si tant d'obstacles ne s'étaient pas coalisés contre lui, il ne pouvait échapper à une certitude : chaque fois qu'il s'était abandonné à quelque tendresse vis-à-vis d'une femme, cela l'avait conduit au désastre. Il n'était fait pour être ni mari ni amant… ni même ami de la belle et inaccessible lady Margaret Newcomb.

Il faisait machinalement tourner sa plume entre ses doigts, en regardant la lumière jouer sur ses bords dentelés. Il tenta de revenir à ses parchemins. Mais les quelques mots qu'il traça se brouillaient devant ses yeux. Il n'arrivait pas à se concentrer.

En vérité, l'ordre était sage de l'avoir tenu – ainsi que les autres chevaliers – à l'écart des femmes. La vie monastique l'aidait depuis cinq ans à rester centré sur la vie spirituelle. Les désirs de la chair se surmontent aisément, quand on n'a pour compagnie que de rudes soldats désireux de servir Dieu, et de rester en vie.

Cela dit, il demeurait un homme. Lorsqu'il regardait Meg, le moins que l'on puisse dire est qu'il était… ébranlé. L'attrait du fruit défendu ! se dit-il pour se rassurer.

Il revint à son parchemin, le relut et se rappela l'objet de sa missive. Elle était adressée à Braedan, son frère aîné. Braedan habitait à deux jours de cheval de Hawksley, dans le nord du Sussex. Il était bailli et avait de ce fait l'oreille du roi, comme son père et son grand-père avant lui. Braedan attendait sans doute avec impatience le retour de Richard au pays, et le cadet avait hâte d'apprendre ce qui se disait à la cour concernant l'avenir de l'ordre en Angleterre.

Il griffonna les dernières phrases sur le parchemin, le plia et se disposa à faire couler la cire pour apposer le sceau des Cantor que lui seul et Braedan possédaient.

Ensuite, il devait écrire au roi en personne. Frère Thomas lui avait annoncé le mariage imminent d'un favori du roi, Piers Gaveston, au château de Tunbridge dans le Kent : c'était à trois jours à peine de Hawksley et il pourrait s'y rendre.

Étant donné les liens unissant le jeune roi à Gaveston, l'événement s'annonçait d'un faste inouï avec des jours – des semaines peut-être – de jeux et de tournois. Il semblait évident que le roi Édouard serait là en personne. Richard avait constaté leur attachement mutuel quand il avait séjourné à la cour, sous le règne du père d'Édouard. Toutefois, cette amitié très particulière n'avait pas été encouragée par le monarque vieillissant.

Celui-ci était mort l'été précédent. Édouard II s'était empressé de couvrir Gaveston d'honneurs, au point de le nommer comte de Cornouailles et de lui donner en mariage sa propre cousine, Margaret de Clare.

Richard comptait profiter de l'occasion pour plaider auprès du roi la cause des templiers. Il espérait que le jeune souverain aurait assez de caractère pour résister aux pressions du roi de France – son futur beau-père.

Il posa devant lui un nouveau parchemin et trempa sa plume, soulagé de pouvoir échapper un moment à l'image obsédante des doux yeux noisette et des lèvres pulpeuses qui le tourmentaient.

4

Meg sortit précipitamment par la poterne à l'arrière du manoir, et fut saisie par le froid. La morsure en était pénible, mais cela lui dégageait les idées et la réveillait pour de bon. En effet, cela faisait quatre nuits qu'elle dormait mal : elle était épuisée.

La dernière nuit avait été la pire, mais elle n'avait pas osé appeler Richard. Il ne fallait pas tenter le sort : il risquait de la renvoyer du manoir. Et puis, Alie n'était pas encore insupportable. Elle faisait des cauchemars. En général, elle gesticulait et criait mais, la nuit dernière, elle avait bondi de son lit pour se précipiter vers la fenêtre ; elle avait secoué les barres de fer que l'on avait scellées pour sa sécurité.

Quand Meg l'avait touchée, dans le noir, elle s'était retournée en sanglotant.

— Ne me touche pas ! Que personne ne me touche !

Elle avait retraversé la pièce comme une flèche pour se pelotonner dans son lit. Mais l'incident avait donné à Meg froid dans le dos. Une heure durant, elle n'avait pas quitté des yeux la silhouette immobile de sa cousine. D'où la fatigue qui la terrassait le matin venu.

Lorsque Meg s'était glissée hors de la chambre, Alie dormait encore. Elle espérait que la malade se tiendrait tranquille jusqu'au moment où Willa lui porterait du pain chaud et du lait sucré, comme d'habitude. Meg reviendrait dans l'après-midi. Peut-être qu'Alie se laisserait coiffer et même baigner.

Au moins, je ne risque pas de tomber sur Richard, songea-t-elle en prenant la direction du village. Depuis son retour, le chevalier s'était fait remarquer par son absence, sauf à la messe du matin. Il était entièrement absorbé par frère Thomas, qui mettait à sa disposition les comptes et les documents de Hawksley à la préceptorie.

Meg avait décidé ce matin-là de tenir une promesse faite à une femme du village, la veuve de William Carpenter.

Joan Carpenter avait été particulièrement éprouvée par la mort prématurée de son mari, William. La malheureuse, avec ses quatre enfants en bas âge, allait encore souffrir car le jour des vendanges était venu. Joan, qui allaitait ses jumeaux, devrait faire de son mieux pour exécuter la corvée prescrite par le manoir.

Juridiquement, les serfs étaient tenus de travailler pour leur seigneur avant de s'occuper de leurs affaires personnelles. En tant que chef de famille, Joan assumerait les trois jours de corvée prévus pour les vendanges et la vinification. Si elle dérogeait à ce devoir, elle écoperait d'une amende qu'elle n'avait aucun moyen de payer.

Meg hâta le pas. Le hameau était pratiquement désert. Elle tenait d'une main ferme un seau, par la cordelette qui tenait lieu d'anse. Elle bouillonnait de colère contre le frère Thomas, dont la gestion désastreuse du manoir en l'absence de Richard avait acculé Joan et d'autres familles du village à la misère.

William Carpenter était mort l'été précédent, pendant le battage du grain. Frère Thomas avait exigé de percevoir ses droits, en l'espèce la meilleure tête de bétail du défunt, une vache efflanquée. Le paiement de cet impôt avait porté un coup terrible à la veuve de William et à ses enfants.

Mais il y avait pire, se souvint Meg en arrivant dans la vigne bien située, orientée à l'ouest. Dans son avidité, frère Thomas avait exigé de surcroît, comme une antique coutume l'y autorisait, la deuxième et dernière tête de bétail de la famille. Et cela pour l'Église. Meg ne niait pas que la saisie fût légale mais, vis-à-vis de familles pauvres comme celle-ci, la coutume était de faire preuve de mansuétude.

Il ne restait aux Carpenter qu'un carré de terre dont l'avoine était gâtée par la pluie. La mère et ses quatre enfants risquaient de ne pas passer l'hiver. Dans son désir de leur venir en aide, Meg avait décidé d'assumer à la place de Joan la corvée de vendange.

La vigne était entourée d'une clôture. Quelques paysans étaient déjà rassemblés devant l'entrée.

— Les raisins pourrissent sur pied à cause des pluies du mois dernier, déclarait Matthew Graves, le plus riche du village et chef du conseil. En cas de gelée précoce, ce sera la catastrophe. Il faut vendanger aujourd'hui, autrement il ne restera rien.

— Que Dieu nous aide, dans ce cas ! s'exclama une femme en serrant son fichu sous son menton.

— Il faudra qu'Il nous aide beaucoup, confirma un autre homme, Thomas Chofton, avec une grimace mauvaise. Sir Richard touchera sa part de la vendange, ne vous en faites pas pour lui, même s'il ne nous reste que quelques sarments pourris. Tout ce que nous gagnons avec son retour, c'est de changer de tyran, si vous voulez mon avis.

Brusquement, on remarqua Meg et tout le monde se tut. Chofton détourna le regard et cracha par terre.

Meg était peinée. Quel abîme entre elle et les petites gens du domaine ! Depuis des siècles, serfs et nobles avaient des destins séparés.

— Est-ce que tout le raisin est perdu ? demanda-t-elle comme si de rien n'était.

— C'est trop tôt pour le dire. Il faut faire la vendange et la mettre au pressoir comme d'habitude. C'est quand le jus sera en tonneau pour fermenter qu'on saura s'il faut le jeter au ruisseau ou le garder en bouteille, répondit Matthew.

— Dans ce cas, autant nous mettre au travail tout de suite…

— Excusez-moi, Meg, l'interrompit Thomas Chofton en retirant son chapeau, mais Sa Seigneurie est de retour au château. Vous croyez que c'est convenable de venir ainsi nous aider ? Écoutez : c'était vraiment gentil, ce que vous avez fait pour nous…

Des murmures approbateurs s'élevèrent.

— … mais c'était quand frère Thomas commandait. Nous savions à l'avance quand il viendrait, et vous aviez le temps de rentrer au manoir le moment venu.

— Oui, Meg, renchérit Matthew. Avec sir Richard, c'est autre chose. Personne ne sait ce qu'il va penser ou faire s'il vous trouve ici avec nous.

Elle soupira lourdement. Que c'était triste, la peur chez ces hommes ! C'était toujours pareil lorsqu'ils avaient affaire à la noblesse. Meg avait tout fait pour échapper à son passé, mais jamais elle ne serait libérée du fait que sa naissance avait, par hasard, fait d'elle la fille d'un comte.

— La réaction de sir Richard est imprévisible, je vous l'accorde. Il peut réagir comme frère Thomas. Mais je ne pense pas qu'il soit hostile au fait que je vous aide. En vérité, le risque en vaut la chandelle et, je vous le promets, je prends la responsabilité des conséquences.

Tous se turent, quelques-uns acquiescèrent d'un signe de tête. Les autres regardaient leurs pieds. Meg n'avait pas le sentiment de les avoir convaincus. Tous étaient astreints à la corvée de vendange, aucun ne pouvait se faire aider par quiconque : si elle n'arrivait pas à les persuader de l'accepter parmi eux, Joan et ses enfants en subiraient les conséquences.

— Sachez-le bien, poursuivit-elle d'une voix forte afin d'être entendue de tous, comme beaucoup d'entre vous, sir Richard a été surpris quand je lui ai demandé qu'il m'appelle par mon prénom. Mais il s'est laissé fléchir, à la différence de frère Thomas qui continue à m'appeler par mon titre, au bout de deux ans. N'est-ce pas la preuve de la tolérance du seigneur de Hawksley ?

Plusieurs hommes opinèrent. Elle décida d'abattre sa dernière carte.

— D'ailleurs, sir Richard ne sera pas au village aujourd'hui pour juger qui que ce soit. Nous ne le verrons pas, car il passe son temps à la préceptorie. Je ne risque donc rien à travailler avec vous.

Les dernières résistances fléchirent, et les vingt paysans se mirent au travail. Elle commença à les aider à délimiter la parcelle qui serait vendangée pour le seigneur. Tous travaillèrent avec ardeur.

En moins d'une heure, Meg avait les doigts gourds de froid. Le ramassage de raisins à moitié pourris était fatigant. Nul ne parlait, si ce n'était pour déplorer l'état des grappes.

Plusieurs heures plus tard, Meg avait enfin rempli son panier. Elle quitta le rang où elle se trouvait pour aller le vider dans la charrette du régisseur du manoir, James Osgood, un peu à l'écart. Il attendait avec un ennui morose, observant les nuages qui s'amoncelaient dans le ciel, et marquant sur un parchemin la quantité ramassée par chaque famille.

Quand le tonnerre commença à gronder dans le lointain, tout le monde s'arrêta et se tourna vers Matthew. En sa qualité de chef du conseil, c'était lui qui avait organisé le travail de la journée. Il alla trouver le régisseur.

Tandis que les deux hommes discutaient, les autres attendirent. Meg resta debout près de la carriole. Matthew était clairement d'avis d'interrompre le travail et de mettre à l'abri ce qui était déjà vendangé. Plusieurs fois, il désigna des enfants que leur père avait obligés à mettre la main à la pâte. Le fait que des enfants travaillent n'était pas chose rare, Meg ne l'ignorait pas. Mais plusieurs de ces petits étaient si chétifs qu'ils grelottaient, et le vent était de plus en plus froid.

Le régisseur n'en démordait pas. Il désigna la feuille de comptes qu'il tenait, et le ton monta entre les deux hommes. À l'évidence, le manoir n'avait pas encore sa part. Si tout le monde allait se mettre à l'abri et si un violent orage s'abattait, le reste de la vigne ne serait jamais vendangé.

Soudain, un étrange silence s'étendit sur la colline et Meg sentit ses cheveux se hérisser sur sa nuque. La brise tomba, un calme lourd s'appesantit sur la vigne.

Tom Chofton désigna du doigt l'horizon.

— Sainte Mère de miséricorde, regardez-moi ça ! L'orage vient droit sur nous.

Meg s'avança entre deux rangs pour mieux voir. L'horizon était barré d'un mur de nuages tout noirs, zébrés d'éclairs. On voyait les lourdes nappes de pluie qui avançaient comme un front compact et arrosaient déjà les jachères aux confins du village.

Chacun se hâta de verser dans la carriole les paniers de raisin à moitié pleins, et de ramasser ses outils. Avec plusieurs autres femmes, Meg courut s'occuper des enfants, dont plusieurs se mirent à pleurer. Elle les aida à sortir leurs paniers des rangs, tandis que le régisseur entassait ses parchemins. D'autres paysans prirent par la bride le mulet pour conduire la carriole jusqu'à la ferme voisine, qui avait une porte cochère suffisamment haute. Mais le mulet flairait le danger. Il se mit à braire et à ruer en tous sens pour fuir.

Soudain, le vent se leva. Meg défit son châle et tenta de le nouer sur sa tête comme un fichu. Les rafales lui arrachèrent des mains le tissu, qui s'envola et disparut avec les différents débris, feuilles et rameaux balayés par la tempête. Une pluie glaciale se mit à tomber, si violente que chaque goutte était une piqûre sur la peau.

Le désordre était total. Les gens criaient, la tempête faisait rage. Meg entendit quelqu'un appeler et, malgré la pluie qui lui giflait la figure, elle chercha de qui il s'agissait. C'était Matthew. Il lui faisait signe de le rejoindre alors qu'il se dirigeait vers un groupe de maisons tout près de la vigne, suivi par la plupart des paysans. Ils essayaient d'entraîner le mulet, certains s'arc-boutant sur les roues de la charrette pour forcer l'animal à avancer.

Secouée par la bourrasque, Meg voulut suivre le chef du conseil du village et les vendangeurs, pour les aider à pousser la charrette et se mettre à l'abri. Dans le tumulte, elle entendit alors un cri d'enfant.

— Maman !

Elle s'arrêta.

D'où venait cet appel ? Elle s'avança en trébuchant et finit par trouver un petit de trois ans, sous un tas de sarments renversés par le vent. À côté de lui, une femme gisait, sans connaissance. Elle était blessée au front. Meg s'approcha encore : c'était le petit Nathaniel Parish et sa mère, Sarah. Encore une qui avait du mal à joindre les deux bouts. Elle s'en sortait tant bien que mal en faisant la couturière.

Meg prit l'enfant dans les bras et s'agenouilla pour réveiller la mère. Mais Sarah ne réagissait plus.

— Sainte Vierge, protégez-nous ! implora-t-elle.

Puis elle se leva afin d'appeler à l'aide. Elle entendit un terrible craquement et se tourna vivement pour protéger Nat : une lourde branche arrachée à un arbre du bois voisin la frappa à l'épaule et lui griffa la joue. Le choc fut si fort qu'elle vit trente-six chandelles, et perdit un instant le souffle. Désespérée, elle serra Nat plus fort contre elle et appela au secours de toutes ses forces.

Personne ne lui répondait, et la panique la saisit : nul ne viendrait à son aide.

Étouffant un sanglot de terreur, elle posa Nat sur le sol et se pencha pour qu'il l'entende bien.

— Viens, Nat ! Accroche-toi à mes jupes et marche. Il faut mettre ta maman en sûreté.

— Non… J'ai peur ! Maman ! hurla Nat en fermant les yeux de toutes ses forces.

Il se bouchait les oreilles des deux mains, comme pour nier l'horreur de la situation.

— Je sais que tu as peur mais il faut que tu m'obéisses, ordonna Meg. Il faut te mettre à l'abri, et ta maman aussi !

La pluie était à présent mêlée de neige fondue. L'averse était de plus en plus violente et cruelle.

Finalement, Meg saisit une main du petit et l'incita à agripper sa jupe. Puis elle se pencha et prit Sarah sous les bras. Le visage giflé par les nappes de pluie, elle tâchait de garder la tête baissée et se penchait pour protéger la femme évanouie, ainsi que Nat. Et elle entreprit de la traîner vers les maisonnettes où tous les autres avaient trouvé refuge.

Elle avançait avec une lenteur affreuse mais, avant d'avoir parcouru la moitié de la distance, elle sentit quelqu'un empoigner Sarah...

Quel choc ! C'était Richard. D'où sortait-il ?

Peu importait. Son apparition était providentielle. Matthew arriva à son tour à toutes jambes. Meg reprit Nat dans ses bras et marcha d'un pas vif vers la maisonnette la plus proche, suivie des hommes qui portaient Sarah.

Ils franchirent enfin le seuil de l'humble demeure, et Meg posa le petit garçon terrorisé. Celui-ci se précipita vers sa mère, un peu calmé.

La jeune femme mit quelques secondes à s'habituer à la pénombre. C'était une des plus grandes fermes du village, étroite mais suffisamment longue pour abriter quelques porcs, une chèvre et plusieurs poulets. Elle tenta de s'orienter, un peu étourdie. Ses oreilles tintaient, elle avait mal au dos et à la joue, là où la branche l'avait frappée.

Des femmes inquiètes murmuraient dans la pénombre, Meg ne les comprenait pas. Elles s'agglutinèrent autour de Sarah, guidèrent les hommes jusqu'à une paillasse à l'abri des courants d'air. Richard indiquait aux autres comment faire. Les paysans suivaient les ordres qu'il donnait à voix basse.

Meg aperçut le foyer au milieu du logis encombré. La neige fondue s'engouffrait par le trou prévu dans le toit pour laisser sortir la fumée. Pourtant, le feu chauffait un peu l'humble masure. Elle tendit les mains vers les flammes pour réchauffer ses doigts gourds.

Elle se sentait une faiblesse dans les genoux et s'assit sur le sol de terre battue. Elle claquait des dents, et palpa du bout des doigts sa joue. Elle les retira : non, elle ne saignait pas.

— Vous êtes blessée ? Que s'est-il passé ?

Richard paraissait inquiet. Meg se retourna et fit la grimace car sa nuque la faisait souffrir.

— Une branche cassée par la tempête est tombée sur moi alors que je secourais Nat et Sarah.

Richard s'accroupit à côté d'elle, les sourcils froncés. Il lui posa un doigt sous le menton et lui inclina le visage pour observer son égratignure à la joue.

— Vous avez mal ? demanda-t-il avec douceur.

— Non, répondit-elle bravement. Pas là. La branche m'a heurté d'abord l'épaule, et j'ai du mal à tourner la tête.

— Voyons cela.

Meg n'avait de sa vie laissé un inconnu – un homme de surcroît – lui défaire le laçage de sa tunique, et pourtant elle s'abandonna aux soins de Richard. Avec lui, cela semblait naturel. Il se posta derrière elle, tandis qu'elle essayait de se détendre. Il glissa ses doigts frais sous la chemise de la jeune femme, écartant tunique et chemise.

— Vous avez l'air de vous y connaître, murmura-t-elle avec une nouvelle grimace, car sa tunique la tiraillait. Avez-vous étudié la médecine ?

— Pas précisément, répliqua-t-il en auscultant soigneusement l'épaule meurtrie. Mais j'ai servi dans l'unité d'élite des templiers, et j'y ai appris les soins d'urgence, outre le métier des armes. Il y a parfois beaucoup à faire les soirs de bataille.

Richard avait beau faire preuve de la plus grande douceur, chaque contact l'élançait ; elle aurait volontiers crié.

— Bon, ça va aller, murmura-t-il à son oreille. Il faut être sûr qu'il n'y a pas de fracture. Inspirez profondément : vous aurez moins mal.

Elle obéit, et constata qu'effectivement, cela rendait le supplice plus supportable. Il eut bientôt fini mais, au lieu de s'écarter, il se mit à la caresser du bout de ses doigts légers comme une plume, en partant du haut de l'épaule et en descendant. Très gênée, elle songea à se tourner pour l'interroger, mais y renonça car cela lui aurait fait trop mal. Et d'ailleurs, la douleur diminuait à chaque caresse.

— Que faites-vous ? finit-elle par demander.

— Une sorte d'anesthésie.

Il était si près qu'elle sentit la douceur de son haleine sur son oreille. En même temps, elle goûtait la délicieuse caresse de ses doigts.

— Vous avez une contusion, sans doute très douloureuse, mais pas de fracture, conclut-il comme s'il ignorait les sensations qu'il lui causait. Ce que je fais va vous aider, ainsi que l'application d'onguents que j'ai au manoir. Je les ai rapportés de Chypre. Ce sont des produits bien connus pour leurs propriétés médicinales. Mais pas question d'attendre pour commencer le traitement : il faut appliquer tout de suite un liniment plus ordinaire.

— Vous avez un liniment sur vous ? questionna-t-elle, stupéfaite d'une telle prévoyance.

— Non, avoua-t-il avec, probablement, un sourire. Même moi, je ne saurais tout prévoir. Mais je pense à une préparation facile à faire. Je suppose que la maîtresse de maison aura ce qu'il faut.

Il se releva et se dirigea vers les paysans, au fond de l'étroit logis. Confuse, Meg ressentit immédiatement l'éloignement physique de Richard : soudain, l'air lui sembla plus froid et l'atmosphère plus hostile.

Richard échangea quelques mots avec Catherine, la femme qui habitait cette masure. Elle alla fouiller dans un coin, remua quelques récipients et revint avec deux poignées d'herbes séchées, un mortier, un pilon et un petit morceau d'étoffe.

Elle dit quelque chose à Richard, qui prit le tout et rejoignit Meg avec un sourire encourageant. Derrière la barrière qui les séparait de l'habitation, les animaux se mirent à s'agiter. L'orage tonnait à l'extérieur, le bétail avait peur, mais Richard leur parla d'une voix grave et ferme, qui les calma. Il enjamba la barrière et l'on n'entendit plus que le bêlement de la chèvre, et le bruit d'un liquide qui giclait. Il revint bientôt pour se mettre à travailler au pilon une pâte verte à reflet doré.

— De la millefeuille broyée dans du lait de chèvre ? demanda Meg.

L'odeur était répugnante.

— Pour moi, la millefeuille est utile en cas de fracture ou pendue à la porte pour chasser les insectes, ajouta-t-elle. Pourquoi voulez-vous m'en tartiner ?

— J'y mélange aussi de la bourrache. La millefeuille ne saurait faire de mal, mais c'est la bourrache qui va aider l'hématome à se résorber en profondeur, répondit-il en continuant à piler le mélange.

— Je n'ai jamais entendu parler de la bourrache, commenta-t-elle, soupçonneuse.

Néanmoins, elle lui présenta son épaule blessée quand il lui fit signe de se tourner.

— Quelle est donc cette plante, et comment se fait-il qu'une simple paysanne en ait chez elle ?

— C'est une plante de nos campagnes, répliqua-t-il en posant son mortier et son pilon.

Meg s'étonna :

— Que faisiez-vous près de la vigne au moment où l'orage est arrivé ?

— Je revenais de la préceptorie. J'avais travaillé sur les comptes avec frère Thomas.

La jeune femme se raidit, sentant qu'il allait étaler la pâte qu'il avait confectionnée. Mais il n'acheva pas son geste. Il s'accroupit derrière elle pour réfléchir.

— Qu'y a-t-il ? demanda-t-elle en tournant la tête autant qu'il lui était possible.

— Je dois avouer que je n'ai jamais pansé une femme. Je n'arriverai jamais à mettre en place le bandage qui doit couvrir l'onguent.

Meg croisa le regard de Richard, pour voir s'il se moquait d'elle. Certes, les yeux du chevalier pétillaient, mais il semblait tout à fait sincère.

— Que suggérez-vous ? s'enquit-elle, agacée. Je ne vais quand même pas me déshabiller devant tous ces gens. D'ailleurs, je ne le ferais pas non plus seule avec vous. D'une part, vous n'êtes pas un médecin ; d'autre part, je ne suis pas assez grièvement touchée pour supporter cet outrage à la décence.

— D'accord, mais moi, je ne vous laisserai pas sans soins. Qui sait combien de temps s'écoulera avant que nous puissions rentrer au manoir ? Je vais demander de l'aide.

Richard se redressa et se fraya un chemin jusqu'à la fermière. Catherine, qui lui avait fourni les ingrédients de son liniment quelques minutes plus tôt, s'avança vers Meg et s'agenouilla, sourcils froncés.

— Messire Richard veut que je vous bande l'épaule, Meg.

— Oui, vous me rendriez service. Ce ne serait pas convenable que sir Richard le fasse lui-même.

— Je suis déjà très surprise qu'il ait accepté de se salir les mains à ce point, bougonna Catherine. Et je ne suis pas la seule.

Meg suivit le regard de la paysanne et remarqua que tout le monde s'était tu depuis que Richard était parmi eux. Il tentait de lier conversation avec

Matthew, mais celui-ci répondait par monosyllabes. Le silence s'installa.

Meg fit la grimace lorsque Catherine commença à serrer son bandage, ce qui lui servit d'excuse pour éviter le regard de Richard. Mais elle sentait bien qu'il continuait à l'observer.

— Il paraît, milady, que vous vous êtes blessée en secourant Sarah et le petit ?

Meg hocha la tête.

Catherine vint se placer devant elle.

— C'est bien, d'avoir fait ça, approuva-t-elle avec chaleur. C'est plus chrétien que ce que fait Sa Seigneurie. Il aura beau faire tout ce qu'il voudra pour Sarah et se faire du souci pour vous, c'est quand même lui qui a donné à frère Thomas la permission de nous saigner à blanc.

— Sir Richard vient de rentrer après cinq ans d'absence, Catherine, répliqua Meg. On ignore s'il mesure toute l'iniquité de frère Thomas.

— Pensez-vous ! Ce sont tous les mêmes. Frère Thomas restera impuni. Tous ces nobliaux se protègent entre eux, et protègent ceux auxquels ils donnent autorité.

Soudain, Catherine se rappela à qui elle était en train de parler.

— Ne faites pas attention, Meg, supplia-t-elle en lui prenant la main. Mes paroles ont dépassé ma pensée. Vous êtes noble par le sang, mais ici, tout le monde vous considère comme l'une d'entre nous. Je ne veux pas dire que vous êtes une paysanne, mais vous n'êtes pas comme les autres, vous comprenez…

Meg eut un sourire contraint.

— Ça va. Je comprends, ne vous inquiétez pas. Et merci pour ce que vous avez fait pour moi.

Meg tenta de remettre sa chemise et sa tunique sur son épaule bandée.

— Pour sir Richard, poursuivit Catherine qui voulait à tout prix se rattraper, j'ai peur qu'il se comporte comme tous les riches et les puissants. En général, ils se moquent du sang et des larmes que versent leurs serfs et...

La paysanne se tut brusquement, et une ombre couvrit Meg. Celle-ci sentit une chaleur inexplicable, causée par la proximité de Richard. Catherine rafla les dernières bandes de tissu et se leva.

Meg s'en voulait de ce qu'elle ressentait. Richard était le mari d'Aliénor, qu'ils aient encore une relation conjugale ou pas. Elle n'avait aucun droit d'éprouver pour cet homme la moindre esquisse de sentiment. Cela ne la mènerait nulle part.

— Merci, Catherine, de votre aide, dit Richard en s'inclinant courtoisement.

La brave femme ne répondit pas, mais rougit et se hâta de décamper.

Richard se rassit à côté de Meg sur le sol de terre battue et observa ce qu'il pouvait voir du bandage.

— Comment vous sentez-vous ?

— Mieux, merci, répliqua Meg en tirant sur ses lacets d'une main. Je pourrai bientôt recommencer à porter des charges.

— Comme vous y allez ! Vous avez besoin d'au moins une semaine de repos. Au manoir, passez-vous la pommade dont je vous ai parlé deux fois par jour, jusqu'à ce que je considère votre épaule comme tout à fait rétablie.

— Jusqu'à ce que *vous* considériez ? répéta Meg avec un regard glacial. Pardonnez-moi, messire, mais je ne pense pas que cette décision vous revienne. Mes activités quotidiennes ne se feront pas toutes seules.

— C'est un ordre, trancha-t-il. Il ne faut pas vous servir trop vite de votre bras, sinon il ne guérira pas comme il faut.

— Et le travail ? Willa est déjà débordée.

— Eh bien, embauchez une femme du village, rétorqua Richard en désignant le groupe de paysans qui regardaient par les fentes de la porte la fureur de la tempête. Elle sera ravie, je suppose, de venir une semaine au château.

— Certainement ! S'il leur était possible de se couper en deux, ce serait envisageable. Pourquoi croyez-vous que j'aidais aux vendanges, ce matin ? Tout le monde a de l'ouvrage. Les familles pauvres n'arrivent pas à subvenir à leurs besoins, une fois payée la taille.

Richard eut l'air surpris. Il ne répondit pas tout de suite et rajouta de la tourbe dans le petit feu devant eux.

— C'est encore pire que ce que je suspectais, alors ?

— Que voulez-vous dire ?

— En reprenant les comptes du manoir avec frère Thomas, j'ai observé certaines évolutions... curieuses. Il est clair qu'il profite de sa charge de régisseur de Hawksley. Le prieuré du Temple prospère grâce à ce qu'il soustrait au domaine chaque année. Curieusement, les comptes attestent d'une augmentation de mes dépenses en tant que seigneur du manoir. Donc, des pratiques douteuses ont été utilisées par notre excellent frère Thomas à son profit.

— Je suis sûre qu'il ne voit pas les choses comme cela, rétorqua Meg en baissant le regard sur ses mains.

Chaque fois qu'elle pensait à cet ecclésiastique et à ses méthodes, elle avait du mal à tenir sa langue.

Richard soupira, passa les doigts dans ses cheveux encore mouillés. Il était assis par terre en tailleur et posa le coude sur son genou.

— Depuis mon retour à Hawksley, je croyais que les regards sévères des villageois étaient dus au fait que j'avais abandonné le domicile conjugal. En réalité, je pense qu'il s'agit surtout de la triste condition de tout le personnel du domaine.

Meg marqua un silence avant de répondre.

— Ce sera pour vous une lourde charge, si vous la reprenez. Une charge qui vous coûtera en confort et en prospérité.

— Cela m'est souverainement égal, lâcha Richard en se levant. Reste à savoir comment je vais m'y prendre. Pour votre blessure, en revanche, je ne vois toujours pas de solution. Donc, tant que je ne considérerai pas votre épaule comme tout à fait rétablie, je vous aiderai dans toutes vos tâches.

— Vous ? s'exclama Meg, si bruyamment que tous les paysans tournèrent la tête vers eux.

Matthew, l'air mauvais, souffla quelques mots à Tom, sans quitter du regard Meg et Richard. Il semblait prêt à voler au secours de la jeune femme contre son seigneur.

— Vous plaisantez, je suppose, poursuivit Meg un ton plus bas, tout en se levant à son tour.

— Pas le moins du monde. J'en ai fini avec les comptes : ils sont en ordre. Je peux vous seconder dans toutes vos tâches, jusqu'à ce que vous soyez de nouveau en mesure de les accomplir seule.

— Mais je... Mon travail n'est pas un travail d'homme, encore moins de chevalier ! Il s'agit essentiellement de travaux manuels : en tant que maître des lieux...

— Dites-moi, lady Margaret, coupa Richard en rompant délibérément la trêve des titres. Me croyez-vous incapable d'exécuter d'humbles tâches simplement parce que l'on m'appelle messire ? Oublieriez-vous que, contrairement à vous, je suis né roturier, fils benjamin d'un bourgeois dont le seul honneur fut de servir notre bon roi en qualité de magistrat ? J'ai toujours été fier de cette origine, avant d'être adoubé chevalier à la cour du roi Édouard. Une fois templier, j'ai continué à exécuter les travaux les plus modestes. Rien de ce que vous me donnerez à faire ne sera indigne de moi. Je voudrais que cela soit clair pour vous, car je ne suis pas disposé à transiger sur ce point.

Meg s'abstint de polémiquer. Cela eût été mesquin car il était sincère. À la place de sir Richard de Cantor, n'importe quel hobereau n'aurait pas songé une seconde à lever le petit doigt. L'attitude du chevalier stupéfiait la jeune femme.

— Ainsi soit-il, murmura-t-elle. J'accepte votre offre sans résistance et je...

Il y eut des coups violents et des cris à la porte. Tout le monde sursauta et la phrase de Meg fut submergée par le tumulte. La porte s'ouvrit à la volée sur le vent glacial, la pluie battante et... le forgeron Hugh, en plein désarroi.

— Sir Richard est-il là ? Par la Bonne Mère, il faut que je le trouve à tout prix !

Hugh écarta ses cheveux trempés et scruta la pénombre enfumée. Le vent hurlait, les paysannes piaillaient. Enfin, quelqu'un referma la lourde porte et Richard put se faire entendre.

— Je suis ici, mon ami. Qu'y a-t-il ?

Hugh se tourna brusquement vers lui : il était livide.

— Votre femme, messire, lady de Cantor ! Elle a agressé Willa et s'est enfuie sans cape ni châle. Nous n'arrivons pas à la retrouver...

5

Le destrier de Richard l'attendait devant les écuries. Il faisait encore humide, mais la pluie avait cessé pendant qu'ils regagnaient le manoir. Des lambeaux de brume traînaient alentour. Les hommes s'affairaient pour se joindre à la battue afin de retrouver Aliénor. Certains battaient la semelle, d'autres se réchauffaient les mains sous les aisselles. Chacun sentait la gravité de la situation.

Meg se tenait non loin de Richard. Une fois celui-ci en selle, ils échangèrent un regard chaleureux qui fut pour le jeune homme comme un coup au cœur. Comme elle le comprenait !

Il la salua d'une voix enrouée.

— Préparez de l'eau chaude et quelques couvertures pour son retour, ordonna-t-il avec douceur. Willa blessée ne pourra le faire. Demandez à quelqu'un d'autre et, surtout, ne vous massacrez pas l'épaule.

Meg, les larmes aux yeux, croisait les bras autour de sa taille.

— Richard, implora-t-elle d'une voix brisée, je sais que c'est très dur pour vous, étant donné ce qui s'est passé ici il y a cinq ans. Mais je vous en supplie, il faut...

Elle ne put achever sa phrase et ferma les yeux pour se reprendre.

Richard était bouleversé. Il serra les poings sur ses rênes, et son cheval piaffa. Ainsi, Meg savait la vérité. Elle savait tout du jour où il avait perdu ce qui comptait pour lui le plus au monde...

C'est évident qu'elle sait, se dit-il. En deux ans à Hawksley, quelqu'un l'a forcément mise au courant de mon impardonnable péché.

Maîtrisant fermement son coursier, il échangea un dernier regard avec Meg, qui était manifestement inquiète.

— N'ayez pas peur, milady, je vais retrouver Aliénor, assura-t-il. Je la ramènerai comme la dernière fois. Plaise à Dieu que les choses se terminent mieux !

Bouleversé, il serra les dents et salua Meg d'un signe de tête, puis tourna bride et appela les hommes de la battue. Il s'avança vers les portes de Hawksley, le cœur battant au rythme des sabots de son destrier.

D'un geste impérieux, il ordonna à ses hommes de le suivre et toute la troupe s'ébranla.

Meg se redressa après avoir refait le pansement de Willa qui gisait sur sa paillasse. La servante portait à la tête une vilaine blessure. Aliénor s'était déjà montrée violente : elle avait griffé et même mordu ceux qui prenaient soin d'elle. Mais c'était la première fois qu'elle se servait d'une arme, en l'occurrence un tisonnier. Puis elle avait disparu en plein orage comme cinq ans plus tôt, en ce jour horrible où elle était devenue définitivement folle.

La seule différence, c'est que cette fois-ci, elle s'était enfuie seule. Richard et ses hommes la cherchaient depuis des heures. L'angoisse de Meg ne faisait que croître. Le jour baissait déjà et rien n'annonçait leur retour.

Willa dormait à présent. D'ailleurs, elle n'était pas restée assommée longtemps.

Elle ne semble plus souffrir, songea Meg.

Elle avait la peau fraîche, sans fièvre.

Les incertitudes de l'attente les rongeaient tous. Agnès avait déchiré des ourlets à seule fin de les recoudre tandis que Mary, Hugh et les autres paysans qui venaient régulièrement aux nouvelles parlaient à voix basse et marchaient à pas de loup, comme si le moindre bruit portait malheur.

Un brouhaha à l'extérieur attira l'attention de Meg, et Mary se glissa par la petite porte de la chambre de Willa, qui donnait sur la cuisine.

— Plusieurs hommes sont rentrés, Meg, souffla-t-elle tout excitée en revenant. Ils disent que messire Richard les suit de près, avec lady Aliénor !

— Comment va-t-elle ? Est-elle blessée ?

— Non, on l'a retrouvée à la sortie des gorges, au nord de Hawksley. Notre seigneur la ramène sur sa propre monture.

Mary s'éclipsa pour aller chercher des couvertures chaudes, près des fours à l'arrière de la maison.

Meg essuya sur sa jupe ses paumes soudain moites et, après un dernier regard à Willa, s'occupa de tiédir la bière et chauffer l'eau. Elle fut prête en quelques minutes et posa moques et cruches près des couvertures. Puis elle sortit du manoir. Un épais châle autour des épaules, elle ouvrit la porte de son bras valide et descendit les trois marches du perron. Déjà les serfs s'attroupaient des deux côtés du chemin conduisant aux portes du manoir. Certains montraient du doigt le tournant de la route, dans la pénombre du crépuscule. Meg suivit leur regard. C'était le reste de la troupe, Richard en tête. Son cheval allait au pas et il tenait Aliénor contre lui. Il prenait toutes les précautions possibles pour ne pas la secouer. Meg eut un haut-le-corps quand ils franchirent les portes et se demanda s'ils n'avaient pas trouvé Alie trop tard. La vie habitait-elle encore cette frêle silhouette ?

Un valet prit le destrier par la bride et Richard mit pied à terre. Tandis qu'il approchait, Meg fut incapable de parler. Elle brûlait de savoir la vérité, mais la peur d'entendre confirmer ses craintes la paralysait.

Richard croisa un instant son regard. Il lut la question dans les yeux de la jeune femme.

— Elle est vivante, Dieu soit loué ! confia-t-il en passant à sa hauteur. Durement touchée, mais vivante.

Elle se sentit soulagée et le chevalier, gravissant rapidement les marches du perron, entra avec son fragile fardeau par les portes ouvertes à deux battants. Mais Meg et les badauds demeuraient dans l'incertitude : Aliénor allait-elle guérir ?

Les trois jours suivants, Meg ne dormit guère et fut sans cesse sur la brèche. Aliénor n'était sortie qu'une fois de sa torpeur, au moment d'entrer dans le manoir. Elle s'était faiblement débattue et avait supplié qu'on l'installât dans la chambre de maître. Elle faisait tellement pitié que plusieurs témoins de la scène n'avaient pu retenir leurs larmes. Meg n'avait pas quitté un instant des yeux Richard, comme si cela pouvait l'aider à surmonter cette épreuve.

Elle avait été stupéfaite d'entendre sa cousine exiger la grande chambre, qu'elle était incapable de supporter depuis cinq ans. Le chevalier avait accédé à sa demande, et l'y avait lui-même portée.

Pendant trois jours, Aliénor oscilla entre la vie et la mort.

Au prix de quelque insistance, Meg réussit enfin, un peu avant midi le troisième jour, à convaincre Richard de quitter la pièce une heure ou deux. Qu'il mange, qu'il prenne un peu l'air et un bain chaud.

Outre les blessures qu'elle gardait d'une chute, Aliénor souffrait de fièvre et, parfois, de difficultés respiratoires. Pour le moment en tout cas, elle se reposait. Une heure après la sortie de Richard, Meg, constatant que la jeune femme restait calme, décida de descendre à son tour, laissant Agnès dans la chambre et Hugh de faction devant la porte.

Pour prendre son bain, il lui faudrait attendre que Richard ait fini le sien. Pour le moment, elle avait le temps de se glisser dans la deuxième chambre, de se débarbouiller et de changer de toilette. Par bonheur, grâce à l'onguent de Richard, son épaule ne lui faisait plus mal. Brusquement, elle eut faim. Elle se tressa rapidement une natte et sortit.

Meg retourna dans la grande chambre pour voir si tout allait bien. Agnès la rassura d'un regard et elle descendit dans la grande salle, puis prit le couloir de la cuisine pour chercher dans la dépense un quignon de pain et peut-être une tranche de fromage ou une pomme.

Un curieux silence régnait dans le bâtiment. Toutes les habitudes avaient changé depuis qu'Aliénor était alitée. Chacun évitait de faire du bruit. La plupart des gens de la maison réparaient leurs outils dehors ou vaquaient à d'autres occupations au village. Richard lui-même était introuvable. Meg se dit qu'il était allé faire un tour, car le temps depuis la fin de la tempête se montrait clément.

Décidément, se dit-elle avec un frisson d'aise, ce moment de solitude lui laissait toute liberté de choisir son occupation.

Depuis des années en effet, depuis la fin douloureuse de sa liaison avec Alexandre, elle ne jouissait plus guère de liberté. Autrefois, on la gardait enfermée dans sa chambre ou bouclée dans une cellule du couvent. C'était donc un véritable plaisir pour elle que d'aller et venir dans le manoir de Hawksley sans personne sur le dos. Elle se reprenait à rêver comme quand elle était demoiselle, héritière promise à diriger un superbe domaine. Dans ses rêves, elle n'était redevable qu'au seigneur son mari, homme bon et sage, capable de reconnaître ses talents et d'encourager son épanouissement.

Un homme comme Alexandre...

La douleur du souvenir l'arracha à son rêve. Oui, l'époque des songes éveillés était bel et bien révolue. Alexandre était mort mais, même de son vivant, le père de Margaret avait étouffé tout espoir d'union. Le comte pouvait-il accorder à un simple chevalier la main de sa fille cadette, destinée à un mari puissant et influent à la cour ? C'était exclu. Le hobereau n'avait pas un cinquième des terres que Margaret avait en dot. Alors, emportée par la passion, elle avait défié son père. Sa liaison avec Alexandre avait fait scandale et elle était devenue une fille perdue.

Aux yeux de la société, le pire était qu'elle se fût donnée à Alexandre de son plein gré. Une femme déflorée de force avant sa nuit de noces était difficile à caser, mais un noble ne se ridiculisait pas en l'acceptant pour épouse. En revanche, nul seigneur digne de ce nom ne pouvait endosser la réputation ternie de Margaret, même si cette union lui aurait apporté la fortune.

Elle grinça des dents. Le fait qu'elle ait passionnément aimé Alexandre ne comptait pour rien. Pour une personne de son rang, l'amour cédait toujours le pas à l'argent et aux desseins politiques, en vue de sceller des alliances.

Enfin, c'était le passé, nul n'y pouvait rien changer. Rien ne lui servait d'évoquer cette époque lointaine, ni d'échafauder de nouveaux rêves. Refusant de s'apitoyer sur elle-même, Meg entra dans la cuisine. Richard était assis sur une chaise, à la lourde table de bois dont Willa se servait pour découper les légumes. Il était assez près de la cheminée pour bénéficier de sa douce chaleur. Il avait le menton posé au creux de la paume, et le coude à côté d'une miche de pain entamée. Une poire tranchée en deux perdait son jus goutte à goutte.

Meg eut un demi-sourire. Le chevalier dormait, surpris par la fatigue en pleine collation. On aurait dit un petit garçon, avec ses cheveux encore mouillés par le bain et son visage, en général si sérieux, détendu, comme vulnérable. Et tellement beau !

C'était la première fois qu'elle s'en rendait compte à ce point. Elle se sentit rougir, esquissa un demi-tour. Que lui arrivait-il ? De nouveau, elle se comportait comme une adolescente qui défaille à la vue d'un bel homme. Et pas n'importe qui : un chevalier du Temple, voué corps et âme à Aliénor, sa malheureuse cousine qui se battait contre la mort.

Un remords saisit Meg. Pareille réaction la surprenait, par rapport à la vie contemplative qui l'absorbait depuis des années. Mais Richard dégageait une aura de vie brûlante qui lui rappelait des sentiments et des envies qu'elle aurait mieux fait d'oublier.

Tout cela parce que j'ai pensé à Alexandre, se dit-elle.

Ce qui était peut-être exagéré, mais elle s'accrochait à cette excuse comme un naufragé à sa bouée.

C'est la seule raison, se jura-t-elle sans y croire vraiment.

À côté de la cheminée se trouvait une couverture pliée, préparée sans doute pour Aliénor. Meg la prit, afin d'écarter ses pensées oiseuses. La seule chose qu'elle devait faire, c'était de s'occuper des autres, comme depuis son arrivée à Hawksley. Les délices de l'amour – un mari, un foyer – étaient interdites aux femmes souillées. Cette vérité lui avait été ressassée sans pitié au couvent, et il était surprenant qu'elle y trouve du réconfort.

Doucement, elle posa la couverture sur les jambes étendues de Richard endormi.

À cet instant précis, il émit une sorte de grognement, tendit le bras et l'attira contre lui. Sans qu'elle puisse réagir, il glissa vivement sa paume derrière la nuque de Meg et lui déposa sur la bouche un baiser si passionné qu'elle en eut le souffle coupé.

Elle essaya de protester mais, d'une secousse légère, il lui fit perdre l'équilibre et elle s'affala contre lui. Il continuait à étouffer avec sa bouche les mots de la jeune femme, qui eut un gémissement de plaisir car la caresse de sa langue se faisait plus insistante. D'instinct, elle y répondit. Cela faisait si longtemps que personne ne l'avait embrassée ainsi. C'était… merveilleux !

La sensation des lèvres du chevalier l'envahissait d'une chaleur qui lui ôtait toute force. Elle resta pantelante entre ses bras. Il resserra son étreinte et elle sentit à travers leurs vêtements ce corps musclé contre sa poitrine et son ventre.

Enfouie dans les profondeurs de sa conscience, une petite voix soufflait à Meg que ce qu'ils étaient en train de faire était défendu. Sous cet afflux de sensations brûlantes, la petite voix était à peine audible. Elle lui ordonnait sans équivoque d'arrêter ce délicieux supplice. Vaillamment, Meg tenta d'obéir mais c'était si difficile…

Elle mit donc plus de temps qu'il n'eût été raisonnable pour s'arracher aux bras de Richard. Alors qu'elle se relevait enfin, il se raidit brusquement, comme s'il revenait à lui. Il ouvrit les yeux, se leva avec maladresse en essayant d'aider la jeune femme à retrouver son équilibre.

D'une main, il lui tenait les doigts, de l'autre la taille. Avec un vague juron, il la lâcha comme si elle le brûlait.

— Milady, je vous prie de bien vouloir m'excuser, murmura-t-il en passant la main dans ses cheveux d'un geste embarrassé. Je ne sais pas ce qui m'a pris. Je… je puis seulement dire que je suis… c'est-à-dire que… j'espère que…

— Tout va bien, assura Meg d'un ton qui ne reflétait nullement son tumulte intérieur.

Il était douloureux pour elle de savoir que ce baiser, à la fois merveilleux et troublant, était interdit. Mais ce serait pire d'entendre Richard avouer qu'il regrettait cette erreur…

— Je… je ne vous en veux pas du tout, dit-elle d'une voix un peu tremblante. C'est ma faute : j'aurais dû vous réveiller d'abord. N'en parlons plus.

Richard semblait troublé, pris de court et, en somme, très gêné. Puis son regard s'affermit, il fut sur le point de dire quelque chose…

Soudain, Hugh entra brusquement.

— Pardon, messire. C'est lady Aliénor. Venez vite. Agnès dit que ça ne va pas du tout.

Quand ils pénétrèrent dans la chambre, Agnès était penchée sur Aliénor et lui bassinait les tempes avec un linge humide. La pièce était plongée dans la pénombre, à l'exception d'un rayon de soleil entre les volets. Agnès avait eu raison de les faire appeler : Aliénor haletait faiblement, chaque inspiration semblait épuiser son corps frêle.

Meg, debout à côté de Richard, constata qu'il se maîtrisait de son mieux. Il ferma les yeux un instant, et pinça les lèvres.

— Faites mander le frère Thomas, ordonna-t-il à Hugh.

Meg eut un vertige : le frère Thomas avait donné l'extrême-onction à Aliénor peu après son retour, puis elle avait eu l'air de se reprendre. Le fait que Richard fasse chercher le moine confirmait l'inévitable vérité.

Elle tomba à genoux au chevet de sa cousine dont elle prit la main délicate.

— Chut, Alie, murmura-t-elle en caressant doucement sa joue. Tout ira bien, maintenant. Essaie de te reposer...

Elle avait la gorge trop nouée pour en dire davantage. Mais ce qu'elle avait dit, ou peut-être sa gentillesse, calma un instant les tourments d'Alie. Sa respiration se fit moins oppressée.

Richard s'approcha de l'autre côté du lit. Il s'agenouilla et croisa le regard de Meg. Puis, avec une expression de grande tristesse, il joignit les mains et pencha la tête pour prier. Meg avait l'impression qu'ils étaient tous les trois au bord d'un immense abîme, attendant qu'un miracle rompe la malédiction qui les écrasait.

La chambre resta silencieuse un moment. On n'entendait que le souffle rauque d'Aliénor. Puis Richard acheva sa prière et prit la main de sa femme dans les siennes. Elle ouvrit les yeux, tourna la tête vers lui et lui adressa un faible sourire.

— Aliénor ? demanda-t-il doucement.

— Oui, Richard, c'est la fin, répondit Alie.

Elle avait les lèvres livides et ces quelques mots la mirent hors d'haleine. Elle grimaça de douleur. Richard la souleva légèrement sur ses oreillers, et elle sembla respirer mieux.

— Il faut... que tu saches, continua-t-elle au prix d'un grand effort. Je n'ai jamais eu l'intention... de te faire...

Elle ne put finir sa phrase, interrompue par une quinte de toux déchirante.

Meg se pencha à son tour pour l'aider à se redresser avec l'aide de Richard. Lorsque la quinte fut terminée, Aliénor tenta de reprendre son souffle mais resta bouche bée sans parvenir à inspirer. L'air lui manquait. Meg et Richard étaient impuissants. Aliénor secouait violemment la tête d'un côté et de l'autre. En quelques instants, ses lèvres devinrent violettes, ses joues se creusèrent.

Désespérée, Meg se mit à lui frotter le dos, les larmes aux yeux.

— Par le Ciel, Richard, que faire pour la soulager ?

— Je l'ignore, avoua-t-il.

Il avait la voix très grave, mal assurée. Il ne supportait pas de voir Aliénor souffrir.

Le spasme s'apaisa enfin. Alie s'affaissa, de nouveau capable de respirer. Elle resta complètement immobile plusieurs minutes, haletante. Puis elle rouvrit les yeux et regarda Meg, puis Richard.

— Sache que ce n'était pas... ta faute.

— Oui, ne parle pas, murmura Richard. Je t'en supplie, économise tes forces.

Elle secoua la tête avec lenteur, mais garda le silence comme il le lui demandait. Elle déglutit plusieurs fois puis, brusquement, se raidit et sa respiration s'accéléra. Elle avait le regard fixe et le corps tétanisé, le visage illuminé d'espoir.

— Isabel ! souffla-t-elle.

Richard demeura silencieux, et Meg douta d'avoir bien entendu, tant la voix d'Aliénor était faible. Puis Alie agrippa la main de Richard et la secoua comme pour retenir son attention.

Elle eut un sourire radieux.

— C'est Isabel ! expliqua-t-elle de façon presque inaudible. Vous la voyez ? Oh, les anges... Dis-moi, Richard, que tu la vois. Je t'en prie, dis-le-moi ! Regarde, mais regarde donc !

Richard tressaillit, et tourna lentement la tête dans la direction désignée par sa femme. Il regarda dans le vide l'endroit qu'elle fixait, dévoré de douleur mais aussi impassible qu'il le pouvait.

— Oui, Aliénor, je vois, dit-il enfin comme si on lui arrachait les mots de la gorge. Je vois...

Et l'on n'entendit plus que les sanglots étouffés d'Agnès tandis qu'Aliénor, calmée par les paroles de Richard, se détendait.

— Isabel ! répéta-t-elle une dernière fois.

Ses inspirations s'espaçaient, faiblissaient. Un sentiment de sérénité lissait ses traits martyrisés. Meg et Richard la sentirent se relâcher dans leurs bras. Elle cilla de nouveau et, un léger sourire aux lèvres, prononça ses derniers mots.

— Ma douce Isabel...

Et elle rendit le dernier soupir.

Meg se mit à pleurer.

— Elle a cessé de souffrir, observa-t-elle.

— Oui, acquiesça Richard, résigné.

Meg lâcha Alie tandis que le chevalier traçait le signe de croix et allongeait sa femme sur ses oreillers d'un geste tendre. Puis il lui croisa les mains et lui ferma les yeux.

— Qu'elle repose en paix !

Meg se releva maladroitement et s'écarta de quelques pas. C'en était trop. Elle était bouleversée, étouffée par la douleur. Elle était incapable de se maîtriser davantage.

La vue brouillée par les larmes, elle sentit vaguement qu'Agnès et Hugh la regardaient, que Richard posait sur elle un regard soucieux. Désespérée, elle ouvrit la porte et, dans l'obscurité du couloir, se mit à courir. Elle ne savait pas où elle allait, elle cherchait un endroit où trouver la paix... un asile pour apaiser son âme meurtrie.

6

Richard descendait le sentier vers la petite chapelle, à la limite du village. Après l'absoute récitée pour l'âme d'Aliénor et la toilette mortuaire de son corps, Richard était parti à la recherche de Meg. Celle-ci avait tout bonnement disparu.

Le chevalier n'était pas fâché d'avoir cette tâche pour le distraire. Le fait d'avoir à courir à sa recherche l'empêchait de s'appesantir sur ses pensées douloureuses.

Le pardon que lui avait accordé Aliénor sur son lit de mort représentait une satisfaction un peu dérisoire, mais c'était une première fissure dans la forteresse de culpabilité et de remords qui entourait son âme. En vérité, lui-même ne s'était jamais pardonné ce qui s'était passé cinq ans plus tôt. Le fait de rentrer à Hawksley, d'affronter son épouse et de la voir souffrir de la sorte avait rouvert les vieilles blessures causées par ses péchés. Plus que jamais, il se sentait écorché vif.

Obsédé par ses fantômes, Richard allongea la foulée. La chapelle de pierre était face à lui, sous le soleil de cette fin d'après-midi. Il s'abrita le regard de la main et scruta les alentours, jusqu'à la barrière du cimetière. Tout était calme et désert.

Ce n'était pas surprenant. L'église du village resterait probablement vide jusqu'au matin, c'est-à-dire jusqu'à la messe quotidienne qui y serait célébrée. Pourtant, il n'était peut-être pas superflu de vérifier à l'intérieur. Meg avait sur l'Église des opinions bien à elle, comme le prouvaient ses écarts de conduite et l'antipathie qu'elle nourrissait vis-à-vis de l'ordre du Temple et de ses membres. Mais le spectacle de la mort conduisait souvent les gens à chercher le réconfort d'une chapelle.

Richard arriva sous le porche voûté. La porte s'ouvrit en grinçant. La nef était sombre et fraîche, zébrée de rayons de soleil. Machinalement, il s'inclina en faisant le signe de croix pendant que ses yeux s'adaptaient à la pénombre. En se relevant, il reconnut l'odeur de l'encens, qui lui rappela une époque plus heureuse. Il avait oublié combien ce lieu était tranquille et reposant. Il s'avança dans l'allée centrale et aperçut Meg sur sa droite. Elle s'était endormie devant une statue de la Vierge à l'Enfant, à côté de la porte de la sacristie. Épuisée par les larmes et l'émotion, la jeune femme gisait par terre, la tête sur l'agenouilloir d'un prie-Dieu. Richard s'approcha avec précaution pour ne pas effrayer la jeune femme. Quelques larmes perlaient encore à ses cils, et une petite ride marquait l'espace entre ses sourcils. Elle bougea dans son sommeil au bruit de ses bottes qui résonnaient sur le dallage. En un instant, elle fut réveillée. Elle se leva et s'essuya les yeux du dos de la main.

— Je suis désolé de vous déranger, milady, s'excusa-t-il.

Il constata qu'elle avait les joues rouges et qu'elle n'osait le regarder en face.

— Je m'inquiétais pour vous.

— J'en suis navrée, répondit-elle. Je suis plus fatiguée que je ne le croyais. Excusez-moi d'avoir disparu sans explication.

— N'en parlons plus, murmura-t-il en s'approchant. Ce n'est jamais facile de perdre quelqu'un : nous ignorons à l'avance comment nous réagirons.

— Mais... ce n'est pas sa mort qui m'a fait fuir.

Elle détourna la tête et observa un instant la Vierge à l'Enfant. Lorsqu'elle continua, ce fut d'une voix plus basse.

— C'est pour une raison que nul ne connaît à Hawksley. Et c'est pour cela que j'ai été si bouleversée quand Alie... quand elle a...

Meg laissa sa phrase en suspens et un silence gêné s'installa.

Richard contempla la statue. C'était une très belle Vierge à l'Enfant en marbre rose à veines sombres, bien différent de la roche grise ou blanchâtre dont on faisait les statues de tant d'églises en Angleterre.

— Vous a-t-on dit d'où vient cette œuvre ? demanda-t-il enfin.

Meg se tourna vers lui.

— Non.

— Je l'ai fait faire à grands frais par un artisan chrétien en Terre sainte, révéla Richard. C'est le frère Thomas qui, à ma demande, a organisé l'opération. Le charpentier du village a construit le piédestal et cela fait près de six ans que cette statue embellit cette chapelle.

— Vous l'avez commandée avant de vous enrôler ?

— Oui.

Richard hésita : il était clair que Meg souhaitait en savoir davantage.

— Ce fut mon premier geste pour me racheter, voyez-vous, après l'accident qui a coûté la vie à ma fille.

Il eut soudain la sensation qu'il essayait de se faire plaindre. Or, il était venu pour consoler Meg et non le contraire.

Il ébaucha un sourire.

— Inutile de vous dire que mon projet pour obtenir l'absolution s'est avéré un échec total.

— Mais... l'absolution de quoi ? demanda Meg, interdite. Je ne comprends pas. Vous étiez en deuil, certes, mais vous n'aviez encore abandonné ni Aliénor ni votre place de seigneur du domaine. Qu'aviez-vous donc à vous faire pardonner ?

Richard n'en croyait pas ses oreilles. Se pouvait-il qu'elle ignorât finalement cette sordide affaire ? Qu'elle ne le croie coupable que d'avoir abandonné sa femme au lendemain de la mort de leur enfant ? Il réprima un ricanement amer.

Puis il hocha la tête et se détourna.

— Pardonnez-moi, murmura-t-elle en rougissant. Ma question est déplacée.

Il s'approcha de la statue et lissa du doigt l'ourlet brillant du vêtement de la Vierge.

— J'aimerais savoir, continua-t-il d'un ton égal, ce que vous connaissez de l'accident et comment vous l'avez appris.

— Je sais simplement qu'Aliénor est partie en carrosse dans la tempête et qu'elle a eu un grave accident où votre jeune enfant, unique passagère du véhicule avec elle, a été tuée. Peu après, écrasé de chagrin, vous vous êtes enrôlé dans l'ordre du Temple, laissant Aliénor à son deuil.

— C'est tout ? Par exemple, vous ignorez la raison pour laquelle Aliénor était sortie ce jour-là ?

— Oui, confirma Meg en fronçant les sourcils. Ce que j'ai entendu dire expliquait de façon assez claire pourquoi Alie s'était enfermée dans un monde à elle, et s'accrochait à sa poupée comme son seul lien à la vie.

— Et cela suffisait pour que vous me méprisiez, comme on méprise un mari au cœur de pierre qui abandonne sa femme au moment où elle a le plus besoin de lui, n'est-ce pas ?

Meg cilla.

— Je ne puis dire que mes deux années de service ici m'aient donné une haute opinion de vous. Néanmoins, maintenant que vous êtes là, je vous trouve bien différent de l'image que je m'étais faite.

— Ne vous hâtez pas de trancher, Meg, répliqua sombrement Richard. La vérité va bien au-delà de ce que l'on vous a dit. Elle est même peut-être pire que ce que vous aviez imaginé.

Elle pâlit un peu, mais ses lèvres bien ourlées gardaient une expression de détermination sans faille.

Qui la rend si belle… songea-t-il.

Si elle ne ressemblait guère aux beautés conventionnelles de la cour, elle n'en était pas moins tout à fait exceptionnelle. C'est pourquoi il avait autant de mal à lui avouer la vérité.

Quand il avait songé à son retour au manoir de Hawksley, il n'avait pas réalisé que cela l'obligerait à confesser sa faute. La perspective de révéler à cette femme – qui serait parfaitement en droit de le mépriser, une fois au courant – l'étendue de son péché le torturait. Il n'avait hélas pas le choix, au point où il en était.

Il continuait à caresser la surface polie de la statue, cherchant à recouvrer son sang-froid. Il se retourna vers Meg pour poursuivre.

— Ce que nul ne vous a dit, c'est que longtemps avant de quitter le manoir de Hawksley pour devenir templier, je n'y étais plus physiquement présent. Deux ans avant l'accident, je me suis mis au service du roi. Aliénor a fort mal supporté mes longues absences.

— Vous vous êtes battu en Écosse ?

— Oui, au début, murmura Richard. Mais le roi a rapidement décidé de me changer d'affectation. Mon frère aîné Braedan m'avait appris l'usage des armes tel qu'on le lui avait enseigné pendant la croisade. Une fois majeur, j'ai continué à cultiver ce talent, jusqu'à devenir une fine lame. Le roi a jugé que mes dons seraient mieux employés ailleurs que sur le champ de bataille. Il m'a ordonné de rentrer en Angleterre et de former son fils, qui est aujourd'hui sur le trône sous le nom d'Édouard II.

Meg parut surprise. Elle alla s'asseoir sur un banc de la nef.

— J'ignorais... que vous étiez si proche de la famille royale, avoua-t-elle. C'est peut-être pour cela qu'à votre arrivée, j'ai eu l'impression que nous nous étions déjà vus.

— Comment cela ? s'étonna Richard.

— J'ai vécu à la cour. Mon père y avait été nommé par le roi, expliqua-t-elle. Souvent, nous partions en voyage, toute la famille. Nous allions là où le roi avait choisi de réunir ses nobles. Il est possible que je vous aie aperçu dans ces circonstances.

Richard fronça les sourcils. Il était peu probable qu'il l'eût vue sans la remarquer, car elle était différente des autres dames de la noblesse qu'il connaissait. Mais lui-même avait beaucoup changé. Il était jeune à l'époque, ambitieux, téméraire... et marié. Il avait eu de nombreux torts, mais pas celui de tromper sa femme.

— Il est possible que nos chemins se soient croisés, convint-il. Mais je n'en ai pas le souvenir. Je ne songeais à l'époque qu'à faire mon chemin dans la vie. Le roi jugeait mes talents à la fois divertissants et utiles. Et j'étais ravi de lui plaire, aussi bien dans des tournois et des démonstrations qu'en instruisant son fils.

— Mais en quoi Aliénor trouvait-elle à redire à tout cela ? Des absences comme celles que vous décrivez sont courantes dans les grandes familles de la noblesse.

— Il se peut... Mais moi, à la différence des autres, j'ai laissé mes ambitions prendre le dessus. Et pire...

Décidément, il avait du mal à prononcer les mots. Ses remords ne lui laissaient pas de trêve, pourtant. Il ferma un instant les yeux, leva la tête, puis fixa résolument Meg.

— Pour tout vous dire, lança-t-il enfin, le jour même de l'accident, Aliénor m'a supplié de rester avec elle au manoir de Hawksley. Ses exigences m'irritaient car, depuis la naissance de notre enfant, elle devenait de moins en moins raisonnable et souffrait déjà des sautes d'humeur qui allaient ensuite s'aggraver.

— Je ne savais pas qu'elle avait des crises avant l'accident, commenta Meg, stupéfaite.

— Elles se sont aggravées, bien sûr, mais elles existaient depuis longtemps. Elles avaient commencé avant notre mariage. Je ne m'en souciais guère : j'étais fou amoureux d'Aliénor, de sa beauté. Ce jour-là, elle s'est montrée plus acariâtre qu'à l'accoutumée. Je me suis donc senti le plein droit d'exécuter mes plans comme prévu, et de retourner à la cour. Mais elle n'était pas femme à baisser les bras. Elle m'a suivi de pièce en pièce dans tout le manoir, jusqu'aux écuries. Elle exigeait que j'ignore la convocation de Sa Majesté. Et moi, j'ai refusé de l'écouter.

Richard inspira profondément. Il avait la gorge serrée à lui faire mal.

— Que Dieu me pardonne, confessa-t-il d'un ton rauque, mais je l'ai rejetée. J'ai eu des mots qui dépassaient largement ma pensée, mais j'étais trop vaniteux pour me rétracter et je suis parti sans un regard en arrière. Plus tard, nos gens m'ont raconté qu'elle est entrée dans une terrible fureur ; elle a fait atteler un carrosse, a enveloppé Isabel et s'est lancée à ma poursuite. Et c'est alors…

Richard fut contraint de s'arrêter en évoquant les images atroces qui le poursuivraient jusqu'à son dernier soupir.

— Non loin du ravin, continua-t-il à mi-voix, là où la route monte brusquement vers la droite, le carrosse s'est renversé et Isabel est tombée. J'ai retrouvé ma petite fille à côté du rocher sur lequel… où elle avait…

Les yeux embués, il soupira.

— J'ai fait sculpter cette statue en pénitence pour mes péchés. J'ai fait don à l'Église de la majorité de mes revenus… et finalement, je me suis engagé dans l'ordre du Temple, pour racheter ce que j'avais gâché par égoïsme et orgueil. Je me serais mille fois jeté sous les roues de ce carrosse, si cela avait pu sauver Isabel. Mais il était trop tard. En fait, c'est ma faute si ma fille est morte, et si ma femme a sombré dans la folie. Tout cela pour poursuivre mes pauvres ambitions…

Le silence dans la chapelle était total. La chute d'une simple goutte d'eau l'aurait fait résonner tout entière. Richard n'entendait que sa propre respiration, oppressée.

Le fardeau de sa faute le poursuivrait à jamais. Il aurait beau l'avouer encore et encore, et la regretter jusqu'à la nausée, Isabel était bel et bien morte… et Aliénor également.

Aussi, quand il sentit la caresse de Meg sur sa main, il redressa la tête et fut éberlué de lire dans les yeux de la jeune femme une lueur de sympathie. Lentement, elle leva sa main jusqu'à ses lèvres et la baisa. Puis elle tourna la tête, ferma les yeux et nicha sa joue au creux de la paume de Richard. C'était une étreinte innocente, mais tout son corps criait de désir.

— Ah, Richard de Cantor, murmura-t-elle, combien tout cela vous a-t-il fait souffrir ! Pardonnez-moi de vous avoir jugé si durement, sans connaître l'ensemble des faits. À présent, il faut vous pardonner à vous-même.

Richard se sentit incapable d'articuler un mot. Le geste de Margaret l'avait touché jusqu'au tréfonds de son âme.

— Mais comment pouvez-vous croire que je mérite le pardon ? demanda-t-il enfin. La seule pensée de cette atroce journée me rend fou, car la mort de mon enfant m'est insupportable. Rien ne peut la faire revenir et je ne puis échapper à cette réalité.

— Je comprends, confirma Meg, les larmes aux yeux. La perte de votre fille reste pour vous une plaie béante.

— Vous ne pouvez pas comprendre, milady : c'est trop monstrueux. Je prie Dieu de vous épargner ce genre de douleur aussi longtemps que vous vivrez.

— Eh bien, il est trop tard…

Elle ponctua sa phrase d'une pression de ses doigts sur la main du chevalier. Elle ébaucha un pauvre sourire et les larmes qui lui brouillaient la vue jaillirent.

— Voyez-vous, Richard, je sais ce que c'est, insista-t-elle d'une toute petite voix. J'ai moi-même perdu un enfant.

Richard la dévisagea, consterné.

Elle continua.

— J'ai eu un bébé hors mariage, le père était le chevalier dont je vous ai parlé : celui qui a été enrôlé de force dans l'ordre du Temple. Tout ce qui me restait de lui, c'était ma petite fille, dont je chérissais chaque mouvement, chaque frémissement en moi. Ma fille m'était infiniment précieuse, comme la vôtre pour vous. Mais elle n'a pas survécu après la naissance. Elle s'appelait Madeline, et je l'ai gardée serrée contre moi, même une fois morte, jusqu'à ce qu'ils viennent et me la prennent.

Richard se tut longuement.

— J'ignorais cela, milady, murmura-t-il enfin, et je vous présente mes condoléances.

— Jusqu'à ce jour, je n'ai révélé son existence à personne, pas même au frère Thomas. Mais c'est pour cette raison que je n'ai pu rester devant la dépouille d'Aliénor aujourd'hui. Son agonie m'a rappelé la mort de Madeline, surtout quand elle s'est mise à appeler Isabel : je…

Meg ne parvint pas à finir sa phrase et Richard hocha la tête, plein de compassion.

— Je comprends, milady, je ne comprends que trop bien votre douleur…

Quelle femme forte, aussi bien d'esprit que de cœur ! Mais ni l'agonie ni le soleil ne se peuvent regarder en face, même lorsqu'on est très fort. Il ne souhaitait à personne le supplice qu'ils avaient enduré, mais le fait de partager pareille douleur créait entre eux un lien intime. Il éprouvait un furieux désir d'apaiser sa souffrance.

— C'est terrible, milady, observa-t-il en essuyant du pouce une larme sur la joue de la jeune femme.

Elle acquiesça de la tête. Puis elle recula jusqu'à la statue et posa les doigts sur le socle, près des pieds de la Vierge.

— L'important, c'est que personne à Hawksley ne sache que j'ai eu un bébé. Surtout frère Thomas.

— Vous craignez qu'il ne se fasse une mauvaise opinion de vous ?

— Il crierait au scandale, c'est sûr, confirma-t-elle avec un rire sans joie. À ses yeux, mon péché serait dix fois plus grave s'il savait qu'un enfant a été conçu.

— Comment se fait-il qu'il ne l'ait pas appris au moment de votre arrivée ?

— Je l'ignore. Peut-être par grâce divine : un répit accordé par Dieu pour me rendre une partie de ce qu'il m'a enlevé. Mon enfant, insista-t-elle avec passion, n'était pas un péché. Jamais je ne laisserai quiconque affirmer cela de nouveau.

— On s'est servi d'elle pour vous mortifier, observa Richard d'un ton qui n'était pas interrogatif.

Meg acquiesça.

— J'aurais supporté les flagellations, le pain et l'eau, les heures de prière que l'on m'a données pour pénitence au couvent de Bayham. Mais mon seigneur et père et les geôliers qu'il a choisis pour moi sont allés bien plus loin : pendant onze mois, jour après jour, ils m'ont seriné – sermon après sermon – que la mort de ma fille était la conséquence directe de mon péché.

Richard restait confondu devant tant de douleur. Après la mort d'Isabel, il avait été submergé par le remords, et celui-ci continuait à le tenailler. Mais jamais personne ne s'était avisé de l'accuser de quoi que ce soit. Cela l'aurait tué.

— En vérité, je crois qu'il me faut remercier mon père car c'est à cause de lui que j'ai été envoyée à Hawksley, poursuivit-elle. C'était une autre forme de pénitence, voyez-vous, une forme d'expiation plus appropriée. En définitive, elle ne s'est pas avérée aussi efficace que prévu.

— Je ne suis pas sûr de vous comprendre.

— Les circonstances devaient me donner une leçon cinglante. Aliénor, ayant perdu un enfant, avait sombré dans un désespoir tel qu'elle avait besoin d'une infirmière. Moi, enfant gâtée d'un comte, j'ai été choisie pour occuper cette humble situation : cela me fournissait un rappel lancinant de ce que j'avais moi aussi perdu, et dont je ne pourrais jamais faire ouvertement le deuil.

— Dieu du ciel ! s'exclama Richard. Comme vous avez dû haïr cet endroit et tout ce qui le concerne !

— Non, rétorqua Meg avec un pauvre sourire. Ma pénitence n'a pas été aussi horrible qu'ils l'avaient espéré, car j'ai aimé Aliénor comme une sœur. J'ai souffert de ses douleurs plus encore que des miennes. Ainsi ai-je conservé mon équilibre et ma dignité, puisque personne ne connaît toute la vérité sur mon compte.

Elle joignit les mains, baissa les yeux et continua d'un ton solennel :

— C'est pourquoi je vous conjure de ne révéler à personne l'existence de Madeline. Je ne sais pas si je pourrais supporter que le frère Thomas fasse comme l'abbesse avant lui, et se serve du souvenir de mon bébé comme d'un fouet pour me déchirer.

— Je jure de garder le silence, promit Richard. Nul n'apprendra de ma bouche quoi que ce soit sur votre passé. Je vous en donne ma parole d'honneur.

Il s'avança tout près pour poser une main sur son épaule.

— Merci, Richard, murmura-t-elle. Je… J'ignore ce qui m'a obligée à vous confier tout cela, mais votre présence me réconforte comme je ne l'ai jamais été.

Elle rougit légèrement et se mordit la lèvre inférieure, dans un geste innocent qui troubla Richard.

— Ne vous fâchez pas, chuchota-t-elle, mais je voulais vous dire combien je vous sais gré de votre compréhension.

Richard se sentait de plus en plus troublé. Il retira sa main.

— Non, milady, il n'y a dans vos paroles nul sujet de plainte de ma part. Moi aussi, je trouve en votre présence les douceurs d'un étrange réconfort.

Elle accueillit le compliment d'un simple signe de tête, et il eut une furieuse envie de lui caresser la joue, de passer les doigts dans ses cheveux soyeux. Mais ce ne serait guère convenable. Pour le moment, il lui fallait se contenter de goûter ce don inattendu qu'était leur mutuelle compréhension.

— Venez, ordonna-t-il en lui tendant la main. Je vous raccompagne au manoir. Ensuite, si tel est votre souhait, vous pourrez vous enfermer dans votre chambre, sans crainte d'être dérangée.

Elle acquiesça avec reconnaissance, et prit la main tendue.

Ce simple contact de leurs paumes faisait bouillir le sang de Richard, mais l'émoi qu'il ressentait ne pouvait hélas aboutir à rien. Même libéré de tout serment, il n'avait pas le droit de flirter avec une femme, quelle qu'elle fût. D'ailleurs, Meg allait sans doute quitter Hawksley dans la semaine, puisque la mort d'Aliénor la libérait de toute obligation. Elle retournerait probablement chez elle ou à la cour, et vivrait de nouveau comme la fille d'un comte. L'avenir le dirait.

En attendant, il avait fort à faire et cela le distrairait des pensées lascives qui l'assaillaient. La messe de funérailles d'Aliénor aurait lieu le lendemain, suivie par la fête traditionnelle de la Toussaint.

Ensuite, Richard corrigerait les erreurs commises par le frère Thomas en qualité de régisseur de Hawksley.

Malgré sa détermination à éviter toute sensualité entre eux, il ne pouvait s'empêcher d'apprécier le simple fait de marcher en compagnie de cette femme dont il tenait la main. Quittant la fraîcheur de la chapelle, ils sortirent en plein soleil et se dirigèrent vers le manoir.

7

En arrivant en vue de la cour de Hawksley, ils s'arrêtèrent net devant le spectacle qui s'offrait à eux. Quelqu'un venait d'arriver : on déchargeait un carrosse devant les écuries.

— Braedan, mon frère, murmura-t-il en souriant. Il est enfin là. Accompagné de Fiona et de leurs enfants, on dirait.

Il avait suffi d'un sourire de Richard pour que Meg perde complètement ses moyens : ses genoux se dérobaient, son cœur s'emballait. Comme la première fois où elle l'avait vu sourire – dans l'intimité de la grande chambre –, elle fut bouleversée par la beauté de Richard de Cantor. Elle songea vaguement qu'il devrait sourire plus souvent, puis se dit que, s'il le faisait, elle n'aurait qu'une envie : rester à le contempler comme une idiote...

Il la tira de son rêve en lui pressant la main.

— Venez ! ordonna-t-il en forçant le pas.

Heureusement qu'il était un gentleman : même saisi par l'enthousiasme, il restait prévenant et attentif à sa démarche gauche.

À proximité du portail, elle lâcha sa main et lui proposa de la précéder à l'intérieur. À cet instant, un homme sortit.

Du premier coup d'œil, Meg reconnut en lui le frère de Richard. Les deux hommes s'embrassèrent avec fougue. Meg restait un peu en retrait, pour les laisser à ces retrouvailles. Mais elle ne perdait rien du spectacle.

Brun comme son frère, Braedan était de la même taille et visiblement son aîné de dix ou douze ans. Ils se ressemblaient à beaucoup d'égards : menton volontaire, bouche sensuelle, sourcils fournis. En revanche, Braedan n'avait pas les yeux vert et or de Richard, mais des yeux pervenche. Bref, ils étaient suffisamment différents pour que Meg devine la vérité : l'un tenait de leur père et l'autre de leur mère.

— Je suis heureux de te revoir, Richard, dit Braedan en enlaçant son frère par les épaules avec affection. Nous sommes malheureusement arrivés au mauvais moment. Hugh nous a mis au courant pour Aliénor, nous sommes allés nous recueillir devant sa dépouille. Je suis navré, petit frère. Je te présente mes condoléances.

— Moi aussi ! intervint une voix féminine depuis le perron.

Une svelte dame aux cheveux auburn, de l'âge de Braedan, gracieuse et souple, vint rejoindre les deux hommes. Meg remarqua tout de suite qu'elle était charmante, avec des yeux noisette à la fois tristes et doux. Elle enlaça Richard d'un geste familier et l'embrassa sur la joue, puis se recula et prit la main de Braedan.

— Aliénor a toujours été fragile. Nous avons tous prié pour qu'elle recouvre la santé, consolons-nous à présent : elle a enfin trouvé la paix.

— Oui, c'est finalement une bénédiction, même si elle est difficile à accepter, confirma Richard.

Puis il se tourna vers Meg que l'autre dame venait d'apercevoir.

— Ah, pardonnez-moi mon manque d'éducation. Cinq ans parmi les soudards, vous comprenez... Il faut que je réapprenne à vivre en société.

Il recula d'un pas et fit signe à Meg d'approcher.

— Braedan et Fiona, je vous présente une cousine éloignée d'Aliénor, Meg. C'est elle qui s'est occupée de ma femme depuis deux ans. Elle m'a beaucoup aidé moi aussi, ainsi que tout le monde à Hawksley.

— Nous sommes charmés, madame, de cette occasion qui nous est donnée, affirma Braedan en s'inclinant. Mais quel est votre nom de famille ? Spencer, peut-être ?

Il se redressa avec une moue qui rappelait Richard de façon presque comique.

— C'était le nom de jeune fille d'Aliénor, ajouta-t-il. Je suppose que c'est aussi le vôtre puisque mon nigaud de cadet a omis de nous le préciser.

— Non, Newcomb, rétorqua Meg en s'empourprant comme un coquelicot.

— Newcomb ?

Braedan ne put cacher sa stupéfaction. En effet, Newcomb était un nom rare, porté seulement par quelques membres de la haute noblesse.

— Nous sommes du Berkshire, expliqua-t-elle pour éviter de s'étendre sur le sujet.

— De toute façon, à Hawksley, elle se fait tout bonnement appeler Meg, déclara Richard.

Il avait la galanterie de la tirer d'embarras, et elle lui en fut reconnaissante.

— Ah bon ! marmonna Braedan qui aurait bien voulu en savoir davantage, mais avait compris que le sujet était clos.

Fiona, qui s'était fendue d'un sourire aimable lors des présentations, garda un silence embarrassé.

Meg sentit un gros soupir lui gonfler la poitrine. En vérité, seul son amour-propre souffrirait de leur révéler la vérité. Il serait peut-être plus simple de tout leur expliquer.

Elle prit donc une profonde inspiration et s'adressa à Fiona et Braedan.

— Je suis née lady Margaret Priscilla Newcomb, fille cadette du comte de Welton et de sa femme Anne. À la suite d'un faux pas, j'ai été placée auprès d'Aliénor en qualité d'infirmière. Je préfère que personne ne m'appelle par mon titre, tant que je reste à Hawksley.

Il y eut un silence, puis Fiona esquissa un sourire.

— Je sais par expérience, dit-elle en prenant le bras de Meg, que le passé est parfois lourd à porter. Croyez-moi : vous n'avez à craindre d'indiscrétion ni de ma part ni de celle de Braedan. Personnellement, je ne demande pas mieux que de vous appeler Meg.

— Moi non plus, renchérit Braedan.

— Merci, murmura Meg, touchée par leur gentillesse.

Bien des personnes de leur naissance se seraient formalisées. Meg se dit qu'elle avait de la chance de tomber sur une famille si compréhensive.

— Marché conclu, alors ! lança gaiement Fiona en entraînant Meg vers le manoir. Mais j'ai un service à vous demander, ma chère : trier les victuailles que nous avons apportées et les ranger dans la dépense. Si le cuisinier ne m'empêche pas de lui donner un coup de main, nous pourrions même faire un petit en-cas pour mes monstres – lesquels, sauf erreur de ma part, sont allés explorer le verger et l'écurie.

Elle regarda en vain dans plusieurs directions et soupira.

— Vous les verrez plus tard, on dirait. Et toi aussi, Richard, lança Fiona par-dessus son épaule. Il est possible que tu ne les reconnaisses pas, tant ils ont grandi. Prépare-toi à ce qu'ils fondent sur ta maison comme un vol de criquets affamés.

Mise à l'aise par la simplicité de Fiona, Meg se permit un sourire.

Elle l'interrogea sur la raison de ce voyage en famille à Hawksley, lui demanda le nom et l'âge de chaque enfant, et quand Richard les avait aperçus pour la dernière fois.

Cette visite de Braedan et Fiona allait sortir Hawksley du deuil qui venait de frapper le domaine. C'était merveilleux.

Richard remplit la coupe de Braedan et ils burent un moment en silence, paisibles. Ils s'étaient installés près de la table de la grande chambre qui servait de bureau à Richard, et un bon feu crépitait dans l'âtre. Braedan avait donné les nouvelles de chez eux ; Richard avait appris la dernière naissance de la famille, et les exploits des autres enfants. Ils évoquèrent également la fin douloureuse d'Aliénor et les dispositions prises pour la messe de funérailles, le lendemain.

Pour autant, tout ne fut pas dit. Aucune question ne fut posée quant à son retour précipité et aux dangers qui menaçaient les templiers d'Angleterre. Les nouvelles familiales n'étaient qu'un prélude, les autres restaient en suspens comme un fauve tapi dans un coin.

Enfin, se dit Richard, pourquoi tergiverser ?

— Mais dis-moi, pourquoi ne me demandes-tu pas ce que tu souhaites savoir des arrestations en France ? Quand nous aurons abordé ce sujet, il sera temps d'aller rejoindre les autres. Et une fois les choses éclaircies entre nous, nous profiterons mieux du dîner que ta femme et Meg nous préparent.

Braedan eut un vague rictus et hocha la tête.

— Je suis si transparent que cela ? Si je n'arrive pas à mieux te dissimuler mes sentiments, c'est que je vieillis.

— Exact, se moqua Richard.

Braedan lui administra une bourrade à assommer un bœuf, et sourit à son tour.

— Eh oui, ta peau a beau ne pas valoir un liard, elle me tient à cœur !

Il vida sa coupe et la reposa sur la table.

— Alors, c'est si grave que ça ? ajouta-t-il en retrouvant son sérieux.

Richard acquiesça. Il n'était pas près d'oublier cette terrible nuit, la dernière qu'il avait passée en France.

— Nous avons fait preuve d'aveuglement, Braedan. Pourquoi le pape n'est-il pas intervenu ? Pourquoi n'a-t-il pas demandé des comptes à Philippe le Bel ? Je l'ignore. J'ignore aussi ce que sont devenus mes camarades de chevauchée. Peut-être sont-ils encore outre-Manche, avouant sous la torture Dieu sait quelles abominations.

— Tu as eu vraiment de la chance de t'en être sorti. En un jour, des milliers de templiers ont été capturés.

Richard vida sa coupe à son tour et la reposa loin de lui.

— Écoute, mon frère, reprit Braedan au bout d'un moment. Quoi qu'il arrive, je suis avec toi dans cette affaire. J'en ai parlé avec Fiona, elle est d'accord. Je te soutiendrai jusqu'au bout, dussé-je démissionner de mon poste à la haute cour de justice.

Richard eut un sourire vague, sans quitter des yeux sa coupe vide.

— Tu as toujours veillé sur moi, Braedan, que je le mérite ou pas. Mais je ne veux plus te voir prendre des risques pour moi, ni mettre ta famille en péril. Je m'en voudrais si les choses tournaient mal.

— Tu sais, Richard, décréta Braedan d'un air soucieux, les événements en cours et ceux qui se dérouleront dans les semaines à venir ne dépendent pas de toi. C'est moi qui déciderai ce que nous devons faire.

Le frère aîné avait parlé : Richard n'avait qu'à s'incliner.

Il détourna le regard en se massant la nuque. Au fond, il était reconnaissant à son frère de le soutenir. Ils étaient unis par un lien très fort qui avait résisté à de longues années de séparation. L'esprit de famille, le sens de l'honneur, l'amour de la justice : tout cela faisait partie du patrimoine des Cantor. Richard s'en était parfois éloigné mais, désormais, il était heureux de retrouver ces valeurs.

— Tu sais, je ne puis fuir l'Angleterre même si les templiers sont menacés. Les moines soldats n'ont rien à se reprocher, en tout cas pas ce dont Philippe le Bel les accuse. Le fait de prendre la fuite équivaudrait à un aveu de culpabilité.

— Je craignais que tu ne dises ceci.

— Comment pourrais-je dire le contraire ? gronda Richard en se levant pour remettre des bûches dans la cheminée. On sait de quel côté est le bon droit.

— On sait de quel côté est ta survie, rétorqua Braedan, s'ils se mettent à emprisonner les templiers comme en France.

— Oui, mais c'est un risque à prendre. J'ai pris des risques chaque fois que j'ai livré bataille depuis dix ans. Et tu as fait de même, depuis que tu présides la haute cour de justice.

— C'est possible, répondit Braedan, mais ce sont des risques calculés afin que la loi et l'ordre soient respectés dans le royaume.

— Le fait de lutter contre la persécution des templiers, Braedan, voilà la justice. Par le Ciel ! On les torture, on les tue par dizaines pour leur faire avouer des crimes dont ils sont innocents. Et tout ça parce que le roi de France se sent menacé dans son autorité par les richesses de l'ordre du Temple.

Braedan s'appuya au dossier de son fauteuil et émit un long soupir.

— Je n'ai aucune envie de polémiquer avec toi, Richard. Mais quand la marée monte, un homme seul est impuissant à l'endiguer. Il me déplairait de te voir noyé.

— Ne t'inquiète pas, je ne vais pas me mesurer seul à l'Inquisition.

— Il ne manquerait plus que ça ! s'esclaffa Braedan. Je t'ai offert mon appui, et deux Cantor unis constituent une force redoutable. Mais nos efforts conjoints ne suffiront sans doute pas face à une horde de prélats corrompus.

Richard ne put s'empêcher de rire.

— Quel que soit l'attrait que j'éprouve à l'idée d'affronter nos ennemis, Braedan, ce n'est pas ce que j'ai en tête.

— Quel est ton plan, dans ce cas ? demanda Braedan. Tu m'as dit que tu ne quitterais pas l'Angleterre. Vas-tu simplement faire le mort et attendre que cela passe ?

— Non, trancha Richard. Je ne vais pas me laisser traquer comme du gibier. J'ai subi cela le premier jour pour épargner la vie de mes hommes et pour protéger les richesses que l'on m'avait confiées. Mais si je suis de nouveau menacé d'arrestation, je tiendrai bon.

Braedan tapa du poing sur la table.

— Et comment crois-tu t'en sortir, s'il te plaît ? s'emporta-t-il. L'Inquisition est puissante, elle écrase tout sur son passage. Le fait qu'elle ne soit pas encore en Angleterre ne veut rien dire. C'est une simple question de temps. Par le sang du Christ, il serait suicidaire de lui opposer une résistance frontale, sans une immense armée.

— N'aie crainte. J'ai fait appel à un plus haut pouvoir, plus haut que le tien, mon cher aîné.

— Tu veux dire que tu fais confiance à la prière ? Allons donc, Richard, as-tu perdu l'esprit ?

— Pas complètement. En outre, le fait de prier ne me ferait guère de bien, je le crains...

— Quoi, alors ?

— J'ai envoyé une requête au roi Édouard en personne. Je te rappelle que je fus son professeur. Je lui ai demandé d'interdire à l'Inquisition de franchir nos frontières.

Braedan se leva et soupira.

— Ce n'est pas une demi-mesure, je te l'accorde. Mais le roi est mal placé pour s'opposer aux Français de quelque façon que ce soit : il va épouser la propre fille de Philippe le Bel.

— Je sais, mais ce mariage n'aura pas lieu avant des mois. Entre-temps, on sait que notre roi Édouard, comme son père, est un ami de l'ordre du Temple. C'est un risque à prendre, mais si quelqu'un est capable de limiter la rapacité de Philippe le Bel, c'est bien lui.

Un lourd silence s'installa. Braedan soupesait le projet de Richard. Au bout d'un moment, il sembla se résigner.

— Je ne puis dire que j'aime toute cette histoire. Le roi d'Angleterre est jeune et a peu d'expérience. D'un autre côté, je comprends tes arguments. C'est vrai, à ta place, je ferais sans doute la même chose...

— Merci de le reconnaître.

— Mais tu ne vas pas t'en tirer comme cela, maugréa l'aîné. Il faut sérieusement te préparer au pire car, que tu aies ou non l'appui du roi, ils finiront par te trouver.

— Oui, je sais. Je ferai mon possible pour être fin prêt. Je m'entraînerai, avec toi si tu veux, à l'usage des armes. Je me tiendrai au courant de la situation au jour le jour. Mais d'abord, il faut que j'organise les funérailles d'Aliénor et le festin en son honneur demain. Il me faut aussi préparer la fête de la Toussaint, la semaine prochaine. Quand tous les serfs seront là, je nommerai un nouveau régisseur.

Son frère haussa les sourcils.

— Pourquoi ? Hawksley m'a l'air parfaitement tenu, malgré ta longue absence.

Richard se leva à son tour et fit quelques pas jusqu'à la fenêtre.

— Oui, c'est bien cela le problème. On dirait que frère Thomas s'est parfaitement occupé du manoir en mon absence : il m'a assuré des profits importants, et pour lui aussi. Hélas, c'était aux dépens des paysans. Beaucoup d'injustices ont été commises en mon absence.

— Quelle honte ! gronda Braedan. Comment as-tu appris ces négligences ?

— Meg m'avait mis sur la piste, et les serfs n'avaient pas l'air ravis de me voir. Au début, j'ai cru que c'était à cause de la maladie d'Aliénor : j'ai pensé qu'ils me reprochaient de l'avoir abandonnée il y a cinq ans. Mais, à l'examen des comptes avec le frère Thomas, j'ai compris la vérité. Il faut que je fasse des réformes car la façon dont vivent mes gens est un pur scandale. Pendant le repas de la Toussaint, je prendrai la parole en public. Autrement, il faut que je me tienne tranquille, sauf si le roi me convoque. J'attends de savoir si les hommes en compagnie desquels je me suis enfui le jour de la rafle sont bien arrivés. En vérité, avec chaque heure qui passe, mon espoir diminue qu'ils aient échappé aux griffes de l'Inquisition.

— Combien sont-ils ?

— Trois. Deux frères, Alex et Damien d'Ashby. Et le troisième s'appelle John de Clifton. Alex est très pugnace. Si nous étions en France, en fait, c'était pour le faire juger car, pendant son séjour dans l'ordre, il a violé son vœu de chasteté. De nous tous, c'est lui que j'estimais le plus capable d'atteindre l'Angleterre sans encombre. Pourtant, me voici en sûreté à Hawksley et, pour le moment, sans nouvelles des autres.

— Ne perds pas espoir, mon frère. Peut-être sont-ils allés moins vite que toi, retardés par quelque blessure ou leur mauvaise connaissance de la région.

Richard grimaça.

— À moins qu'ils n'aient été capturés par les Français avant de traverser vers l'Angleterre, compléta-t-il sombrement.

— C'est possible, bien sûr, mais continuons à espérer. Si Dieu le veut, nous ne tarderons pas à avoir des nouvelles.

Puis Braedan se rassit et se tut, et son silence s'éternisa. Richard commença à se poser des questions. Bon sang ! Son frère aîné mijotait quelque chose, et il ne lâcherait pas son idée tant qu'il n'aurait pas réponse à tout.

Richard s'adossa au mur, croisa les bras et se prépara à une discussion serrée.

— Bon ! lança-t-il d'un air décidé. Tu me fais penser à un chien de chasse qui a flairé un renard… et j'ai l'impression que le renard, c'est moi.

— Depuis quand es-tu si soupçonneux ? se moqua Braedan.

Il se tourna vers son frère et posa un coude sur le dossier de son fauteuil, l'autre sur la table. Richard remarqua avec surprise que son aîné prenait inconsciemment la même position que leur père autrefois, avant que Braedan ne parte en croisade. À l'époque, Richard n'était qu'un gamin, et Braedan un jouvenceau impatient d'en découdre.

— Écoute : parle-moi un peu de Meg, dit enfin Braedan.

Si Richard avait avalé sa bière à ce moment-là, il se serait certainement étranglé.

— Que désires-tu savoir ? demanda-t-il, imperturbable.

— D'abord, la fille d'un comte est bien la dernière personne que je m'attendais à trouver comme infirmière dans un manoir de campagne. Elle a dû commettre une sacrée bêtise pour mériter d'être écartée de la sorte. Pourtant, elle paraît charmante. Que penses-tu d'elle ?

— Je n'y ai guère réfléchi, mentit Richard.

— Mais quand même, insista Braedan peu convaincu, tu dois bien connaître quelques détails concernant le – comment a-t-elle dit ? – le *faux pas* qui l'a conduite ici ?

Braedan était comme un chien avec un os : impossible de lui faire lâcher prise.

— D'après ce qu'on m'a dit, répondit Richard d'un ton calme, elle a eu une liaison en dehors des liens du mariage. Ce qui lui a valu cette pénitence. Ici, elle semble avoir trouvé une certaine paix, mais il est clair qu'elle a beaucoup souffert pour ses écarts de conduite.

— Je vois, acquiesça Braedan sans quitter Richard du regard. Dans ce cas, peut-on la considérer comme ayant besoin de ta protection ?

Richard accusa le coup : c'était bel et bien une flèche que lui décochait Braedan. Ce que Richard ne pouvait d'ailleurs lui reprocher, étant donné la façon dont il s'était conduit avec les femmes. Avec un sourire maladroit, il répondit :

— Ta véritable question est de savoir si elle est comme Elizabeth et Aliénor ? C'est ça ?

Braedan répliqua sans ciller.

— Oui, petit frère, mettons que c'est ça.

Richard ne répondit pas tout de suite. Il évoqua le sourire innocent d'Elizabeth, leurs rires insouciants, la fameuse promenade d'amoureux achevée sous une pluie battante... Comme elle lui avait manqué quand un vieil homme corrompu la lui avait prise ! Et quelle douleur il avait ressentie quand elle était morte après son accouchement !

Braedan avait raison. Richard s'était bel et bien senti obligé de protéger Elizabeth par tous les moyens à sa disposition. Après sa mort, sa rage n'avait pas désarmé, jusqu'au jour où il avait fait disparaître le misérable responsable de toute l'affaire.

Mais Elizabeth n'avait pas été la seule femme dans sa vie. Il s'était ensuite porté au secours d'une autre femme : la fragile Aliénor. Aliénor si délicate, avec ses ombrelles, son pâle sourire et ses larmes toujours à fleur de paupières...

— Je suis désolé d'évoquer ces fantômes, Richard, reprit Braedan. Si je t'interroge sur Meg, c'est pour essayer d'éviter que tu ne t'enferres une fois de plus dans ton désir de secourir le beau sexe.

— Je comprends, admit Richard, touché. Et je ne te le reproche pas. Mais n'aie crainte : Meg est forte. Plus forte que moi, peut-être !

Braedan ne quittait toujours pas son cadet du regard. Richard lui adressa un sourire encourageant et précisa :

— En outre, c'est sans importance. Elle ne va sans doute pas tarder à quitter Hawksley, maintenant que sa mission est achevée.

— Elle te l'a dit ?

— Non, mais il faut admettre que nous n'avons guère eu l'occasion de bavarder. Je suppose qu'elle me parlera de ses projets après les funérailles d'Aliénor.

Richard se tourna vers la fenêtre et ouvrit brusquement le volet : il avait besoin d'air frais. Le lourd vantail grinça et l'air glacial envahit la pièce ; les flammes dansèrent dans l'âtre.

— Je m'en remets à ton bon sens, Richard.

— Merci, Braedan.

— Cela dit, poursuivit l'aîné, sache que ce serait un grand soulagement pour tout le monde si tu prenais femme. Une femme capable de partager avec toi les fardeaux de l'existence.

— Comme Fiona ? demanda tranquillement Richard.

— Exactement !

Braedan ne pouvait s'empêcher de sourire en évoquant le grand amour de sa vie.

— Je serais vraiment heureux pour toi si cela t'arrivait. Mais, à propos de Fiona, peut-être ferions-nous bien de descendre, autrement c'est elle qui va monter voir ce qui nous retient. Et crois-moi, c'est à éviter !

Braedan se leva et fit la grimace.

— Oh, je suis tout ankylosé d'être resté sans bouger !

— Je puis te donner d'autres raisons d'avoir des courbatures, proposa Richard en le rejoignant. Nous pourrions nous mesurer à l'épée, comme je te le proposais tout à l'heure. Après-demain, si cela te convient. Qu'en dis-tu ?

— J'en dis que je connais quelques bottes susceptibles de te rabattre le caquet, mon petit ! s'esclaffa Braedan en gagnant la porte.

— C'est ce que nous verrons, rétorqua Richard en riant. Vas-y et transmets mon affection à ta femme. Dis-lui que je ne vais pas tarder à descendre goûter sa cuisine.

— Entendu, lança Braedan qui s'éloignait dans le couloir. Mais ne tarde pas, car Fiona est intraitable : elle ne supporte pas qu'on laisse les plats refroidir à table.

— C'est noté !

Une fois Braedan parti, le sourire de Richard s'effaça. Il inspira profondément et allait fermer le volet quand il s'immobilisa. Il regarda dans la cour et observa combien le village, un peu plus loin, semblait paisible à la lumière du crépuscule. L'automne étirait ses ombres, calmes et tranquilles. Il s'attarda un moment pour admirer ce paysage, et réfléchir à tout ce à quoi Braedan et lui venaient de discuter.

Les questions de son frère sur Margaret pesaient lourd sur le cœur de Richard, quoi qu'il en dise. Mais il avait répondu sincèrement. Il était prêt à parier qu'elle avait une âme forte, au contraire des jeunes femmes vulnérables qu'il avait secourues dans le passé. Il se sentait capable d'aller la défendre jusqu'en enfer, et comprit soudain que son désir le plus cher était de rester près d'elle et de réchauffer son cœur meurtri à la lumière qu'elle dégageait.

Cette sensation alluma un désir qui le troubla par son intensité. Le fait de s'attacher à elle avait beau être dangereux, cela le rappelait à la vie, comme si une partie de lui-même s'éveillait après un long sommeil. Il avait envie de vivre avec Meg, par Dieu, même si cela ne voulait pas dire grand-chose de plus que respirer le même air qu'elle et rester assis à son côté.

Elle était la chaleur, la brise capable de chasser les ombres qui plongeaient depuis si longtemps le cœur de Richard dans les ténèbres. En effet, malgré tous les malheurs qu'elle avait endurés, elle gardait quelque chose de flamboyant qui l'attirait irrésistiblement. D'une certaine façon, cet attrait l'aidait à combattre remords et douleur qui le tourmentaient sans répit.

D'un côté, la perspective d'une vie commune était impossible, sans parler du deuil d'Aliénor ou de l'engagement de Richard au sein des templiers ; de l'autre côté, l'ampleur de ses sentiments bouleversait tout : comment faire tenir une mer dans un dé à coudre ?

Partagé entre ces sentiments contradictoires qui le dépassaient, Richard se pencha et referma le volet. Puis il souffla la bougie sur la table et sortit de la pièce, pour se mettre à la recherche de cette femme dont la seule présence lui avait rendu un trésor qu'il croyait avoir perdu à jamais.

L'espoir.

8

Meg, assise à la table de la grande salle au rez-de-chaussée, était un peu dépassée par l'agitation qui s'était emparée du manoir. Depuis combien de temps n'y avait-on vu pareil chaos ? Les enfants de Braedan et Fiona entraient les uns après les autres. Dès leur arrivée, ils s'étaient précipités dans l'écurie où une chatte venait de mettre bas.

Meg et Fiona aidaient Willa à installer les assiettes de ragoût de poulet fumant, de chou au beurre et de purée de pois cassés. On n'attendait plus que les hommes.

— Bon, les enfants ! lança Fiona d'une voix claire. Ceux qui se sont lavé les mains peuvent s'asseoir.

Ils étaient quatre, donc il en manquait deux.

— Où sont Elspeth et Adam ?

Meg regarda les quatre enfants déjà assis – deux filles et deux garçons – que Fiona lui avait rapidement présentés dans la cuisine. Ils avaient de trois à quatorze ans. Il manquait bien Elspeth – neuf ans – et l'aîné Adam – seize ans.

Elle se leva.

— Je vais voir s'ils sont dans la cuisine, annonça-t-elle à Fiona.

— Mais non, ne vous dérangez pas. Ils savent bien ce qu'ils ont à faire...

Elspeth entra soudain en courant dans la grande salle, toute rose ; elle avait une chevelure ébouriffée d'un magnifique blond vénitien. Quand la petite vit sa mère, elle s'arrêta net et essuya ses mains encore mouillées sur son tablier. Elle avait beau faire piètre mine pour ne pas se faire gronder, ses lèvres gardaient un pli rieur.

— Et où est ton frère, mademoiselle ? s'enquit froidement Fiona. Cela fait un bon quart d'heure que je vous ai demandé à tous de vous laver les mains et de passer à table.

— Pardon, maman, s'excusa Elspeth en se glissant sur le banc.

Robert l'y accueillit en la pinçant, mais elle se vengea en lui tirant les cheveux. Le petit poussa un cri ; cela lui valut un regard sévère de Fiona qui tentait d'empêcher le benjamin, Henry, de puiser à deux mains dans le bol de pois cassés.

— Eh bien ? insista-t-elle auprès d'Elspeth, en essuyant les menottes de Henry. Sais-tu où est passé Adam ?

— Nous sommes allés dans le verger, reconnut Elspeth, et Adam m'a dit que je n'étais pas capable de grimper à un pommier pour cueillir une belle pomme. Mais je n'ai pas pu aller plus haut que la deuxième branche, à cause de cette affreuse robe que tu m'as mise aujourd'hui. Alors il s'est mis à grimper et m'a rejointe. Alors tu nous as appelés et il m'a dit de filer et... Il ne devrait pas tarder, maintenant.

Fiona allait s'asseoir quand arriva Braedan.

— Alors, demanda-t-il en embrassant Fiona sur la joue, quel délice nous as-tu préparé aujourd'hui, mon amour ?

Meg ne tendait pas l'oreille, mais elle entendit une petite phrase ajoutée à voix basse :

— De toute façon, mon amour, rien ne sera jamais aussi délicieux que toi !

Rieuse, Fiona fit mine de lui donner une tape.

— Ce n'est pas moi qui ai préparé ce dîner, répondit-elle. Willa et moi avions trop à faire pour mater tes monstres, et c'est Meg qu'il faut remercier pour toutes ces bonnes choses.

— Eh bien, un grand bravo à Meg car tout ce que je vois sur la table me semble exquis, déclara Braedan avec une élégante courbette.

La jeune femme rougit tandis qu'il offrait sa main à Fiona pour la guider jusqu'à sa place.

Les yeux de Fiona brillaient davantage depuis que Braedan était entré dans la pièce : cela n'échappa pas à Meg, qui ne put se défendre d'une certaine envie. L'affection, le respect et l'attrait palpable qui unissaient le couple éveillaient chez elle une frustration familière.

Ce sentiment s'intensifia lorsque Richard approcha, souriant à la tablée. Elle eut du mal à rester impassible quand il la gratifia d'un sourire ravageur.

— Soyez remerciée pour ce festin de roi, Meg !

— On n'est pas des rois, oncle Richard, mais qu'est-ce qu'on a faim ! lança la petite Anna qui, à cinq ans, semblait ravie d'être habillée en garçon et de jouir plus qu'Elspeth de sa liberté de mouvement.

Meg se retrouva assise à côté de Richard, en face de Braedan et Fiona qui s'étaient installés à côté des plus petits pour les faire manger.

— Eh bien, dit Richard en levant sa coupe, commençons ce merveilleux souper en nourrissant cette pauvre Anna avant qu'elle ne meure de faim. Vous avez tous grandi de plusieurs centimètres depuis la dernière fois que je vous ai vus, mais je parie que je connais encore vos noms. Même si c'est la première fois que je vois ce jeune homme…

Son regard se posa sur le benjamin des Cantor, assis de l'autre côté de la table.

— C'est Henry, c'est le bébé, expliqua Anna en tendant ses mains graciles vers l'écuelle de chou au beurre que sa mère lui proposait. Et c'est facile de retrouver nos noms, oncle Richard, puisque maman nous fait toujours asseoir par rang d'âge pour ne perdre personne.

— Je ne suis pas un bébé ! hurla Henry en serrant ses petits poings potelés.

— Si !

— Anna, ça suffit ! gronda Fiona, appuyée par un regard sévère de Braedan.

En fait, le regard sévère se termina en clin d'œil.

— Henry est effectivement le plus jeune, continua Fiona en le servant de pois cassés. Mais comme il le dit lui-même, il n'est plus vraiment un bébé : il a bientôt quatre ans.

— Effectivement, il m'a l'air d'un jeune gentleman, confirma Richard à la grande joie du petit bonhomme.

Il prit une bouchée de poulet, puis s'adressa à la voisine de Henry.

— Et ça, c'est la ravissante Anna qui était à peine née la dernière fois que je l'ai vue. Elle est devenue bien jolie. Et ensuite, à côté, c'est Robert si ma mémoire est bonne…

Il fit une pause pour ménager ses effets et fronça les sourcils.

— Voyons, voyons… Tu as sept ans, je crois ? Tu seras bientôt en âge de quitter tes parents pour devenir page, n'est-ce pas, mon garçon ?

Robert acquiesça avec enthousiasme, la bouche trop pleine pour articuler quoi que ce soit. Quand il eut fini sa mastication, il répliqua :

— Oui, c'est vrai, messire. Au printemps, je pars chez lord Exton, où je recevrai mon éducation.

— Excellent ! Cela ne fera pas de mal aux Cantor.

De nouveau, Meg sentit un léger pincement d'envie devant la façon dont Richard s'entendait avec ses neveux et nièces. Il continua en s'adressant successivement à Elspeth et à Rebecca qui, à quatorze ans, était tout le portrait de Braedan mais avec les yeux de sa mère.

L'aisance de Richard avec les enfants était stupéfiante. Meg avait souffert de la froide indifférence des adultes quand elle était petite, et elle aurait cru que Richard ne valait guère mieux. Un guerrier de retour du combat, ayant perdu de surcroît sa propre fille de façon si tragique et prématurée !

En vérité, il ne cessait de la surprendre. Meg avait besoin de toute son énergie pour ne pas perdre de vue la simple vérité : cet homme avait fait preuve de compréhension vis-à-vis de sa faute mais, en dépit de cette gentillesse, il ne serait jamais rien de plus pour elle.

La tablée était à présent plus tranquille, car les enfants mangeaient. Mais dans ce silence, Meg avait encore plus conscience de la proximité de Richard. Chaque fois que leurs bras ou leurs doigts se frôlaient, elle sentait une chaleur l'envahir.

Elle leva la tête et demanda à Braedan et Fiona :

— Vous avez un autre garçon qui ne voyage pas avec vous… William, je crois. Il est toujours en formation chez lord Exton ?

— Oui, répondit Braedan en mettant dans sa bouche un morceau de pain. C'est un garçon très décidé. Nous lui avons donné le nom d'un frère de Fiona, et il le porte bien car il partage les grandes qualités de son oncle, outre la couleur rousse de ses cheveux.

— Il vient d'avoir onze ans, poursuivit Fiona, en souriant de la comparaison évoquée par son mari entre son fils et son frère. Il a fait tant de progrès que son maître d'armes a décidé de faire de lui un écuyer plus tôt que prévu. Il devrait rentrer peu après la Sainte-Catherine, puis il repartira chez lord Exton après la fête des Rois.

— Et Adam ? s'enquit Richard. La dernière fois que je l'ai vu, c'était juste un gringalet de onze ans. Ce doit être à présent presque un homme, près de chausser les éperons. N'est-il pas...

— Me voici, mon oncle, lança une belle voix de baryton derrière Richard. Je dois vous présenter mes excuses d'arriver si tard. Et à vous aussi, maman et papa.

Meg se tourna vers la porte de la cuisine du même geste que Richard, lequel se figea en apercevant le jeune homme qui arrivait. Étonnée par cette réaction, la jeune femme remarqua que Richard restait aussi impassible que possible, mais il avait pâli.

— Adam ! s'exclama-t-il.

Le chevalier se racla la gorge et se leva pour accueillir l'aîné de ses neveux. Il lui tendit la main d'un geste mécanique, qu'Adam serra avec un large sourire, non sans avoir d'abord posé sur la table le panier de pommes qu'il portait.

À seize ans, Adam n'était plus un gringalet mais un adolescent d'une beauté exceptionnelle. Grand pour son âge, il portait les cheveux longs jusqu'aux épaules, d'un châtain plus foncé que Richard et même Braedan. Il avait des traits d'une finesse remarquable mais, avec son menton énergique, ses sourcils virils et sa bouche sensuelle, il n'avait rien d'efféminé.

C'étaient surtout ses yeux qui attiraient le regard. Meg observa un instant Richard, ainsi que Braedan et Fiona, puis elle revint à Adam. Le jeune homme ne ressemblait à aucun autre membre de la famille ; il avait des yeux noirs comme l'obsidienne et de longs cils à faire défaillir toutes les jeunes filles de la cour. Adam de Cantor, bien qu'il ne fût pas encore adulte, avait tout d'un « Satan des cœurs » comme aurait dit sa mère. Il était si beau que l'on avait du mal à détacher son regard de lui.

Mais cela n'expliquait pas pourquoi Richard le contemplait bouche bée, comme s'il voyait un fantôme.

— Vous avez bonne mine, mon oncle, lui dit Adam. Mais il faut que j'ajoute mes condoléances à celles que vous avez sûrement déjà reçues de mes parents pour le décès de tante Aliénor.

— Elle repose en paix, à présent. Merci.

Richard faisait de son mieux pour avoir l'air naturel, devina Meg, mais quand Adam vint s'asseoir à son tour sur le banc, elle surprit un regard entendu entre Richard et Braedan. Le malaise de Meg se confirma : il y avait anguille sous roche.

Une fois Adam installé à côté de Rebecca, Richard s'adressa à lui mais sans le regarder.

— Avant que tu ne commences à manger, je tiens à te présenter Meg, une cousine d'Aliénor qui vit au manoir depuis deux ans.

Richard se pencha pour adresser un signe de tête à Meg, qui fut comme à chaque fois subjuguée par la chaleur de son regard.

— Vous avez déjà fait connaissance avec le reste de la fratrie, Meg. Le moment est venu pour vous de rencontrer l'aîné, Adam... de Cantor.

— C'est un honneur pour moi, murmura Adam avec une aisance digne d'un courtisan. Je vous prie d'accepter mes sentiments de compassion, pour la perte de votre parente.

— Merci, dit Meg.

Elle sentit que Richard la regardait toujours et leurs yeux se croisèrent.

Que cachent les reflets noisette de ces yeux si profonds ? se demanda-t-elle.

— Votre verger, mon oncle, est l'un des plus beaux que j'aie vus dans un manoir, observa Adam, inconscient des tensions qu'il suscitait.

Il se servit généreusement de chaque mets, puis continua :

— J'espère ne pas avoir fait de bêtise, mais je n'ai pu résister à la tentation de remplir un des paniers empilés près du portail du potager.

— Tu as bien fait, Adam, répondit Richard en regardant enfin le jeune homme. On les a sortis pour que les serfs fassent la cueillette cette semaine.

— Peut-être que les enfants pourront donner un coup de main, suggéra Fiona en essuyant la bouche de Henry. Ils aiment la vie en plein air. Même les filles. Certes, elles feraient mieux de ne pas trop prendre le soleil – ce n'est pas à la mode – mais je ne crois pas que cela leur fasse de mal. Et puis, nous n'avons pas d'invitation à la cour dans les mois qui viennent.

— Si, moi, maman, rétorqua Adam qui se disposait à tremper son pain dans la sauce. Je voudrais servir le roi comme papa, mais d'abord je dois être adoubé chevalier et faire mes preuves dans les tournois. La cour est pour cela le meilleur endroit.

— Tu sais parfaitement, jeune homme, qu'une invitation à la cour ne s'obtient pas comme ça, répliqua sévèrement Braedan. Nous en reparlerons.

— Mais papa, protesta Adam, j'ai fini ma formation de chevalier. Je suis capable de me défendre à l'épée, même contre toi. (Richard croisa de nouveau le regard de Braedan en entendant ce défi.) Et je suis prêt à faire mon entrée dans le monde. Tu as fait de même, ainsi qu'oncle Richard, que je sache. Le moment est venu pour moi de...

— Excusez-moi, mesdames et messieurs... interrompit une voix aiguë.

C'était James, le fils cadet du tanneur et le guetteur du village. Le chapeau à la main, il cherchait du regard son seigneur autour de cette table si bien garnie.

— Qu'y a-t-il, mon garçon ? demanda Richard.

— Je... Nous avons pensé que c'était assez important pour vous déranger. Des cavaliers approchent à vive allure sur la route du Kent.

— Combien sont-ils ?

— Deux, messire, répondit James en continuant à martyriser son chapeau. Mais ils portent l'étendard du roi, messire. Le lion rouge et jaune du roi Édouard en personne.

Une heure plus tard, Richard était dans le verger tant vanté par Adam. Le ciel s'embrasait à l'ouest, rouge et or. L'annonce de James avait déclenché dans tout le manoir une activité fébrile. On avait rapidement fini de dîner et débarrassé la table pour recevoir les messagers du roi. Puis Richard et Braedan s'étaient retirés dans la grande chambre pour déchiffrer le parchemin royal qui venait de leur être remis, tandis que Fiona et Meg s'occupaient des enfants et préparaient le couchage de tout le monde.

Après s'être entretenu avec Braedan, Richard était sorti. Il avait besoin de prendre l'air et de réfléchir, suite aux réactions en cascade qu'il avait déclenchées en écrivant au roi. Il lui fallait annoncer à Meg le passage de la missive royale la concernant. Ayant besoin de tranquillité pour cette conversation, il lui avait demandé de le rejoindre au verger, à l'écart de l'agitation qui bouleversait la maison.

Elle n'allait pas tarder : ils allaient être seuls ensemble... Cette perspective était curieusement agréable à

Richard. Meg ne le laissait pas indifférent, il ne pouvait le nier.

Hélas, ce sentiment ne pourrait jamais se développer, surtout maintenant que le roi la convoquait à la cour, après tant d'années. Elle saisirait certainement au vol cette occasion de quitter l'ambiance provinciale et ennuyeuse du manoir de Hawksley, pour connaître la vie brillante qui lui avait toujours été interdite.

Elle était de haute naissance, alors que Richard n'était qu'un humble chevalier, qui n'avait jamais eu de chance avec les femmes. Il n'était donc pas question pour lui de tomber amoureux.

— Vous souhaitiez me voir, Richard ? demanda une voix douce derrière lui.

Le chevalier se retourna, aussi impassible qu'il le pouvait malgré le flot d'émotions que la présence de Meg déclenchait en lui.

— Oui, murmura-t-il. J'espère que cela ne vous dérange pas.

— Mais non. Nous avons eu un moment de chaos, mais les enfants sont en train de se calmer, à présent que la nuit approche.

Il s'écarta pour laisser à Margaret une place contre la barrière du verger. Qu'elle était belle et élégante, dans la lumière dorée du couchant ! Richard huma sa douce fragrance épicée qui le grisait. Il avait une terrible envie de plonger ses doigts dans la chevelure soyeuse de la jeune femme, de l'attirer vers lui et de l'embrasser à pleine bouche pour lui montrer la passion qui le dévorait. Mais bien sûr il n'en fit rien.

Inconsciente de l'émoi qu'elle provoquait en lui, elle s'appuya contre la barrière et prit une profonde inspiration, qui coupa presque le souffle de Richard. Belle, si belle ! Et rendue plus belle encore par le peu de conscience qu'elle avait de ses appas. Le chevalier s'appliqua à paraître imperturbable.

— J'avoue, précisa Meg avec un sourire mutin, que je vous suis reconnaissante de ce répit. Vos neveux et nièces sont délicieux, bien sûr, mais contrairement à votre frère et à votre belle-sœur, je n'ai pas l'habitude d'avoir tant d'enfants dans les pieds.

— Chacun a-t-il trouvé une place pour dormir ?

— Nous serons un peu serrés quelques jours, mais je crois que ça ira. Nous avons défait et aéré le lit de la grande chambre : c'est là que dormiront votre frère, Fiona et leurs deux plus jeunes. Elspeth et Rebecca dormiront avec moi dans la deuxième chambre. Quant à Adam et Robert, on leur a mis des paillasses dans la grande salle.

Elle fronça les sourcils avant de poursuivre.

— À propos d'Adam, Richard, j'ai remarqué que son arrivée ce soir vous a quelque peu troublé. Je ne voudrais pas compliquer la situation, mais y a-t-il quelque chose dont vous souhaiteriez me parler ? Quelque chose qui se serait passé entre vous ?

Richard tressaillit. La question innocente de Meg faisait resurgir un flot de souvenirs douloureux, les mêmes qu'avait provoqués l'arrivée d'Adam une heure plus tôt. L'apparence de son neveu l'avait bouleversé au point que, à peine les messagers avaient-ils délivré leur message, il avait entraîné Braedan à part pour lui reprocher de ne pas l'avoir averti des transformations physiques du jeune homme. En effet, Adam ressemblait à s'y méprendre à Kendrick de Lacy, vicomte de Draven, aujourd'hui décédé mais qui avait été leur oncle par alliance…

Meg n'avait pas à connaître de tous les détails sordides. En tout cas, pas dans l'immédiat, alors que Richard avait tant de choses à dire à la jeune femme.

De toute façon, ce n'était pas à lui de faire des révélations concernant un garçon qui n'était pas son fils.

Se forçant à sourire, il se contenta d'esquiver.

— Il n'y a rien à propos d'Adam qui doive vous inquiéter, Meg. C'est un bon garçon à tous égards. Simplement, j'ai été bouleversé de voir à quel point il ressemble à un parent éloigné, dont Braedan et moi sommes les neveux par alliance.

— Vous avez été sérieusement remué, insista Meg.

— Oui, je l'avoue, pour des raisons que je ne suis pas en mesure de vous expliquer aujourd'hui. Un jour, peut-être…

Il eut un autre sourire, plus spontané.

— De toute façon, ce n'est ni le lieu ni l'heure. Ce qui compte, c'est que vous ayez réussi à coucher tout le monde. Je suis sûr que cela n'a pas été facile, étant donné l'exiguïté de mon petit manoir.

Meg rougit à ce compliment.

— Je craignais un peu que vos neveux ne prennent froid par terre, murmura-t-elle. Mais Fiona m'a garanti qu'ils seraient bien, près du feu.

— Eh bien, tout est en ordre, confirma-t-il en goûtant l'ironie du fait que Meg semblait avoir oublié quelque chose – ou plutôt quelqu'un.

— Oui, renchérit-elle, tout le monde a sa place pour la nuit.

— Sauf… commença-t-il avec un sourire malicieux.

— Sauf qui ?

— Sauf moi !

Meg devint brusquement écarlate.

— Ciel ! s'exclama-t-elle. Vous avez raison. C'est-à-dire que je… enfin plutôt, Fiona et moi… nous en avons parlé rapidement, mais je croyais que vous vous étiez mis d'accord avec votre frère…

— Hélas, non ! murmura-t-il en feignant l'accablement.

Il se moquait de l'endroit où il dormirait, mais le fait de taquiner Meg lui plaisait tant qu'il fit durer le plaisir.

— Mon frère et moi avons parlé du message du roi, mais certes pas du couchage pour cette nuit.

— Allons bon ! soupira-t-elle, gênée par le ton neutre du chevalier.

Elle prit alors une profonde inspiration.

— Dans ce cas, il m'incombe de vous dire que vous... enfin, je veux dire que... ou plutôt, c'est-à-dire que...

Elle s'empêtrait si bien qu'elle mit du temps à réaliser qu'il était au bord du fou rire.

— En vérité, proféra-t-elle enfin, en qualité de maître de céans, messire, vous avez le choix entre plusieurs solutions, contrairement aux hôtes de votre logis.

— Vraiment ? demanda Richard, soudain pris d'une quinte de toux. Je ne suis certes pas digne de pareil privilège, mais je suis honoré et touché des tendres soins que vous mettez à assurer mon confort.

C'était au tour de Meg d'avoir envie de rire.

— Oui, messire. Toutes les possibilités ont été étudiées en détail et je vous assure que les choix sont d'un confort absolu... pour un moine. Voulez-vous que je les énumère ?

— Je n'en puis plus d'impatience.

Elle mit un moment à enchaîner, tant elle avait de mal à ne pas pouffer.

— Je vous le dis sans détour : la première solution est la garde-robe donnant sur la grande chambre. Je dirais que la dimension de la pièce correspond exactement à celle d'une paillasse. On l'a vidée et balayée. Il ne reste qu'à y installer la couche.

— La deuxième solution ?

— Vous pourriez aussi tenir compagnie à vos neveux sur le sol dur et glacial – le dallage de pierre – de la grande salle.

— Et la troisième ? continua-t-il, hilare.

— La troisième solution consisterait à dormir dans un endroit sensiblement plus chaud, mais aussi plus... parfumé. Il y a des stalles vides à l'écurie ! acheva-t-elle avant d'éclater de rire.

Richard s'empressa de l'imiter, ravi de partager avec elle un plaisir aussi innocent. Au bout d'un moment, ils se calmèrent tous les deux. Il s'essuya les yeux et croisa le regard pétillant de Meg. Il songea alors que, jusqu'à ce jour, il ne l'avait jamais véritablement vue rire ni adopter une attitude aussi libre et détendue. Maintenant qu'il y avait goûté, il désirait ardemment la revoir ainsi : il ne s'en lasserait pas.

— Eh bien, merci, dit Meg quand elle fut de nouveau capable de parler. Cela fait longtemps que je n'avais ri de la sorte...

— Je comprends ce que vous voulez dire, répliqua-t-il avec douceur, de nouveau sérieux. Pour moi aussi, cela fait bien trop longtemps...

Elle détourna le regard. Le rouge de ses joues était accentué par la splendeur du couchant.

— Il se fait tard, murmura-t-elle en lui adressant un regard en coin, avec une expression bien sage et affreusement tentante. Peut-être serait-il temps d'aborder le sujet dont vous souhaitiez me parler, avant que la nuit ne nous chasse à l'intérieur.

— Vous avez raison. C'est à propos de la lettre du roi que nous avons reçue pendant le dîner. Il répondait à un message que je lui ai envoyé à mon retour à Hawksley. Je lui demandais son aide pour qu'il protège de l'Inquisition les templiers anglais.

— Qu'a-t-il répondu ?

Il eut l'impression qu'elle se raidissait un peu en entendant le mot « templiers ».

— Je ne sais pas encore quel soutien il fournira. Il m'a convoqué à la cour, qui se trouve à présent au château de Tunbridge dans le Kent, en l'honneur du mariage de son favori, Piers Gaveston, avec Margaret de Clare. Nous en parlerons là-bas. Le mariage aura lieu la semaine prochaine et j'ai l'intention d'y être, sinon à temps pour la cérémonie proprement dite, du moins pour une partie des festivités qui dureront des semaines.

— Je vois, souffla Meg. Ainsi, on vous demande à la cour et vous voulez que je... il me faut...

Elle semblait complètement bouleversée.

— Est-ce que vous vous sentez bien, milady ? s'inquiéta Richard en lui posant la main sur l'épaule.

— Oui, ça va, esquiva-t-elle.

Plus rien de gai ne s'inscrivait sur son visage et ses beaux yeux étaient graves. Elle s'interrompit un long moment pour recouvrer son sang-froid, puis redressa le visage vers lui et parla de façon solennelle.

— Et je le comprends parfaitement, n'ayez crainte. Je n'ai pas l'intention de faire le moindre scandale devant votre famille. Donnez-moi quelques jours pour ranger mes affaires et j'aurai quitté Hawksley avant votre retour de Tunbridge.

— Quoi ? s'écria Richard, stupéfait. Qu'est-ce que cela signifie ?

Elle paraissait si égarée qu'il ne put se retenir de lui caresser la joue, ni d'effacer du bout du doigt la larme qui perlait à sa paupière.

— Je quitte Hawksley, évidemment, répondit-elle. C'est bien pour cela que vous m'avez convoquée, non ? Maintenant qu'Aliénor n'a plus besoin de personne ici-bas, je pars.

— Non, milady ! Non ! s'écria Richard. Par le Ciel, ce n'est en aucune façon pour cela que je vous ai demandé de me rejoindre ici. J'avoue que je m'attendais à ce que vous m'annonciez votre intention de partir, une fois vos derniers devoirs assurés auprès d'Aliénor…

Il la sentait toute raide sous sa caresse, mais il lui frôlait toujours la joue.

— N'est-ce pas votre intention : retourner à la vie que vous aviez abandonnée au début de votre pénitence ?

— Non ! Pas le moins du monde !

Elle détourna un peu la tête, sans fuir le contact de sa main. Elle posa au contraire la sienne par-dessus, avant de la lâcher et de s'écarter d'un pas.

— Mais enfin, Richard, réfléchissez un instant ! Je n'aurais pas changé cet endroit ni un autre – pas même le maudit couvent où l'on m'avait enfermée – contre mon ancien domicile du Berkshire. Je hais cette vie où l'on m'appelle lady Margaret. J'espérais que vous, au moins, comprendriez pourquoi.

— Mais vous ne pouvez nier que la vie en compagnie des nobles comporte des avantages ? rétorqua-t-il, surpris par sa véhémence.

Il jubilait de la voir si hostile au fait de le quitter. Néanmoins, il devait lui annoncer qu'elle était, elle aussi, convoquée à la cour.

— Le passé est révolu et l'avenir vous attend. Beaucoup de personnes préfèrent vivre dans le luxe plutôt que de gagner leur vie dans un modeste manoir de campagne.

Elle eut un rire étranglé.

— Peut-être ne suis-je pas comme tout le monde, après tout. Je méprise le côté artificiel et hypocrite de l'aristocratie. Les grandes familles rivalisent cruellement pour étendre leur pouvoir par tous les moyens.

Elles vont jusqu'à mettre leurs filles aux enchères, pour les marier au plus offrant.

Un sanglot la fit taire. Richard voulut la réconforter, mais elle l'arrêta d'un geste.

— Allons, Meg... implora-t-il.

— Ça ne fait rien, trancha-t-elle. Comme je vous l'ai révélé précédemment, j'ai commis une faute grave aux yeux de ceux qui détenaient les clefs de mon avenir - mon père en particulier. Mais ce faisant, j'ai découvert l'amour sincère d'un homme qui m'aimait telle que je suis, et non pour la dot que ma famille voulait m'offrir. Le fait de me laisser séduire a eu des conséquences douloureuses, je ne saurais le nier, mais cela a également représenté le salut pour moi. Bref, je n'ai nulle envie de retrouver le monde d'autrefois. Jamais !

Il y eut un instant de silence, qu'elle rompit rapidement.

— Mais voilà qui nous amène à mon dilemme actuel, n'est-ce pas ? Je ne rentrerai pas à mon ancien domicile, mais je ne peux rester ici.

— C'est faux, Meg, rétorqua Richard avec ferveur. Vous pouvez demeurer ici aussi longtemps qu'il vous plaira, je veux que cela soit bien clair. J'ajouterais même que c'est mon plus vif espoir.

— Quoi ? s'exclama-t-elle, interloquée.

Elle s'avança, raide comme la justice, pour tenter de déchiffrer son expression malgré la nuit qui était à présent tombée.

— Eh oui ! murmura-t-il, gêné.

Il lui prit les mains et tressaillit au contact de ses paumes nues. Ce frôlement la fit elle aussi réagir.

Richard se dominait avec effort. Il poursuivit.

— Vous m'avez rendu un grand service en vous occupant d'Aliénor. Pour cela, je suis à jamais votre débiteur. Ce sera un honneur pour moi si vous considérez le manoir de Hawksley comme votre domicile, aussi longtemps que vous le désirerez... et un point de chute entre deux voyages, quand vous serez obligée d'en faire.

Les yeux de Margaret brillaient à la pâle lueur du clair de lune. Quelques étoiles scintillaient au-dessus de leurs têtes. Leurs souffles dégageaient des volutes de vapeur à cause de la température glaciale.

— Je suis bouleversée, Richard, dit-elle enfin d'une voix rauque.

Elle bougea un peu les doigts, et cette caresse fut pour Richard comme une décharge électrique qu'il ressentit jusqu'au bas de son ventre.

— Allons donc, ce n'est rien...

— Pour moi, c'est immense : les clefs d'un royaume, figurez-vous.

Les clefs de mon cœur, peut-être, se dit Richard.

Il avait failli parler à voix haute.

— Mais ce n'est pas tout, n'est-ce pas ? Je sens que vous avez autre chose à me dire, suggéra-t-elle d'une voix douce.

— Comme d'habitude, milady, vous avez une excellente intuition, murmura-t-il en lui lâchant la main.

En fait, il se sentait soulagé malgré le déplaisir qu'il avait de lui infliger une mauvaise nouvelle. Il était soulagé que cette conversation lui écarte un moment de l'esprit les images torrides qui l'obsédaient.

— De quoi s'agit-il ?

— La raison pour laquelle j'ai tenu à vous entretenir en particulier, répliqua-t-il d'un ton aussi affable que possible, c'est un ordre que j'ai reçu personnellement par écrit. Il figurait sur le parchemin que les messagers du roi m'ont apporté ce soir.

— La lettre du roi parle de moi ? demanda-t-elle en fronçant les sourcils.

— Oui, milady. C'est pour cela que je vous ai peut-être paru soucieux, sachant la peine que la nouvelle va vous causer.

Elle pâlit, mais ne fléchit pas. Sa force intérieure la tenait debout, calme et digne.

— Je suis convoquée à la cour avec vous, n'est-ce pas ? s'enquit-elle d'un ton neutre.

— Oui, milady. Je suis navré d'être le porteur de pareille nouvelle, étant donné que vous ne souhaitiez pas renouer avec votre passé, mais c'est exact. Dans sa lettre, le roi m'enjoint de vous escorter quand je rejoindrai la cour.

— J'imagine que le roi ne s'étend pas sur les motifs de sa décision ?

— En effet, il n'en dit mot.

Le visage de Meg s'assombrit tandis qu'elle mesurait les conséquences de cette situation nouvelle. Richard s'en voulait de lui causer une telle souffrance, et il porta le dernier coup rapidement, pour en finir.

— Le roi nous attend sous huitaine... juste à temps pour célébrer le mariage de son favori au château de Tunbridge.

9

La lune se coucha un peu avant l'aurore : déjà le ciel prenait de la couleur quand Meg renonça à dormir. Elle se glissa le plus doucement possible hors de sa chambre et descendit à la cuisine, la tête pleine de soucis. Le fait qu'elle soit convoquée à la cour n'augurait rien de bon.

Peut-être le jeune monarque éprouve-t-il le simple besoin d'affirmer son autorité ? chuchotait en elle une voix rassurante. À moins qu'il ne cherche, en ce début de règne, à montrer sa bienveillance en rappelant quelques personnes bannies pour gagner l'affection de ses sujets ?

Plus probablement, papa a trouvé un nouveau moyen pour se servir de moi et, par le jeu de son influence, est parvenu à me faire convoquer…

Cette perspective la glaçait plus que la fraîcheur du château. Elle n'était pas encore complètement habillée, car personne ne descendrait avant au moins une demi-heure. Donc, plutôt que de réveiller Elspeth et Rebecca en cherchant une toilette plus élégante pour la messe de funérailles d'Aliénor, elle avait juste enfilé une tunique de laine sur une ample chemise à manches longues de couleur bleu marine.

Telle était sa tenue habituelle pour travailler dans le potager du manoir ou dans les champs en compagnie des paysans qui s'étaient habitués à sa présence. À une époque, elle était toujours vêtue à la dernière mode mais, en réalité, elle se sentait bien plus à l'aise et en prise sur la vie dans ces vêtements de travail plutôt que dans les toilettes compliquées de la cour.

Tenant le lourd tissu de ses jupes, elle glissa en silence à côté des hommes endormis dans la grande salle. Adam dormait en chien de fusil à droite du foyer, tandis que Robert gisait à gauche, le bras étendu et la tête renversée. Aucun des deux ne ronflait. Comme Meg s'y était attendue, tout était calme et sombre.

Elle traversa la cuisine, glissant un regard oblique dans la minuscule alcôve où dormait Willa, rideaux tirés. La vieille femme n'allait pas tarder à s'éveiller à la lumière du jour. Elle commencerait alors les tâches de la journée, remuerait les braises dans l'âtre et ajouterait du bois.

La chaise sur laquelle Richard s'était assoupi la veille était toujours près de la cheminée. Le souvenir de son stupéfiant baiser était encore bien net : mieux valait ne pas l'évoquer trop longtemps.

Elle devait trouver un endroit pour se détendre un moment, de préférence à l'air frais pour chasser de son esprit les pensées qui l'avaient hantée toute la nuit.

Meg retira la barre qui fermait la porte de la cuisine donnant sur le jardin et les écuries. Elle allait en profiter pour cueillir quelques aromates pour les repas du jour. Elle aimait travailler à toute heure dans son petit potager, au milieu des odeurs des plantes. Et elle avait envie de regarder le soleil se lever.

Après quelques pas à l'extérieur, elle eut un frisson en apercevant quelqu'un debout contre le mur, de l'autre côté de la barrière du potager. Il ne faisait pas assez clair pour identifier cette personne. Étrange. Il était trop tôt pour que des serfs du village montent dans les jardins du manoir. D'ailleurs, personne du village ne travaillait cette parcelle, petite et consacrée aux seuls besoins du manoir. Les seuls qui aidaient parfois Meg, c'étaient soit Willa, soit un adolescent qu'elle gratifiait d'un penny pour l'aider à ramasser les carottes ou à sarcler le thym et la menthe. L'individu debout dans l'ombre était trop grand et trop fort pour être un enfant.

Elle s'empressa de saisir une bêche qu'elle avait laissée la veille appuyée contre la barrière des massifs de fleurs. Elle était bien à vingt pas du bâtiment, assez près en tout cas pour s'y réfugier si l'intrus la poursuivait. Elle n'hésiterait pas à appeler à grands cris si nécessaire.

L'aube était là. Meg recula prudemment, sans lâcher du regard l'ombre immobile. Pour ne pas perdre l'homme de vue, elle fit un léger détour. Elle posa ainsi le pied sur une branche brisée et il y eut un craquement de bois.

Meg se figea sur place en retenant un cri, le regard cloué sur l'homme et retenant son souffle. Elle brandit sa bêche comme une arme et retrouva son équilibre : elle s'attendait vaguement à ce qu'il lui saute dessus, maintenant qu'elle s'était trahie. Elle prit une profonde inspiration, prête à hurler de toutes ses forces.

Elle referma la bouche et, surprise, scruta de son mieux la silhouette près du mur.

L'homme n'avait pas bougé d'un poil.

Meg s'approcha lentement. L'aube s'affirmait de seconde en seconde. Un pas de plus et l'image de l'inconnu fut claire...

— Alors, vous êtes prête à le transformer en chair à pâté ?

La question avait été formulée à mi-voix, juste derrière elle. Elle se retourna brusquement, sachant tout de suite que c'était Richard. Il était debout entre elle et la maison, comme s'il était sorti dans la cour depuis quelques instants.

— Cela fait longtemps que vous êtes là ? demanda-t-elle d'une voix mal affermie.

Elle baissa lentement son instrument, espérant qu'il n'avait pas remarqué à quel point elle en serrait fort le manche.

— Assez longtemps pour comprendre que vous nourrissiez les pires intentions vis-à-vis de ce pauvre diable, se moqua Richard en désignant du menton l'épouvantail appuyé contre le mur. Triste fin pour un simple mannequin qui n'a jamais servi à grand-chose... C'est moi qui l'ai restauré hier soir, après l'avoir retiré du verger. Il faisait trop noir pour l'y remettre, une fois que j'ai eu fini.

— Drôle d'idée de faire pareil travail à une heure avancée de la nuit ! gronda Meg, contrariée de s'être ridiculisée.

Richard haussa vaguement les épaules et la débarrassa de sa bêche en désignant le potager.

— Il y a quelques jours, Matthew m'a parlé des problèmes qu'il rencontre dans le champ sud. J'ai pensé que ceci pourrait l'aider.

Ils s'approchèrent et Meg examina de près ce qu'elle avait pris pour un inconnu en arrivant dans le potager. L'épouvantail était parfaitement réalisé, elle devait le reconnaître. Mais son amour-propre lui interdisait de le dire à Richard.

La silhouette était celle d'un homme grand et costaud.

— Je dois admettre que cet engin a parfaitement joué son rôle, commenta-t-elle enfin d'un ton sec. Il m'a épouvantée !

— Je le regrette vivement, répondit Richard en plantant la bêche à côté de son œuvre. Je n'avais pas imaginé que quelqu'un se lèverait assez tôt pour le voir.

Il posa sur elle son regard chaleureux qui, comme à chaque fois, perçait toutes les défenses de Meg et éveillait en elle quelque chose de délicieusement vivant.

— Vous aviez des insomnies ?

Elle secoua la tête pour répondre par la négative, incapable de prononcer un mot car elle avait la gorge serrée. Il s'inquiétait d'elle. Elle eut brusquement envie de se pelotonner contre la vaste poitrine de Richard, et de l'entendre dire que tout irait bien.

— Moi aussi, je n'arrivais pas à dormir, autrement je ne serais pas ici avec vous et... notre ami, enchaîna-t-il de sa belle voix grave, capable d'exprimer en même temps humour, compréhension et sollicitude.

Il désigna l'épouvantail avec un sourire entendu, et Margaret finit par sourire.

Mais c'était une gaieté douce-amère, marquée par une onde de frustration et un désir lancinant qu'elle ne pouvait ignorer. Pour une raison qui lui était inconnue, Richard de Cantor avait trouvé le moyen de réveiller ses sens, à un degré parfois douloureux. Chaque fois qu'ils passaient un moment ensemble, elle mesurait à quel point c'était un homme complexe, doté de multiples facettes, dont la présence lui apporterait un immense réconfort et – pensée interdite s'il en fût – un immense plaisir par-dessus le marché. Cette évidence la perturbait.

Richard semblait conscient de l'émoi de Meg. Peut-être était-il lui-même troublé. C'était l'espoir secret de la jeune femme.

Il soupira et, sans mot dire, bascula la tête en arrière pour regarder le ciel s'éclairer.

Meg se mit elle aussi à observer le firmament, où les étoiles s'éteignaient une à une. À l'horizon apparaissaient des nuages roses, dont les bords étaient marqués d'un filet doré. Le spectacle était somptueux.

Elle eut un léger frisson, provoqué soit par la fraîcheur, soit par les émotions contradictoires qui la traversaient. Elle serra son châle autour de ses épaules.

— C'est beau, murmura Richard en posant les yeux sur elle. Mais vous avez froid.

Son regard avait quelque chose de fascinant et Meg frissonna de nouveau.

Sans un mot, il écarta lentement les bras, d'un geste qui l'invitait à venir partager la chaleur de sa cape. Elle hésita. D'un côté, elle ne désirait rien davantage qu'être tout contre lui ; d'un autre côté, elle se méfiait de sa propre réaction à son contact.

Une fois de plus, Richard semblait lire dans les pensées de Meg. Il insista :

— J'ai chaud, pas vous. Le fait de vous abriter sous ma cape présente une solution toute simple et innocente, si c'est cela que vous craignez. Je vous promets de faire un effort pour bien me conduire, contrairement à hier matin dans la cuisine, quand je vous ai embrassée.

— Et si je n'en ai pas envie ? demanda-t-elle avec un air de défi qui fit ciller Richard.

— Pas envie de quoi ?

— Que vous fassiez un effort pour bien vous conduire !

Elle passa la langue sur ses lèvres sèches. Voilà qu'elle se comportait avec un toupet qu'elle ne se connaissait guère !

— Et si j'avais envie, moi, que vous m'embrassiez ? rétorqua-t-il.

— Vraiment ?

Ces mots étaient lourds d'une promesse sensuelle qui la fit vaciller, comme si ses genoux allaient la lâcher.

— Je… je ne sais pas, ajouta-t-elle.

— Pourquoi ?

— Parce que j'ai peur. Parce que je crains que cela ne soit pas très convenable d'attendre ceci de vous, même si je sais bien qu'Aliénor et vous… enfin, vous étiez…

— Aliénor et moi n'étions mari et femme que sur le plan juridique depuis six ans, acheva-t-il sans la quitter de son regard passionné. Oui, sur ce point vous avez raison.

Il baissa les bras et s'approcha d'un pas, puis de deux. Ils ne se touchaient toujours pas, mais Meg croyait percevoir sa chaleur à travers ses vêtements.

— Figurez-vous, milady, que ce que je ressens pour vous ici et maintenant ne serait pas considéré comme convenable en société.

Il inclina la tête vers elle au point de presque lui toucher la bouche avec ses lèvres, mais il lui frôla la joue et s'arrêta près de l'oreille.

— Pourtant, je ressens quelque chose comme ça, acheva-t-il avec un soupir qui fit courir des frissons sur la nuque de Meg.

L'odeur du chevalier – des épices fumées – contrastant avec la fraîcheur environnante l'attirait de façon irrésistible. Le frôlement soyeux des cheveux de Richard sur sa joue aiguisait ses sens d'une façon presque insupportable. Elle parvint néanmoins à se tenir tranquille sous cet assaut d'érotisme, le cœur battant à se rompre et le souffle court. Elle n'avait qu'à tourner un peu la tête, elle le savait, et ses lèvres frôleraient la peau de Richard au bas de sa joue, jusqu'à ce qu'elle atteigne sa bouche et goûte au plaisir de ses lèvres…

Mais soudain il s'écarta, et le froid s'installa de nouveau entre eux, au point qu'elle eut un haut-le-corps.

Leurs regards se croisèrent. Richard semblait tendu comme un arc à l'instant de lâcher sa flèche. Il fermait les yeux et respirait avec effort, tout à la volonté de se maîtriser.

— Je souhaiterais vous faire comprendre quelque chose, milady, murmura-t-il en serrant les poings. Depuis des années, j'ai pris l'habitude de dominer mes penchants, en qualité non seulement de templier mais aussi de mari. Or je ne suis plus ni l'un ni l'autre. Et Dieu m'est témoin que je n'ai jamais été autant tenté qu'en cet instant. Sachez-le. Mais sachez aussi que vous n'avez rien à craindre de moi. Ce qu'il adviendra de nos relations dépend entièrement de vos désirs. Je vous en donne solennellement ma parole. Je serai patient.

Margaret garda le silence. L'on n'entendait que leurs respirations oppressées et le froissement de quelques feuilles mortes que la brise glaciale faisait tourbillonner autour du manoir et de ses dépendances.

— Merci, souffla-t-elle enfin, surprise d'arriver à articuler ces paroles. Je... je ne sais que dire...

— Inutile de parler, répondit-il en levant la main pour lui caresser doucement la lèvre inférieure avec le pouce.

Elle acquiesça d'un hochement de tête. Puis il baissa le bras et elle se sentit brusquement frustrée. Que n'avait-elle le courage d'obéir à ses émotions, et non à sa peur ! Mais ce n'était pas possible, pour le moment du moins.

— Les funérailles vont durer trois heures, elles seront suivies d'un banquet funèbre. Ensuite, selon le bon plaisir de Sa Majesté, nous devrons partir pour le château de Tunbridge sous huitaine. Préparez-vous pour ce voyage, Meg, et sachez que je serai à vos côtés si vous avez besoin de moi. Besoin, ou envie…

Sans laisser à Margaret le temps de répondre, il lui prit la main et la porta à ses lèvres. Il lui baisa les doigts avec une chaste douceur qui lui fit l'effet d'une brûlure. Puis, avec un sourire, il se redressa, fit demi-tour et marcha vers la maison.

Meg resta là, agitée par un tumulte de sentiments, dans la beauté radieuse du matin qui s'annonçait.

Richard s'arrêta dans l'ombre à la porte de la cuisine et observa la jeune femme. Elle n'avait pas bougé. Il admira son profil élégant, baigné par la lumière de l'aube couleur de perle. Elle semblait moins tendue qu'au moment où il était arrivé dans le potager : elle avait pris l'épouvantail pour un inconnu rôdant autour de leur demeure…

Allons, songea-t-il tristement, tout est pour le mieux. L'aveu qu'il avait fait de ses sentiments n'avait pas provoqué chez Margaret la peur que lui avait donnée l'épouvantail.

Un instant, il avait craint de ne pas parvenir à s'éloigner d'elle. Le fait de la quitter constituait un acte de bravoure plus difficile que d'affronter une armée de guerriers. Ils étaient si près l'un de l'autre qu'il avait senti la chaleur de Meg. Telle une abeille dans un champ de fleurs, il était irrésistiblement attiré par l'arôme exquis de sa chevelure. Quand il s'était penché tout près, il avait eu envie de la goûter. Il n'en pouvait plus du désir de la serrer dans ses bras…

Il poussa un grognement rauque et entra dans la cuisine, maudissant ces pensées, ces sensations qui le torturaient. Il se sentait humilié de réagir ainsi à la proximité physique de la jeune femme. Il avait beau conserver une sorte de sang-froid, il ne pouvait endiguer le désir physique qu'il avait d'elle.

Il ne lui avait pas menti. Depuis qu'il s'était enrôlé dans l'ordre du Temple, il n'avait jamais été tenté de la sorte. Ce n'étaient pourtant pas les occasions qui avaient manqué. En vérité, au cours de ses voyages en Orient, d'innombrables femmes s'étaient offertes à lui effrontément, sans le moindre respect pour le fait qu'il était, ne serait-ce que provisoirement, consacré à Dieu. Jamais il n'avait violé ses vœux. Certes, il n'était pas fait de pierre : il était un homme comme les autres et son corps aspirait à l'intimité et à l'accomplissement. Mais la méditation et les rigueurs de l'entraînement et du combat étaient parvenues à effacer ce besoin.

Avec Meg, ce genre de diversion était impossible. Elle l'obsédait. Chaque instant qu'ils avaient passé en tête à tête lui revenait inlassablement. Il craignait de devenir fou, à force de revoir tout le temps les mêmes images dans son esprit…

Aujourd'hui enfin, faisant fi de tout amour-propre, il lui avait dévoilé son attirance. Il avait eu besoin de tout l'empire qu'il avait sur lui-même pour ne pas l'embrasser de nouveau. Mais il savait que le moment finirait par venir – et le plus tôt serait le mieux, si cela ne dépendait que de lui.

Mais il tenait à attendre l'instant opportun. Il ne voulait pas d'un accident, comme la première fois. Leur prochain baiser, il le voulait inoubliable, comme un engagement pris en toute liberté.

Jusque-là, il était capable de se montrer patient. La vie dans l'ordre lui avait beaucoup appris sur lui-même. Sa récompense, il le savait, serait à la hauteur des efforts qu'il déploierait d'ici là.

Richard eut un dernier regard pour Meg, toujours debout dans le jardin sous la lumière pastel du matin. Il s'écarta de la porte et retourna dans son cagibi, pour y prendre un bain aussi glacé que possible.

10

Quelques jours plus tard, c'était la Toussaint. Richard se disait qu'il était le dernier des imbéciles. Quelle idée saugrenue de jurer à Meg qu'il se montrerait indéfiniment patient !

Depuis leur conversation, il ne songeait qu'à l'embrasser, à l'enlacer, à lui faire l'amour. Son esprit était obsédé par une foule d'images torrides qui l'envahissaient sans préavis. Cette bouche couleur cerise, si pleine et si douce... La senteur fleurie de sa chevelure... L'arôme grisant de sa peau... La façon dont elle se cambrerait dans ses bras, dont elle réagirait, une fois dépouillée de la barrière de velours et de lin qui les séparait...

Tout cela tissait autour de Richard des milliers de liens ténus comme de la soie.

Plusieurs fois, depuis leur rencontre dans le potager, ils avaient failli s'embrasser. La façon dont ils se regardaient n'était plus la même. Il y avait d'abord eu des coups d'œil furtifs, puis de longs regards de séduction. Pourtant, ce baiser ne venait pas.

Le premier jour, il n'avait pas eu grand mal à conserver les apparences de la gravité. Pendant toute la messe de funérailles d'Aliénor, les règles de la liturgie l'avaient obligé à bien se conduire. Mais ensuite, les jours et les heures s'étaient égrenés avec une lenteur suppliciante.

Il était comme un homme qui aurait été enfermé trop longtemps dans un cachot. Une fois le couvercle de sa prison fissuré, une fois retrouvé le goût de l'air frais, il ne songeait qu'à en absorber goulûment, à profiter de la lumière du jour.

Certes, les souffrances et la mort d'Aliénor provoquaient chez Richard une profonde tristesse. Mais cela faisait de longues années qu'il avait fait le deuil de son épouse. Après la tragédie qui lui avait volé Isabel, Aliénor l'avait quitté pour toujours. Au fil du temps, il s'était adapté à cette réalité, même s'il se sentait toujours responsable du drame.

Une fois achevée la période officielle de deuil, il constata qu'il se sentait surtout vide.

Vide et impatient de connaître de nouvelles sensations, des sensations que seule Meg pourrait lui procurer. Il se sentait un furieux appétit de bonheur, et un feu qu'il croyait définitivement éteint rugissait en lui.

Le résultat, c'est que depuis le matin il se sentait comme un fauve en cage.

Heureusement, en ce beau jour de Toussaint, les serfs affluaient dans la cour du manoir. Richard, faisant de son mieux pour maîtriser ses sentiments, décida de prendre un bain de foule. Il engagea la conversation avec l'un et l'autre, remercia ses bonnes gens pour leur dur travail en faveur du domaine durant les années de son absence.

Il fut accueilli avec froideur. Il avait droit à un certain respect en qualité de seigneur, mais certainement pas davantage.

Il espérait les faire changer d'avis avec le discours qu'il prononcerait à l'occasion de la fête.

— As-tu bien réfléchi, petit frère ? demanda Braedan en faisant allusion à cette fameuse annonce.

Le banquet avait été dressé en plein air pour que tout le monde puisse y prendre part, même ceux employés dans la préceptorie voisine.

Pour le moment, Braedan et Richard étaient assis seuls à la table d'honneur, réservée au seigneur et à sa famille. Richard avait demandé qu'on l'installât à l'extrémité de la cour car, bien qu'il fit frais, il préférait siéger au milieu des serfs et non à l'intérieur comme le faisaient beaucoup de nobles, à l'écart de la populace.

— Oui, tout est pesé, répondit Richard, adossé à son fauteuil, en observant les paysans qui se tenaient soigneusement à l'écart des templiers.

Parmi ceux-ci, nul chevalier. Certains cultivaient la terre, d'autres étaient sergents à la retraite, tel le frère Thomas qui venait de dire la grand-messe et se tenait debout au milieu du groupe de la préceptorie. En vérité, les serfs avaient peur des templiers.

Richard revint à Braedan.

— C'est la seule façon de rendre à ces gens confiance en moi. D'ailleurs, il m'incombe de veiller à ce que fermiers et métayers aient au moins de quoi se nourrir et, si possible, qu'ils parviennent à une certaine aisance. Je n'ai pas les moyens de les dédommager pour les cinq ans d'exploitation qu'ils viennent de subir, mais je puis faire un pas dans le bon sens avant mon départ pour Tunbridge, demain.

Richard savoura une gorgée de vin français dont on avait placé une coupe devant lui. Il salua d'un signe de tête Matthew, le chef du conseil du village, obligé de passer tout près de leur table pour contourner un attroupement. Quelques paysans dansaient déjà.

— Sait-il, demanda Braedan en désignant Matthew du regard, que tu as l'intention de le nommer régisseur ?

— Non. Je n'ai pris une décision définitive qu'hier soir. Mais je pense qu'il fera l'affaire.

— Et frère Thomas ? Sait-il qu'il va perdre sa situation ?

— Non plus. Mais il ne mérite pas mieux. Je vais le mettre au courant dans quelques instants, avant d'en informer l'ensemble du village.

Il vida sa coupe, la reposa sur la nappe et continua :

— Ayant appris ce que je sais maintenant, et observé la façon dont il se conduit avec mes gens, je ne puis blâmer Meg de se méfier du Temple.

— En tout cas, commenta Braedan avec l'air de ne pas y toucher, elle n'a pas l'air de beaucoup se méfier de toi.

Quand on parle du loup... À cet instant précis, Meg sortit de la dépense, Fiona sur les talons. Elles portaient toutes les deux des corbeilles pleines de pain, à distribuer à table. Elles vidèrent chacune leur corbeille en bavardant, rieuses, et repartirent comme elles étaient venues.

Richard faisait l'indifférent mais, chaque fois qu'il apercevait Meg, il avait l'impression de prendre feu.

— C'est exact, répliqua-t-il enfin. Mais je ne fais plus officiellement partie de l'ordre.

— Je ne pense pas que ce soit lié, rétorqua Braedan qui n'était pas né de la dernière pluie. Tu es aussi templier de cœur que le jour où tu as pour la première fois porté la croix pourpre.

Richard haussa les épaules. Tout ce qu'il venait de découvrir en lui – et en Meg – était trop nouveau pour qu'il en bavarde comme de la pluie et du beau temps, fût-ce avec son frère.

— Elle a beaucoup souffert, vois-tu, et notamment de l'ordre…

Des éclats de rire fusèrent, et Richard ne put retenir un sourire en apercevant de l'autre côté de la cour les enfants du village qui jouaient à colin-maillard. Quelques serfs se tournèrent vers lui, vaguement inquiets, comme s'il risquait d'interdire ces jeux innocents. Or, ils faisaient traditionnellement partie de tous les banquets.

C'est alors que Richard remarqua que frère Thomas, lui, faisait grise mine.

— Par le Ciel ! bougonna-t-il en se levant. Il ne peut donc pas laisser ces gens tranquilles, même aujourd'hui ?

— Pourquoi ne pas le prendre à part tout de suite, et lui annoncer ce qui l'attend ?

— Tu as raison. Je n'aurais pas été fâché de lui faire la surprise devant tous ceux sur le dos desquels il s'est enrichi. Mais je ne veux pas que l'on puisse me comparer à lui, de quelque façon que ce soit.

— De toute façon, rappela Braedan en se levant à son tour, il te restera la satisfaction de changer de régisseur. Ce plaisir-là n'a rien de répréhensible, tant que tu ne dépasses pas les bornes.

— Je vais faire de mon mieux pour ne pas avoir l'air trop réjoui, mais ce ne sera pas facile, répondit sèchement Richard.

— Bonne chance, lança Braedan en s'éloignant vers le manoir. Dès que j'aurai retrouvé mes enfants, j'essaierai de convaincre ma femme d'abandonner son travail un instant pour venir manger. Avec un peu de chance, ce sera avant ton discours. Autrement, tu me raconteras, dès que j'arriverai à te rejoindre à table.

Richard acquiesça, puis alla trouver frère Thomas pour lui annoncer sa décision.

— Ma parole, c'est la soupe à la grimace ! déclara Willa en surveillant par la porte de la cuisine frère Thomas, qui discutait avec Richard à l'écart des autres templiers.

La cuisinière était en train d'aider Fiona et Meg à préparer une deuxième marmite de compote de pommes, pour le banquet. Elle profita d'un instant de calme pour s'essuyer les mains avec un torchon, avant d'éventer sa figure rubiconde.

— Tel que je connais frère Thomas, répondit Fiona en jetant quelques épluchures dans une écuelle, il est tout le temps comme ça.

— Oui, renchérit Meg qui épluchait des fruits, je ne l'ai jamais vu d'humeur bien folichonne. En deux ans, il n'a souri qu'une fois : en percevant l'impôt d'une excellente récolte.

— Peut-être devrait-il vivre à la cour, ce serait plus intéressant, lança le fils aîné de Fiona, Adam, installé à la grande table.

Meg ne put s'empêcher d'admirer l'assurance et l'élégance du jeune homme ; elle sourit devant cette nouvelle tentative pour convaincre sa mère de l'emmener aux festivités du château de Tunbridge.

Fiona le foudroya du regard. Elle allait certainement se lancer pour la quatrième fois de la semaine dans une diatribe destinée à remettre l'adolescent à sa place.

Mais celui-ci se leva en riant.

— Je sais, je sais, maman… Il faut que j'arrête de te harceler, concéda-t-il avec un sourire ravageur. Pour le moment, je veux dire…

— Tu es incorrigible, Adam de Cantor, bougonna Fiona en souriant malgré elle.

— Il se peut. Mais qui ne demande rien n'a rien. Et tu sais bien, mère, que je suis capable d'user de tous mes charmes pour obtenir ce que je veux.

Il baissa la tête et la toisa d'un regard enjôleur.

— N'est-ce pas un don précieux, mère chérie, que de savoir charmer les femmes ?

De même que Richard s'était montré vivement troublé en apercevant Adam le premier soir, Fiona réagit violemment à cette taquinerie enfantine et à l'expression si séduisante qu'il venait d'adopter. Elle blêmit et ses yeux se voilèrent.

Adam la prit dans ses bras.

— Pardonne-moi, mère, de te témoigner si peu de considération. Je plaisantais, bien sûr. Ne veux-tu pas t'asseoir ?

— Non, ça va... Assez de bêtises ! Tiens ! ordonna-t-elle en lui tendant un pilon et un mortier plein d'aromates. Tant que tu es là, rends-toi un peu utile au lieu de rester les bras ballants.

Docile, il acquiesça et se mit à réduire en poudre les plantes odorantes.

Meg croisa le regard de Willa qui, comme elle-même l'autre soir, se posait des questions. Pourquoi ces réactions étranges autour d'Adam de Cantor ? En voyant l'émotion de Richard, Meg s'était dit que, ayant perdu de vue son neveu depuis des années, il avait été stupéfait de le retrouver presque adulte. Mais que dire de la propre mère d'Adam ? Ce ne pouvait être la même explication.

Meg se promit de tout tirer au clair le moment venu.

Willa prit l'écuelle pleine de pommes épluchées, la vida dans la marmite pendue à la crémaillère et déclara :

— Pour en revenir à frère Thomas... Si vous ne vous en êtes pas aperçues, nous ne sommes pas les meilleurs amis du monde. Je ne saurais dire ma satisfaction de voir sir Richard reprendre les choses en main.

Elle avait dit tout cela avec un air de conspiratrice. Meg sourit, sachant combien Willa adorait les cancans.

— Il y a cinq ans, au moment où Richard est parti, je m'étais dit qu'il ferait l'affaire, reconnut Fiona. Je me trompais.

— Vous étiez ici quand Richard a quitté Hawksley ? releva Meg.

La chose n'avait rien d'étonnant, bien sûr, mais Meg ignorait que Braedan et Fiona fussent passés au manoir à cette époque.

— Nous sommes arrivés peu après l'accident d'Aliénor, confirma Fiona, et la mort de la petite Isabel – qu'elle repose en paix. C'était dur de le voir s'enrôler si vite après cette tragédie. Mais il ne voulait pas en démordre. Dans d'autres circonstances, je suis sûre que le fait de confier la gestion d'un domaine à l'ordre aurait été bénéfique, mais, en l'espèce...

Elle n'en dit pas plus long, car elle se refusait à critiquer son beau-frère.

— En l'espèce, acheva Meg pour elle, les templiers ont exigé ce qu'ils demandent toujours : la moitié des avoirs de Hawksley, et la gestion de l'ensemble pendant l'absence du seigneur. C'est à cause de leur nature avide. Mais le comble, c'est de placer un hypocrite comme frère Thomas en situation d'exploiter des innocents, sans défense contre sa rapacité.

Un ange passa. Meg savait qu'elle avait outrepassé les bornes de la bienséance, mais elle ne le regrettait pas. Fiona la dévisagea en silence, tandis qu'Adam paraissait mal à l'aise.

Willa, qui s'y entendait pour alléger l'atmosphère, se leva de sa chaise et fit signe à Adam.

— Bon, eh bien, si vous pouviez me donner un coup de main, mon jeune sieur, cela m'arrangerait. Il faudrait porter dehors cette marmite de pommes, et elle est trop lourde pour moi. Auriez-vous la gentillesse... ?

— Mais certainement, répondit Adam en se levant d'un bond.

Il rafla au passage la serviette que Willa lui tendait pour éviter qu'il ne se brûle. Il empoigna l'anse et sortit dans la cour, sous un ciel à présent nuageux.

— On portera l'autre quand celle-ci sera vide. Et ce ne sera pas long, je parie, lança Willa en sortant. Ils mangent tous comme des ogres. Et touillez-moi celle qui est sur le feu, s'il vous plaît, mesdames !

Fiona et Meg étaient à présent seules dans la cuisine, emplie de bonnes odeurs.

Les échos du festin et des danses leur parvenaient de l'extérieur. Fiona finit de couper les pommes en tranches ; Meg sentait qu'elle la regardait sans cesse.

— Je vais être très franche avec vous, Meg. Je ne me vexerai pas si vous préférez éviter le sujet mais, depuis le peu de temps que nous nous connaissons, je me sens vis-à-vis de vous... des affinités, je dirais. J'aimerais avoir l'occasion de vous parler.

Meg rougit du compliment et confirma d'un hochement de tête qu'elle était heureuse de cette sympathie qui naissait entre elles.

— Mais voyons ! Je serai ravie de vous écouter, quoi que vous disiez, répliqua-t-elle d'un ton enjoué.

— Merci, dit Fiona en versant ses pommes dans la marmite. Votre vie n'a pas toujours été rose, mais vous avez surmonté vos épreuves. Vous en êtes sortie plus forte. Les difficultés forment le caractère, je suis bien placée pour le savoir. Mais les hommes comme Braedan et Richard rendent les drames de la vie plus faciles à supporter.

Meg, ne sachant que répondre, se tut.

— Naturellement, continua Fiona avec un sourire, je ne vais rien vous apprendre en vous disant que

Richard est quelqu'un de bien. C'est un homme fidèle et droit, capable de défendre jusqu'au bout ceux qu'il aime, outre la vérité et le bon droit. Je crois deviner qu'il vous est attaché.

Meg était gênée par le tour que prenait la conversation. Elle alla donner quelques tours de spatule à la compote de pommes.

— Il est vrai que nous nous comprenons. Néanmoins, avant son retour, j'ai eu sur son compte des pensées bien critiques. Je le tenais pour égoïste, autoritaire et cruel. Puis j'ai admis qu'en réalité... en fait, je me suis dit que... j'ai su qu'il était bon, parfaitement honorable et...

Ce n'était pas tout, mais elle était incapable d'expliciter davantage ses sentiments.

Sainte Mère de Dieu ! Elle était en train de tomber amoureuse de Richard.

Depuis quelque temps, elle en avait vaguement conscience, mais maintenant c'était clair. Néanmoins, il n'était pas question de s'en ouvrir à Fiona, car celle-ci était fine mouche et Meg ne pourrait dès lors plus rien lui cacher, surtout pas le délicieux émoi qui la chatouillait dès que Richard approchait d'elle. La jeune femme avait beau sembler très ouverte, Meg redoutait que, comme l'ensemble de la société, elle ne condamne les errances de son cœur.

Fiona continuait à la regarder d'un air à la fois songeur et pénétrant.

— Mais dites-moi... que pensez-vous *vraiment* de Richard ?

Meg espérait que grâce à la chaleur de la pièce, nourrie par les vapeurs épaisses dégagées par les marmites de compote, le rouge qui lui montait au visage ne se voyait pas trop.

— Eh bien... enfin... ou plutôt, je veux dire... bafouilla-t-elle, incapable de s'expliquer.

Elle toussota, affreusement gênée.

— Ça ne fait rien, la rassura Fiona. Je n'ai pas l'habitude de juger les gens. Je dirais même que je trouve votre sincérité hautement louable. En effet, j'ai vécu longtemps sous l'empire d'affreuses tromperies.

Et devant Meg stupéfaite, Fiona fit un brusque geste de la main, qui se voulait nonchalant.

— Ne vous inquiétez pas, poursuivit-elle, c'est une longue histoire. Mais une histoire qui finit bien, grâce à Braedan... et Richard, d'ailleurs. Enfin, ce n'est ni l'heure, ni le lieu pour en parler. Mais je vous assure que je ne vous critiquerai pas, quoi que vous jugiez bon de me confier.

Meg se sentait de plus en plus proche de cette femme. Elle avait la poignante certitude que, si elle avait connu Fiona plus tôt, cela l'aurait encouragée à se battre avec davantage de ténacité pour ce qu'elle considérait à l'époque comme la justice et la vérité.

Elle résolut donc d'être totalement sincère avec la belle-sœur de Richard.

— À dire vrai, je ne sais pas exactement quels sont mes sentiments vis-à-vis de Richard. Disons que... je ne lui veux que du bien. De plus... je me sens bien près de lui, précisa-t-elle timidement. Et j'ai compris qu'il n'est pas l'homme que je redoutais.

— Je suis heureuse que vous compreniez quel poids pèse sur ses épaules. Et j'espère qu'éventuellement, grâce aux épreuves que vous avez vous-même rencontrées, vous serez capable de l'aider, répondit Fiona en tapotant avec affection la main de Meg.

— Si je le puis, ce ne sera qu'un juste retour en échange de tout ce qu'il a fait pour moi.

Peu habituée à exposer ses sentiments intimes, elle n'en finissait pas de rougir. Fiona semblait ne s'apercevoir de rien.

— Oui, c'est un homme de bien, un cœur droit. Comme tous les Cantor que j'ai connus, d'ailleurs. Vous savez, Richard et Braedan descendent d'une longue lignée de magistrats nommés par le roi. Ils défendent le bon droit à tout prix.

— Oui, j'ai entendu parler de la famille à la cour, confirma Meg. Et j'ai clairement observé ces qualités chez Richard. C'est quelque chose que je trouve... C'est la première fois de ma vie que je rencontre un homme pour lequel le bon droit compte davantage que la faveur des puissants.

— Vous avez raison. Richard ne prend jamais rien à la légère. Quand je l'ai connu, il avait quinze ans et il faisait tout à fond, sans demi-mesure.

Meg se mordit la joue pour écarter de sa pensée la façon dont Richard lui avait juré d'attendre avec patience leur prochain baiser. Une chaleur sensuelle lui étreignait le ventre à la mémoire des jours qui avaient suivi. Leurs regards complices quoique innocents, les rares occasions où leurs mains se touchaient un instant, où ils se frôlaient en se croisant dans un couloir. Mais Richard avait tenu parole : ils ne s'étaient pas embrassés et ne le feraient que lorsqu'elle aurait montré sans équivoque qu'elle était prête. D'ailleurs, elle se demandait pourquoi elle ne l'avait pas montré...

Troublée, Meg finit par répondre.

— J'ai remarqué que Richard est capable de sentiments très profonds.

— C'est la raison pour laquelle Braedan et moi avons regretté de ne pas l'avoir mis davantage en garde pour Adam. Nous nous sommes montrés bien légers, après ce qui s'est passé jadis et tout ce qu'il a fait pour nous...

Fiona s'arrêta en remarquant que Meg ne saisissait pas.

— Ah, ajouta-t-elle avec une triste moue. J'ai l'impression que Richard ne vous a pas expliqué les raisons de son trouble devant mon fils aîné.

— Non, effectivement, répliqua Meg avec douceur. Enfin, il m'a dit qu'il aimerait m'en parler le moment venu. Mais bien sûr, cette affaire m'intrigue, je l'avoue.

— C'est une sombre histoire, assurément. Et compliquée, avec ça. Mais autant que vous soyez au courant : vous comprendrez mieux comment Richard est devenu l'homme qu'il est aujourd'hui.

Meg rougit encore un peu plus.

— Peut-être l'instant est-il mal choisi, car nos voraces amis dans la cour risquent d'avoir de la compote brûlée. Ce soir, peut-être, quand les enfants seront couchés, nous pourrons reprendre...

— Reprendre quoi ? intervint Braedan en glissant la tête dans l'embrasure de la porte. Mmm ! Que ça sent bon ! On a envie de tout manger.

— Tant mieux, mon amour, répondit Fiona en lui assenant gentiment un coup de torchon. C'est bien pour cela que nous faisons la cuisine.

Braedan eut un rire joyeux et entra dans la pièce, s'inclinant devant Meg. Elle alla rejoindre Fiona devant l'âtre pour décrocher la marmite de la crémaillère.

— Allons, laissez-moi faire, intima Braedan en déchargeant les deux femmes. Je suis venu te chercher, ma femme, pour te demander de quitter cette cuisine et de venir manger avec nous. Et vous aussi, milady, ce n'est pas votre place ici. Arrêtez de travailler et venez vous reposer.

— Mais chéri, protesta Fiona, je ne peux pas laisser tout cela en désordre...

Des acclamations fusèrent dans la cour et tous se tournèrent vers la porte. Un instant plus tard, James accourut et annonça la grande nouvelle.

— Sir Richard a nommé Matthieu régisseur de Hawksley en remplacement de frère Thomas. Et il a promis de partager les provisions du manoir entre les serfs avant son départ !

Ravie, Meg éclata de rire. James, tout sourire, se fendit d'un salut militaire et détala.

— Incroyable, murmura Meg. Sûr qu'avec ce coup d'éclat, il s'est fait un ennemi du frère Thomas – et même de la préceptorie. Mais il a tenu sa promesse de soulager les paysans.

— Quel frère j'ai ! s'exclama Braedan, admiratif. Quand il était petit déjà, il ne s'écartait jamais de son devoir. Quels que soient les risques que cela comportait. Allons le féliciter, mesdames.

— Excellente idée ! lança Fiona. Mais d'abord, il faut que je nettoie.

— Non, je m'en occupe, suggéra Meg. Je n'en ai que pour quelques minutes, inutile de vous retarder. Allez avec votre mari et je vous rejoins très vite, c'est promis.

— Vraiment ? s'enquit Fiona, un peu gênée.

— Mais oui ! Allez-y et profitez bien.

L'heureuse décision de Richard la rendait toute guillerette.

— Gardez-moi juste une cuillerée de compote, que j'y goûte.

— On va essayer, promit Braedan en entraînant Fiona vers la porte. Mais étant donné l'humeur des convives, cela ne sera pas facile…

Radieuse, Meg se mit en devoir de nettoyer les ustensiles. Ce ne serait pas long et, au fond, elle était contente de ces quelques instants de solitude. Il lui fallait mettre de l'ordre dans ses pensées et dans son cœur, car tout bougeait depuis quelques semaines. Surtout à propos de Richard et de la façon dont elle le percevait.

En tout cas, elle était fière qu'il ait veillé à ce que justice soit faite.

Elle débarrassa la table et la frotta avec un linge imbibé d'eau savonneuse. Cela fait, elle pourrait rejoindre les autres et montrer à Richard combien elle estimait son action en faveur des serfs. Elle se voyait déjà au moment de l'approcher... Elle s'arrêta un instant de frotter pour fermer les yeux et réfléchir à ce qu'elle lui dirait.

Soudain, une voix furieuse l'arracha à ses pensées.

— J'aurais dû me douter que vous étiez derrière tout ça, Jézabel ! Il va falloir que vous répariez ce que vous avez détruit, ou il va vous en coûter cher !

11

Meg se retourna d'un bond. Elle porta la main à sa gorge et eut un haut-le-corps, emplie d'horreur.

C'était le frère Thomas. Hideux de fureur et de méchanceté, il s'approchait d'elle à pas lents.

— Que faites-vous ici ? demanda Meg en commençant à reculer.

Elle s'arrêta aussitôt, refusant de céder un centimètre devant cet individu.

— Je n'ai pas eu affaire avec vous depuis plusieurs semaines et je souhaite que cela continue.

— D'accord, mais vous avez eu pas mal affaire avec sir Richard, non ? Vous l'avez séduit, vous vous êtes offerte à lui comme à l'homme dont vous vous êtes servie il y a plusieurs années. Et cette fois, vous vous êtes donnée à prix d'argent, car les bontés que vous avez eues pour sir Richard n'ont pas été sans récompense.

— J'ignore de quoi vous parlez, rétorqua Meg d'une voix grave en blêmissant.

Le frère Thomas était un pervers, obsédé depuis toujours par le côté charnel de l'ancienne faute de Meg. Mais cette fois-ci, ses insinuations avaient une certaine portée, étant donné les sentiments que la jeune femme nourrissait à l'endroit de Richard. Pourtant, frère Thomas ne pouvait être au courant.

— Si, vous le savez parfaitement, vile pécheresse, tentatrice ! murmura-t-il en la toisant de façon menaçante.

Il n'était ni très grand ni très bien bâti, mais assez jeune pour avoir encore des muscles. Et il avait quand même une tête de plus qu'elle. Brusquement, le souvenir revint à Meg des nombreuses flagellations qu'il lui avait administrées. Elle reconnaissait son odeur d'ail et de sueur. Cette proximité physique lui donnait la nausée.

Elle refusait de se laisser intimider mais elle n'était pas idiote. C'était un homme, après tout, beaucoup plus fort qu'elle, et il avait prouvé son absence de scrupules à lui faire violence, surtout au nom de la précieuse discipline, source de perfection spirituelle. Pour le moment, ils étaient tous les deux seuls dans la pièce, et elle était piégée.

— Oui, vous le savez bien, répéta-t-il d'une voix chargée de colère. Alors vous allez vous servir de vos immenses charmes pour qu'on me rende ma charge de régisseur, ou bien vous me le payerez.

Elle adopta un ton glacial.

— Je n'ai jamais tenté sir Richard, pas plus que je ne me suis offerte à lui pour quelque raison que ce soit. En outre, et vous le savez bien, je n'ai pas voix au chapitre en ce qui concerne la gestion de Hawksley. Bref, j'ignore de quoi vous voulez parler.

Le frère Thomas leva le bras – elle craignit un instant qu'il ne la frappât – et l'empoigna par les cheveux.

Elle tenta de se dégager mais il avait une poigne solide et la fit tenir tranquille d'une secousse, qui mit les larmes aux yeux de Meg. Elle se résigna à rester immobile, haletante et le cœur en folie.

Alors ce fut l'horreur. Glacée de stupéfaction, elle entrevit une abomination qu'elle n'avait pas imaginée, ne serait-ce qu'un instant.

Le moine la dévisageait d'un œil porcin, en lui soufflant dans la figure son haleine fétide...

Le frère Thomas la voulait comme un homme veut une femme, comprit-elle. Depuis le début. Il ne souhaitait pas guérir son âme, mais profiter de son corps. Une nausée la prit.

Il baissa les yeux sur la poitrine de Meg, qui s'en voulait de ne pouvoir maîtriser sa respiration. Ses seins montaient et descendaient au rythme de son affolement, ce qui paraissait fasciner le moine.

Elle eut comme un râle de terreur : ce qui l'attendait était pire que la plus dure des punitions. Au moindre geste, elle se battrait comme une tigresse, quitte à se faire écraser par cette brute.

— Lâchez-moi, et je ne dirai rien à personne, promit-elle d'une voix étranglée.

— Non, milady. Vous avez déjà parlé, et je vais me dédommager en nature.

Elle fut secouée d'un spasme de dégoût et lança une dernière menace.

— Si vous ne me lâchez pas, frère Thomas, je crie !

— Je saurai bien t'en empêcher, souffla-t-il, ironique, en caressant sa chevelure soyeuse. Et je te jure que tu passeras un mauvais quart d'heure. Fais ce que je te demande... dévoile pour moi les trésors que Dieu t'a donnés... et tu ne le regretteras pas.

— Jamais ! cria Meg.

Du bout des doigts, elle cherchait derrière elle sur la table un objet quelconque pour le frapper. Mais elle n'en trouva pas.

— Pas de blague, petite, aboya frère Thomas en plaquant une main sur sa hanche. Tu me tentes de façon ignoble depuis deux ans, mais aujourd'hui, c'en est trop. Tu ne te moqueras pas de moi une fois de plus !

Il la bloquait contre la table et Meg, à demi renversée en arrière, comprit qu'il allait la prendre de force, au milieu de la cuisine.

— Laissez-moi ! gémit-elle plus fort en le repoussant, et en levant le genou pour se dégager. Vous n'avez pas le droit. Quelqu'un va venir. Vous vous rendez compte, si on nous trouve comme ça...

Il y eut un bruit derrière eux, et quelques mouvements brutaux. Soudain, le frère Thomas fut arraché d'elle. Elle se redressa, saisie de vertige, et entendit le son clair d'une lame quittant son fourreau.

C'était Richard, brandissant son épée tel un ange exterminateur. Il saisit le frère Thomas par le froc et le projeta contre le mur en face.

Le moine grogna sous le choc, et s'effondra. Il leva le bras tandis que Richard bondissait sur lui et posait la pointe de son épée contre son cœur.

C'était la première fois que Meg voyait en Richard le guerrier terrible dont tout le monde lui avait parlé lors de son arrivée à Hawksley. Il était là debout dans sa fureur redoutable, tout à l'objet de sa rage.

— Pitié ! Pitié ! couina le frère Thomas, terrifié.

Il joignait ses grosses mains tremblantes, et son regard affolé allait de Richard à Meg, ne sachant comment échapper à la lame miroitante qui s'apprêtait à le transpercer.

— Vous ne méritez pas la pitié, gronda Richard d'une voix grave. J'ai tout vu.

— En qualité de templier, vous n'avez pas le droit de lever votre arme contre moi ! Ce n'est pas dans nos règles.

— La fornication non plus, rétorqua Richard. Vous étiez bel et bien sur le point de contraindre une femme qui vous résistait.

— Non, non ! Vous n'avez pas compris, sir Richard ! implora Thomas en se mettant à genoux. J'essayais seulement de... de... de...

— Meg ! s'exclama Richard en interrompant frère Thomas, sans le quitter des yeux. Me suis-je mépris ?

Meg, affolée, considéra tour à tour le piteux frère Thomas et l'expression implacable de Richard. Il fallait qu'elle mesure sa réponse : la vie d'un homme – aussi vil soit-il – était entre ses mains.

— Le tuerez-vous si je dis non ? demanda-t-elle.

— Oui.

Frère Thomas eut un jappement bref, puis il ouvrit la bouche et la referma plusieurs fois sans proférer un son. Son visage tourna au gris, ses yeux se révulsèrent et il s'effondra de tout son long.

— Par le Ciel ! Est-il mort ? s'écria Meg.

— Non, nous n'avons pas cette chance, bougonna Richard en se détendant.

Avec un soupir, il remit son arme au fourreau et, de la pointe de sa botte, tourna la tête du moine qui gisait sur le dallage.

— Ce lâche a tout bonnement perdu connaissance.

— Je vois, répondit Meg en portant à ses lèvres ses mains tremblantes, les yeux écarquillés.

Le frère Thomas s'était évanoui de peur. Il n'était pas mort et c'était tant mieux : elle le détestait, certes, mais de là à causer sa mort... Elle aurait porté ensuite le fardeau de ce remords.

Elle fut ramenée à la réalité par un grognement dégoûté de Richard.

— Que les saints nous gardent ! Il fait sous lui...

Effectivement, une flaque de liquide s'étendait autour du moine inconscient.

Quelle humiliation ! Bien méritée, d'ailleurs.

Richard traîna le frère Thomas dans la cour et la jeune femme fut prise à nouveau de tremblements.

C'était le contrecoup du terrible danger auquel elle venait d'échapper. Ce tremblement lui envahissait le ventre, se muait en spasme, remontait vers la gorge. Elle fut prise d'une sorte de rire hystérique, comme si elle basculait dans la folie.

Elle sentit sa respiration se bloquer. Des larmes jaillirent de ses yeux. Elle se prit le visage à deux mains, mais rien n'y fit : elle tremblait et tremblait de plus en plus fort.

Soudain, elle éclata en sanglots. Des sons douloureux lui sortaient de la gorge. Elle savait simplement qu'elle pleurait toutes les larmes de son corps, elle était perdue, à la dérive…

Doucement, les bras de Richard l'enlacèrent, l'attirèrent contre lui, la serrèrent contre sa poitrine et se mirent à la bercer dans l'écrin de leur robuste chaleur. C'était fort et léger à la fois, c'était merveilleux, et la douleur peu à peu se retira, le monde reprit sa place et elle fut capable de rouvrir les paupières.

Elle se sentait brûlante, fiévreuse. Elle referma les yeux, simplement pour écouter le battement régulier de son cœur sous son oreille. Elle s'accrochait à Richard et respirait son odeur réconfortante.

— Là, là… murmura-t-il en lui caressant la joue avec une tendresse qui la fit défaillir. C'est fini maintenant, vous n'avez plus rien à craindre.

— Je suis… désolée, hoqueta-t-elle, secouée par quelques derniers sanglots. Je ne sais pas ce qui m'a pris.

— Ce porc ne vous ennuiera plus. Il mériterait la mort.

Elle croisa son regard, toujours pelotonnée contre lui, plongeant dans ses beaux yeux vert et or.

— Non. Je le méprise, mais je ne veux pas sa mort. J'ai cru un instant que vous alliez l'embrocher pour de bon. Ensuite, j'ai supposé qu'il avait eu une attaque et...

— Chut... Taisez-vous, milady, murmura-t-il en l'attirant de nouveau tout contre lui, pour lui caresser la nuque et le dos. Je sais ce que vous éprouvez, je le comprends.

Elle garda le silence un moment, goûtant le bonheur de rester tranquille dans les bras de Richard. Restait une question dont elle voulait à tout prix avoir la réponse.

— Richard, vous l'auriez vraiment tué ?

Il prit une profonde inspiration.

— Quand je l'ai surpris à vous menacer de façon si vile, j'ai failli l'embrocher sans poser de question. Par chance pour lui, j'ai été formé à me fier davantage à la logique qu'aux émotions. En outre, il était désarmé. Donc, je ne l'aurais sans doute pas tué. Mais il n'est pas nécessaire qu'il le sache.

— Merci de m'avoir répondu, soupira-t-elle.

Il lui prit alors le visage entre les paumes, et lui leva la tête pour scruter ses yeux. Avec quelle intensité il la regardait !

— Mais je voudrais être clair, Meg. Si frère Thomas vous avait violée, il aurait eu beau être désarmé, et même templier... il ne serait plus qu'un cadavre à présent.

— Je... je comprends, murmura-t-elle.

— Bref, conclut-il en effaçant du pouce ses dernières larmes, le gaillard est bien vivant, quelques frères s'en occupent dans la cour et il fera l'objet de tous les cancans du village cette semaine. En quelque sorte, justice sera faite, finalement.

Meg plaqua la main devant sa bouche, encore tout ébranlée par ce qui venait de se passer. Le châtiment était parfait pour mortifier la vanité de frère Thomas, et plus approprié d'ailleurs que la mort, étant donné

– Dieu merci – qu'il n'avait pas eu le temps de l'agresser.

— Que va-t-il advenir de lui ? s'enquit-elle.

— Les autres frères vont signaler ses forfaits au grand maître d'Angleterre, William de la More, et il sera châtié selon nos règles. Pour le moment, ils vont l'escorter à la préceptorie, et le garderont enfermé jusqu'à son interrogatoire par une haute autorité du Temple.

Meg soupira, soulagée, épuisée et tellement reconnaissante envers Richard. Elle faillit éclater en sanglots de nouveau.

— Je me demande ce que j'aurais fait si vous n'étiez pas arrivé au bon moment, dit-elle en frissonnant. Je voudrais vous remercier pour cela, et pour le reste…

— Laissez, laissez, répondit Richard, d'un ton enroué qui fit chavirer le cœur de Meg. Je déplore de n'être pas arrivé plus tôt. S'il ne tenait qu'à moi, milady, vous ne seriez entourée que de beauté et de bienveillance.

Il l'enveloppait de son regard intense et chaleureux : Meg n'aspirait qu'à se laisser glisser dans ces sentiments brûlants, grisants qu'il exprimait.

Aucun mot ne fut prononcé, mais elle se contenta de lever le menton : le moment était enfin venu. L'interminable attente qui se prolongeait depuis des jours touchait à sa fin.

Elle sentit qu'il lui effleurait la nuque, qu'il plongeait des doigts caressants dans ses cheveux. Avec un gémissement timide, elle croisa le regard du chevalier. Leurs yeux se parlaient, une lueur d'une intense sensualité filtrait à travers ses longs cils. Il lui inclina la tête en arrière et prit possession de sa bouche.

Elle se laissa aller, grisée par l'assaut des sensations. Une onde de pur désir gonfla en elle, impérieuse. La tension délicieuse qui lui crispait le ventre se fit plus pressante, comme la chaleur entre ses cuisses, tandis qu'il laissait glisser la main dans le dos de Meg.

Soudain, elle sentit sa paume se poser fermement sur ses fesses et la plaquer contre lui. Cette partie d'elle qui la faisait souffrir de façon exquise s'appuya fermement contre le membre dressé du chevalier.

— Alors, tout le monde va bien ? lança joyeusement Braedan en faisant irruption dans la pièce.

Meg s'écarta brusquement, et Richard eut un grondement frustré.

— Meg, ma chérie ! Pardon, pardon de vous avoir laissée seule ! Vous n'avez rien ? s'exclama Fiona, entrée avec son mari.

Meg les regardait d'un air passablement égaré, honteuse d'avoir été prise en flagrant délit. Elle se lissa les cheveux et tenta de reprendre contenance malgré la tornade qui la secouait.

Richard s'était tourné vers son frère et sa belle-sœur. Il avait toujours la main sur les reins de Meg.

— Tout va bien, répondit-il d'une voix vaguement étranglée, tout en poussant Meg vers Fiona qui lui ouvrait les bras. Il n'y a aucun dommage, Dieu merci.

— Excepté leur amour-propre, précisa Braedan en désignant de la tête la porte ouverte.

Les frères templiers emportaient frère Thomas au milieu d'un cercle de paysans qui échangeaient des commentaires à voix basse. La nouvelle de l'humiliation de leur régisseur détesté se répandait comme une traînée de poudre.

— Il méritait certainement cette souillure à son honneur – et pire, ajouta Fiona, révoltée.

Elle papillonnait autour de Meg comme une mère poule autour d'un poussin blessé.

— Mais Richard a raison : tout est bien qui finit bien.

Braedan administrait à son frère une claque sur l'épaule quand Adam et Elspeth accoururent dans la cuisine, suivis de Robert et des autres enfants. Seul le petit Henry dormait sous la surveillance de Willa. Tous les autres étaient curieux de savoir ce qui venait de se passer.

Dans les minutes qui suivirent, plusieurs domestiques vinrent à la porte s'assurer que personne n'avait besoin d'eux.

Le tumulte se calma. Fiona renvoya les enfants et fit savoir à la ronde que chacun pouvait reprendre ses occupations. Seuls restèrent dans la pièce Margaret, Richard, Braedan et Matthew, le nouveau régisseur.

— Vous êtes sûre, Meg, que nous ne pouvons plus rien faire pour vous ? demanda Matthew, le béret à la main. Ma femme serait ravie de vous apporter un verre de lait chaud, si cela vous tente.

— Non, Matthew, ça va aller, je vous assure. J'ai eu peur mais, grâce à sir Richard, aucun mal.

Matthew s'inclina devant Richard avec une déférence admirative, puis ajouta :

— Vous vous êtes montré généreux aujourd'hui, messire, non seulement pour Meg mais pour nous tous. Je jure de vous servir honorablement, du mieux que je pourrai.

— Je n'en doute pas, Matthew, répliqua Richard en posant la main sur son épaule. Je suis sûr d'avoir choisi aujourd'hui quelqu'un de plus qualifié qu'il y a cinq ans. Nous avons beaucoup à nous dire avant mon départ pour Tunbridge. Je passerai chez vous ce soir.

— Très bien, messire, murmura Matthew en s'inclinant de nouveau. Je vais redescendre au village avec les autres et vous laisser en famille. Merci de nouveau, messire.

Une fois Matthew parti, Richard se passa la main dans les cheveux et poussa un long soupir.

— Je ne serais pas fâché d'être un peu tranquille, à présent... dit-il à Meg et Braedan. Depuis quelques semaines, les événements se suivent à une cadence accélérée.

— Tant mieux si nous pouvons goûter ne serait-ce qu'une soirée tranquille, pour que tu puisses préparer ton départ vers Tunbridge, renchérit Braedan.

Meg se rencogna dans son fauteuil, ferma les yeux un instant et soupira.

— Je n'aurais jamais cru devoir un jour souhaiter une soirée parfaitement tranquille mais, honnêtement, c'est ce que je désire aujourd'hui...

Leur conversation fut interrompue par un bruit de pas précipités dans la cour.

— Je comprends votre sentiment, milady, déclara Adam en apparaissant sur le seuil, mais j'ai le pénible devoir de vous informer que la tranquillité à laquelle vous aspirez devra attendre.

Adam fit une petite courbette en entrant : il semblait soucieux, porteur qu'il était d'une nouvelle importante.

— Qu'y a-t-il, mon fils ? demanda Braedan.

— On vient de découvrir dans le champ sud un homme inconscient, papa. Il est grand, barbu et très pâle. Et sous sa cape, il porte un surcot blanc, frappé de la croix des templiers.

12

Richard fit monter le blessé dans la grande chambre, et on l'installa aussi confortablement que possible sur une paillasse improvisée, fournie par Willa. C'était l'un des chevaliers qui s'étaient enfuis de France en même temps que lui, le jour de la rafle, John de Clifton. L'homme était mal en point, et incapable de parler pour le moment.

Meg laissa Richard lui retirer ses vêtements souillés de sang, et baigner les plaies qu'il portait à la jambe et au côté. Elle descendit aider Willa à réunir les simples réclamés par Richard. On fit bouillir de l'eau, on prit dans la marmite un bol de bouillon. Si John arrivait à en boire, cela lui donnerait peut-être la force de raconter ses aventures.

La jeune femme revint dans la chambre avec une bassine d'eau parfumée. John semblait en meilleur état, mais il avait encore les yeux fermés et gisait sur sa paillasse près du feu, appuyé contre un gros traversin et enveloppé dans une couverture.

Attendant les ordres de Richard, elle observa le templier.

John était grand, élancé et musclé. Il avait la peau plus claire que Richard, et le torse couvert de poils bouclés couleur de sable. Ses cheveux étaient blond vénitien.

Il portait une barbe impressionnante, qu'il était grand temps de tailler.

À cet instant, Willa entra dans la pièce avec une écuelle de potage et une poignée de plantes séchées. Elle rougit brusquement car leur hôte était nu, et resta debout en attendant qu'on lui dise ce qu'elle devait faire.

— Merci, Willa. Tu peux te retirer si Meg est disposée à me seconder, déclara Richard en prenant ce que la servante venait d'apporter.

Meg acquiesça et Willa, soulagée, s'éclipsa.

En entendant la voix de Richard, John reprit vaguement conscience et eut un grognement, comme s'il cherchait à se lever.

— Tiens-toi tranquille, ordonna Richard alors que Meg s'agenouillait de l'autre côté pour l'aider à soulever le blessé sur son oreiller. Tu n'as pas besoin de bouger tant que je ne te le demanderai pas.

— Richard...

John avait prononcé ce nom d'une voix faible, et il entrouvrit les paupières, découvrant d'abord le chevalier, puis la jeune femme.

— On dirait que je suis enfin à Hawksley.

Il était épuisé, et souffrait : cela s'entendait. Il déglutit avec effort et Richard porta à ses lèvres une tasse d'eau fraîche. Puis il se mit à préparer l'onguent et les bandages.

— Inutile de parler, John. Tu es effectivement à Hawksley, et tu as rencontré pas mal de difficultés, on dirait. Nous en parlerons plus tard, une fois que j'aurai pansé tes blessures.

Richard commença à piler les simples. Il saisit la carafe de vin et en versa quelques gouttes dans son mortier.

— Avez-vous encore soif ? demanda Meg à John.

Il acquiesça faiblement d'un signe de tête, et prit la main de Meg quand celle-ci porta la tasse à ses lèvres.

— Merci, milady, murmura-t-il. Je suis heureux de voir que vous allez mieux. Richard m'a parlé de votre maladie...

— Non, ce n'est pas moi, commença-t-elle, embarrassée.

— La dame qui te soigne s'appelle Meg, c'est une cousine par alliance. Avec elle, tu es en de bonnes mains.

Richard reprit la carafe d'eau et, quand il frôla la main de Meg, celle-ci s'empourpra et son cœur s'emballa.

— Quant à Aliénor, poursuivit Richard, elle nous a quittés. Elle repose en paix à présent, elle ne souffre plus.

— Toutes mes condoléances, souffla John avant de refermer les yeux.

— Repose-toi, mon vieux. Garde tes forces, conseilla Richard en retirant une compresse qu'il avait posée sur l'estafilade de quinze centimètres que John portait à la poitrine. Il me faut d'autres herbes, si tu veux un jour être de nouveau capable de te battre...

— Prends ton temps, rétorqua John avec un faible sourire. J'ai eu ma dose de combats pour un bon moment.

Richard et Meg sourirent car, si John avait le courage de plaisanter, cela indiquait que ses chances de guérison étaient certaines.

Toutefois, elle était bouleversée que le jeune homme l'ait prise pour Aliénor.

La remarque de John, aussi innocente qu'inattendue, avait mis en lumière une réalité qu'elle occultait depuis qu'elle avait fait la connaissance de Richard.

Elle était attirée par le mari de sa cousine. Cette vérité la frappa de plein fouet et une envie irraisonnée la prit de fuir à toutes jambes cette pièce. Le fait de tomber amoureuse de Richard était la pire chose qui pouvait lui arriver.

Elle avait laissé se développer des sentiments qui n'étaient validés ni par le mariage, ni par des fiançailles. Une fois de plus, elle allait à contre-courant de tous les usages. Il y avait en principe une période de deuil à respecter pour Aliénor, période pendant laquelle Richard n'était pas censé avoir la moindre relation avec les femmes en général, et surtout pas avec la fille d'un comte tombée en disgrâce aux yeux de toute la société et désavouée par sa propre famille.

Dans le secret de son cœur, Meg était convaincue que Richard lui appartenait. Elle le trouvait follement séduisant. Pire, elle le désirait d'une façon insensée, elle qui n'avait ni famille, ni dot, ni le moindre espoir de mariage avec qui que ce soit.

Cette pensée la transperça comme un coup de poignard, et elle se sentit complètement égarée.

Ainsi, elle était disposée à se lancer avec Richard dans le même type de relation qu'elle avait eue avec Alexandre : une liaison illégitime. Avec son cortège de douleurs, d'erreurs et, éventuellement, de conséquences désastreuses...

Les larmes lui montèrent aux yeux. Elle aurait voulu hurler de rage car, depuis longtemps, elle se cachait à elle-même cette vérité. Elle avait décidé d'étouffer les protestations de sa conscience. Elle s'était abandonnée à une admiration éperdue pour cet homme d'exception qu'était Richard, et qui lui rendait son affection en retour.

— Bon, lança Richard en se redressant pour s'accroupir, voilà qui est un bon début. Maintenant, repose-toi pendant que je vais quérir ce qu'il nous faut pour la suite des soins.

Inconscient de l'agitation de Meg, il se leva et fit signe à la jeune femme de le rejoindre à l'écart du feu, sous la voûte de la porte.

— Ses blessures sont sérieuses, expliqua-t-il, et il est nécessaire de les recoudre. Il me faudra du fil solide et une aiguille dès que j'aurai fini de nettoyer les plaies.

— J'ai tout ce qu'il faut dans ma boîte à ouvrage, répondit Meg d'une voix altérée.

Il la dévisagea d'un air inquiet, et elle détourna le regard.

— C'est dans ma chambre, esquiva-t-elle. J'en ai pour un instant.

Richard ne répondit pas. Elle sentit le poids de son regard sur elle, mais garda les yeux baissés. Pourtant, elle ne pouvait ignorer la force de son rayonnement physique. Dans le verger, l'autre fois, elle avait senti sa chaleur, humé avec délectation son odeur.

Elle se dandina d'un pied sur l'autre : à cette distance, c'était un supplice de ne pas le toucher.

La tentation la rendait folle. Soit elle allait céder à sa faiblesse et se jeter dans ses bras, soit il fallait qu'elle mette suffisamment de distance entre eux afin de retrouver son sang-froid. Elle recula d'un pas.

— Meg ? demanda-t-il d'un ton qui la frappa en plein cœur, comme s'il atteignait son âme.

Ainsi, il savait. Elle le comprit brusquement, avec une certitude aveuglante. Sans qu'elle ait eu besoin de dire un mot, il avait deviné pourquoi elle s'écartait de lui.

Comment faisait-il ?

La réponse était douloureusement claire. Richard de Cantor savait ce qu'elle ressentait car il avait pris le temps de vraiment la comprendre. Cette perspicacité n'était pas à la portée d'un homme sur mille. Mais il était impensable que leur relation porte un jour ses fruits. Cette certitude était si pénible qu'elle dut prendre plusieurs inspirations avant de recouvrer la possibilité de parler.

— Je vais aller chercher de l'aiguille et du fil tout de suite, déclara-t-elle avec tout le calme dont elle était capable.

Elle prit une nouvelle inspiration, se redressa et fit demi-tour pour quitter la chambre. Elle allait sortir quand il la rattrapa par le coude.

— Meg ! insista-t-il d'un ton pressant.

Incapable de résister, elle leva le regard sur lui, sachant pertinemment ce qu'allait déclencher en elle la vue de ses beaux yeux. Une sensation douce comme le miel, qui lui mettait une faiblesse dans les jambes et lui bloquait la respiration.

— Richard, je... je voudrais que nous... je voudrais que...

Elle haletait, incapable d'exprimer ce dont elle mourait d'envie, cette détresse qui l'étreignait et la dévorait. Ce qu'elle voulait, c'était l'embrasser, ici, tout de suite, passionnément. Elle voulait le serrer dans ses bras et lui montrer tout ce qu'elle ressentait.

Elle voulait faire l'amour avec lui.

Cette pensée la secoua violemment. Car un tel désir contredisait toute logique, c'était folie que de cultiver ce qui les unissait. Certes, il n'était plus lié par ses obligations conjugales. Aliénor était morte, et de toute façon ils étaient séparés depuis cinq ans. En outre, Richard n'était plus templier, il n'était donc plus soumis au vœu de chasteté.

Mais ce n'était pas le plus important. En effet, ce qu'il y avait entre eux ne pouvait déboucher sur rien. Elle ne pouvait être ni sa fiancée ni sa femme, pas plus aujourd'hui que demain. Elle ne pouvait rien attendre de lui qu'une folle attirance, une aventure.

Mais Richard de Cantor n'accepterait pas à la légère de ruiner sa réputation. La vérité était d'une simplicité déchirante : il ne fallait pas s'engager dans cette voie sans issue.

— Je vais chercher du fil et une aiguille, Richard, répéta-t-elle au prix d'un effort héroïque pour échapper au magnétisme irrésistible de sa présence. Je dirai à Willa de vous les apporter.

Et sans ajouter un mot, elle s'écarta, ouvrit la porte et sortit.

Richard resta devant la porte close, dévasté par le sentiment de désolation qu'elle laissait derrière elle. Que venait-il de leur arriver ? Ébranlé, il se passa la main dans les cheveux. Elle venait de lui échapper, et pas seulement physiquement. Elle le fuyait. Et pourquoi ? Est-ce qu'elle ne se rendait pas compte ? Elle était pour lui la lumière et la joie, elle lui redonnait la vie.

Il avait cru qu'elle partageait ses sentiments, et voici qu'elle le rejetait comme si tout n'avait été qu'un rêve.

Peut-être ne ressentait-elle rien pour lui ? Peut-être venait-elle seulement de s'en apercevoir... Peut-être voulait-elle lui épargner une gêne inutile ?

La voix de sa conscience résonnait froidement en lui, et il l'écrasa avec une fureur déterminée.

Non, il avait beau être un pécheur, il n'était pas idiot. Meg éprouvait des sentiments vis-à-vis de lui. Elle percevait aussi la compréhension inouïe qui les liait l'un à l'autre. Mais quelque chose l'avait effrayée au point de la mettre en fuite.

Il ignorait totalement de quoi il s'agissait, et comment y remédier.

Il se tourna vers la cheminée. John semblait paisible, étendu près du feu. Sur son bandage propre s'étendait une tache de sang. Richard savait qu'il ne fallait guère attendre pour refermer la blessure, autrement la vie de son ami serait en danger.

Le sentiment de cette urgence était le seul qui contraignait Richard à rester dans la grande chambre, au lieu de courir derrière Meg et lui demander, au nom du Ciel, ce qui avait creusé ce nouvel abîme entre eux. Il formulait les hypothèses les plus fantaisistes, repensait à ce qui avait été dit ou fait depuis qu'Adam avait annoncé la découverte de John. Mais il ne trouvait pas le moindre indice.

Il soupira et se passa de nouveau les doigts dans les cheveux. Il demanderait des explications à Meg. C'était impossible pour l'instant mais, dès qu'il aurait recousu son ami, dès que le nécessaire aurait été fait pour faciliter sa guérison, Richard irait au fond des choses, que lady Margaret Newcomb le veuille ou pas.

Pour la première fois, Meg était contente que le pigeonnier de Hawksley fût si éloigné du manoir. En général, elle détestait aider les garçons du village à ramasser les œufs et à capturer les volatiles dont Willa avait besoin pour ses ragoûts. Cette fois-ci en revanche, elle bénissait cette occasion de faire quelques pas seule.

L'automne avançait, le fond de l'air était frais mais le soleil chauffait encore un peu, et Meg replaça le châle de laine qu'elle s'était mis sur les épaules au moment de quitter discrètement le manoir, à l'insu de tous.

Elle arriva devant le mur circulaire du pigeonnier. Les roucoulements résonnaient de toute part et la jeune femme s'assit par terre, adossée au mur de pierre, et enfouit son visage entre ses genoux.

Là, elle pleura.

Une demi-heure plus tôt, dans la grande chambre, elle avait eu l'impression qu'on lui plongeait une dague dans le cœur. Elle s'abandonna tout entière à son chagrin et les larmes jaillirent, d'une façon que sa mère n'aurait guère qualifiée de féminine, mais cela lui faisait du bien. Au bout d'un moment, elle leva la tête en reniflant et s'essuya les yeux avec sa manche.

La vue sur le champ sud était magnifique. C'est là que les jeunes avaient trouvé John, inconscient. C'est là que l'épouvantail de Richard montait encore la garde pour protéger le seigle d'hiver contre les freux.

À cette pensée, des souvenirs douloureux lui revinrent mais elle réprima ses sanglots. Il n'est pas interdit de s'apitoyer de temps en temps sur soi-même, à condition de ne pas s'y vautrer.

Elle s'imprégna de la beauté du paysage. Les nuages matinaux avaient disparu, laissant place à un ciel tout bleu. Colombes et tourterelles voletaient autour du pigeonnier et sortaient picorer dans les champs. Leur vol gracieux était fascinant. Elle ne l'avait jamais vraiment remarqué, occupée qu'elle était par ses tâches domestiques et par Alie.

Elle goûtait ce bref répit avant son départ pour les lumières scintillantes de la cour.

Jamais elle ne reviendrait à Hawksley, étant donné la situation. Cela vaudrait mieux pour tout le monde... Elle allait de nouveau s'abandonner aux pleurs quand elle sursauta à la vue d'une ombre à sa droite : quelqu'un était en train de faire le tour du pigeonnier.

Meg se leva brusquement. La silhouette se rapprochait. Ce devait être une femme, car le bas de l'ombre formait un bloc unique, celui que forme une jupe sous les rayons du soleil.

L'instant d'après, son soupçon se confirma. C'était Fiona, qui s'arrêta net et porta la main à sa gorge.

— Ah, mon Dieu ! Vous êtes là ! s'exclama-t-elle. Je vous cherche partout et j'ai compris que vous n'étiez pas au manoir. Le dernier endroit possible était ce pigeonnier.

— Je suis navrée de vous avoir inquiétée, s'excusa Meg en espérant que les traces de ses larmes avaient disparu. Est-ce qu'on a besoin de moi ?

— Non, tout va bien là-bas, la rassura Fiona. Ce que je voudrais savoir, c'est si tout va bien pour vous.

— Et pourquoi diable cela n'irait-il pas ? demanda Meg avec un petit rire gêné, tout en remettant une mèche en place dans le cercle de métal qui la coiffait.

— Willa a eu l'impression que vous n'étiez pas dans votre assiette. Elle est aux petits soins pour vous, précisa Fiona en souriant. Elle a refusé que je l'aide à préparer le dîner. Elle voulait absolument que je vous trouve, au cas où vous auriez besoin de moi.

Meg était si accablée de sentiments contradictoires que la simple mention de la sollicitude de Willa la mit au bord des larmes. Mais elle voulut faire la forte.

— Willa est bien gentille de s'inquiéter pour moi, mais ce n'est rien. J'avais besoin de prendre l'air après mes démêlés avec frère Thomas, et l'atmosphère confinée de cette chambre de malade. Richard étant tout à fait capable d'apporter seul ses soins au blessé, j'ai décidé de faire une petite promenade.

Gênée par le timbre aigu de sa voix, Meg écarta les bras et ferma les yeux face au soleil couchant.

— N'est-ce pas magnifique, ici ? Je suis navrée d'avoir à partir.

— Enfin, de toute façon, vous savez que vous reviendrez, une fois vos devoirs accomplis à la cour. C'est heureux, n'est-ce pas ?

Fiona ignorait combien cette simple phrase était douloureuse pour Meg, qui feignit une quinte de toux.

— Peut-être pourrions-nous rentrer au manoir ? suggéra-t-elle après avoir repris contenance.

Rien ne pouvait être pire que de jouer à cache-cache avec la belle-sœur de Richard, qui était fine et intuitive.

Fiona ne se laissa pas convaincre.

— Oh, nous ne sommes pas pressées, observa-t-elle en prenant le bras de Meg pour la reconduire au pigeonnier. En vérité, je ne suis pas fâchée de souffler un peu… à l'écart des enfants, si vous voulez le savoir. D'ailleurs, Willa m'a affirmé que la préparation du dîner est bien avancée et, comme vous l'avez dit, Richard n'a besoin de personne. C'est vraiment un spécialiste des soins aux blessés.

Meg acquiesça d'un signe de tête et les deux jeunes femmes s'assirent côte à côte contre le muret du pigeonnier. Fiona continuait à bavarder, évoquant Richard. Il était déjà célèbre parmi les chevaliers du royaume avant son enrôlement parmi les templiers. Sous les ordres du roi, il avait remporté d'héroïques victoires et livré maintes batailles.

Meg l'écoutait en silence, d'autant plus volontiers qu'elle aurait été incapable de parler. Son esprit tourmenté était assiégé par un flot de souvenirs : par exemple, les soins que lui avait prodigués Richard après l'orage, en préparant son onguent et en lui massant l'épaule. Quand il était passé tout près d'elle dans le verger, à l'aube, sans l'embrasser. Les regards complices qu'ils avaient échangés. La façon dont il l'avait gardée dans les bras en la caressant, après l'ignoble agression de frère Thomas.

Ces pensées tourbillonnaient dans son esprit au point de la rendre folle. Elle finit par interrompre brusquement Fiona.

— Excusez-moi, Fiona, mais pourriez-vous terminer ce que vous aviez commencé à me raconter dans la cuisine : cette histoire entre Richard et Adam ?

Sa compagne hésita, et Meg espéra ne pas avoir outrepassé les bornes. La question qu'elle posait concernait Richard, certes, mais Fiona cesserait ainsi de s'étendre sur ses admirables qualités.

Fiona s'essuya le front de sa main gracieuse et soupira. Elle se tourna vers Meg d'un air grave, comme pour savoir s'il convenait de lui faire confiance. Puis elle tendit le bras pour prendre sa main.

— Je vous considère, Margaret, comme une femme de bien et Richard ne cache pas l'estime qu'il a pour vous. Cependant, avant de répondre à votre question, je souhaiterais moi-même vous en poser une : êtes-vous capable de garder un secret ?

— Oui, répliqua Meg en serrant la main de Fiona dans la sienne. Sauf si mon silence risquerait de mettre quelqu'un en danger.

— Je n'en attendais pas moins de vous. Soyez rassurée à propos de ce secret : le seul usage dangereux que l'on puisse en faire serait de le divulguer prématurément. C'est à propos d'Adam et, pour son bien, il ne doit pas être mis au courant avant le moment que Braedan et moi jugerons opportun.

— Je comprends, acquiesça Meg. Je vous donne ma parole de ne rien divulguer.

— Merci, murmura Fiona en lâchant sa main pour inspirer profondément. Le plus simple, c'est de commencer par notre premier dîner à Hawksley. Vous avez remarqué, j'en suis sûre, la réaction de Richard quand il a revu Adam pour la première fois.

— Certes, on aurait dit qu'il venait d'apercevoir un fantôme, répondit Meg.

— D'une certaine façon, c'en était un.

Meg était perplexe, et Fiona continua :

— Richard n'avait pas vu Adam depuis cinq ans et, pendant cette période, Adam est devenu presque adulte et a acquis une ressemblance inouïe avec son père.

Meg fronça les sourcils.

— Je ne comprends pas, dit-elle.

— Il ne vous a pas échappé qu'Adam ne ressemble guère à Braedan, n'est-ce pas ? enchaîna Fiona avec ironie.

— C'est vrai, confirma Meg avec un petit rire embarrassé. Je n'ai pas observé de grande ressemblance.

— C'est parce que Braedan n'est pas le père d'Adam. Pas plus que je ne suis sa mère !

Meg tombait des nues. Elle remarqua les plis amers que Fiona portait aux commissures de la bouche, et s'en voulut de mettre ainsi dans l'embarras cette femme qu'elle respectait.

— C'est ainsi, murmura Fiona. Cette histoire est antérieure à la naissance d'Adam, elle date de l'année où mon destin a croisé celui de Braedan. Voulez-vous vraiment tout savoir ? Il faudra que j'abrège, à moins que vous ne me donniez toute la nuit.

Meg sourit sans répondre et Fiona poursuivit.

— Il n'y a pas que de belles choses là-dedans et, si vous désirez l'entendre d'un bout à l'autre, faites-le avec une grande ouverture d'esprit. Je serais navrée que vous en veniez à changer votre opinion sur nous à cause de cela.

Meg fut peinée que la jeune femme la croie capable de la juger durement, elle qui avait connu l'opprobre d'une liaison adultérine et mis au monde un enfant illégitime, avant de subir la discipline pendant des années pour expier ses péchés.

— Non, Fiona, murmura-t-elle humblement, n'ayez aucune crainte de ce côté. Je vous serai reconnaissante de me dire tout ce que vous désirez me révéler, et je ne vous jugerai pas plus que vous ne m'avez jugée lorsque vous avez appris mon passé.

Fiona fit un geste d'assentiment et son visage se détendit.

— Fort bien. Au nom de notre amitié naissante, je vais vous confier ce secret. Avant de rencontrer

Braedan, je ne menais pas la vie respectable que vous connaissez aujourd'hui. Pendant des années, j'ai été connue soit sous le nom de Giselle de Cœur, soit sous le surnom de Lady en Rouge.

Si Meg ne s'était pas retenue, elle serait restée le nez en l'air et la bouche bée. La Lady en Rouge ! Ce nom qu'on se soufflait à l'oreille à la cour, avait fait l'objet de tous les cancans, de tous les ragots. La Lady en Rouge était une courtisane de haut vol, une beauté aux cheveux auburn dont les rois et les grands du royaume convoitaient les faveurs. Elle avait la capacité de rendre un homme fou de désir.

Il est vrai que Fiona possédait, outre une beauté hors du commun, des cheveux aux reflets de flammes et des yeux noisette presque roux.

— J'ignorais, continua-t-elle en regardant Meg droit dans les yeux, si ce nom vous dirait quelque chose, étant donné votre jeune âge. Avez-vous entendu parler de moi à la cour ?

— Oui, répondit Meg, désorientée. J'ai eu vent de quelques anecdotes.

Fiona pinça les lèvres.

— Voici qui m'épargne de vous narrer certains détails douloureux.

Elle s'efforça de sourire, de façon un peu pathétique.

— À l'époque j'étais une véritable esclave, un jouet aux mains de l'homme qui m'avait achetée à ma mère. Il était aussi célèbre par son physique hors du commun que par sa vie de débauche. Il s'appelait Draven. Il séduisait des jeunes filles pour alimenter son ignoble commerce. C'était en quelque sorte un ange du péché : grand, vigoureux et beau comme un dieu. Je le haïssais de tout mon être.

Meg commençait à comprendre où elle voulait en venir.

— Tous ceux qui ont connu Draven, enchaîna Fiona, reconnaissent son fils en Adam au premier coup d'œil. C'est pourquoi Richard a réagi de façon si bizarre car, en cinq ans, Adam a acquis tous les traits de l'homme qui l'a engendré.

— Mais pourquoi Richard était-il bouleversé par cette ressemblance ? demanda Meg.

Avant que Fiona ne réponde, quelques colombes se posèrent sur le rebord de la coupole du pigeonnier, poursuivies par un corbeau indigné. Les deux colombes roucoulèrent et s'empressèrent de pénétrer à l'intérieur de l'abri. Meg et Fiona levèrent toutes les deux la tête pour observer cette petite bousculade.

Lorsque le calme revint, Fiona reprit.

— Richard a connu Draven quand il est resté orphelin à l'âge de quinze ans, alors que Braedan était parti en croisade. Richard a été envoyé chez son seul parent vivant, un oncle par alliance du nom de Kendrick de Lacy, vicomte de Draven.

— Quelle horreur ! s'exclama Meg.

— Mais ce n'est pas tout, précisa Fiona. Richard et Braedan avaient une sœur adoptive à la santé fragile, du nom d'Elizabeth, de trois ans plus âgée que Richard. Quand Draven devint l'administrateur des biens des Cantor, en l'absence de Braedan, il eut tôt fait de prostituer cette malheureuse à son profit. Richard était trop jeune pour faire obstacle aux desseins de son oncle. Pire, il était tombé amoureux d'Elizabeth quelques années plus tôt, quand elle vivait encore dans sa famille. Le fait de la perdre fut un choc épouvantable pour lui. Draven fit violence à Elizabeth et celle-ci conçut Adam, puis elle mourut peu après en couches dans un taudis d'un quartier malfamé.

Meg tressaillit. À présent, elle comprenait pourquoi le fait de revoir Adam avait tant troublé Richard.

Adam était le fils d'un oncle haï et de la première femme qu'il eût aimée... et qui avait été détruite par cet ignoble individu. Il n'était pas étonnant que Richard ne pût voir Adam sans évoquer une foule de souvenirs atroces.

— Qu'est devenu Draven ? A-t-il été châtié ?

— Oui, il a payé ses crimes de sa vie.

— A-t-il été exécuté ? demanda Meg en frémissant de surprise.

— D'une certaine façon, oui. La justice des Cantor a eu raison de lui. Il est mort lors d'un accrochage avec un groupe de soldats conduits par Braedan, lequel était rentré entre-temps de croisade et redressait les torts causés par Draven.

— Je vois, murmura Meg. Cela n'a pas dû être facile, étant donné leur lien de parenté. Mais je suppose que le fait d'en finir avec un monstre comme Draven a donné à votre mari une certaine satisfaction ?

Fiona afficha un air grave, comme lorsqu'elle avait demandé à Meg si celle-ci était capable de garder un secret.

— Mais ce n'est pas Braedan qui a tué Draven, Meg. C'est Richard.

Meg sursauta.

— Quoi ? Mais il était encore un adolescent ! Comment a-t-il pu ?

— Il était farouchement décidé et, à l'époque, Draven a cru s'en tirer impuni. Richard possède un caractère entier et, quand il s'attelle à une tâche, il la conduit à son terme. Faire justice est une chose qu'il a payée fort cher. Il en porte encore les cicatrices et les remords : d'abord pour n'avoir pas pu sauver Elizabeth, et ensuite pour avoir tué son propre oncle, que celui-ci méritât la mort ou non.

Toutes ces révélations donnaient à Meg le vertige.

— Braedan et moi, continuait Fiona, avions tant espéré que le mariage de Richard avec Aliénor et la naissance d'Isabel allaient l'aider à cicatriser ses anciennes blessures ! Mais, comme vous le savez, cela n'a fait qu'ajouter à ses chagrins.

Meg réalisait combien Richard avait souffert. Elle en avait le cœur déchiré. Elle ne l'en estimait que davantage, et souffrait d'autant plus du fait de devoir garder ses distances vis-à-vis de lui.

— Enfin, tout est bien qui finit bien, conclut Fiona avec l'intention évidente de terminer sur une note plus gaie.

— Que voulez-vous dire ? s'enquit Meg.

— Tout cela aurait pu se terminer en tragédie, précisa Fiona en prenant de nouveau sa main, mais notre situation actuelle est presque miraculeuse. Braedan et moi nous sommes rencontrés, nous avons eu la chance de retrouver Adam peu après son premier anniversaire, et nous l'avons élevé comme notre propre fils. Certes, il nous faudra lui dire un jour qui sont ses vrais parents, et sans tarder. En tout cas avant qu'il ne fasse ses débuts à la cour, où son physique le reliera à Draven dans l'esprit des gens. Heureusement qu'il n'a pris de son père que le physique, et de sa mère une âme lumineuse.

Elle marqua une courte pause.

— Quant à Richard…

— Quoi ? demanda Meg.

— Braedan et moi sommes soulagés qu'il soit revenu sain et sauf de son service dans l'ordre du Temple. Notre plus grand espoir est qu'il trouve enfin une femme de caractère, qui ait elle aussi quelque expérience de la vie. Une femme au cœur bon, capable de l'aimer profondément. Une lady avec laquelle il pourra construire une vie nouvelle, libéré des horreurs et des remords qui l'ont si longtemps étouffé.

Meg était sur le point de défaillir.

— Est-ce que ce portrait vous rappelle quelqu'un ? ajouta Fiona en secouant sa main d'un geste taquin.

Meg savait que Fiona posait la question sans intention de lui faire de peine, comme une grande sœur à sa cadette. Mais devant cette voie sans issue, elle se sentait le cœur brisé, complètement dépassée.

Elle éclata en sanglots.

13

Richard arpentait de long en large la grande salle : il lui fallait un exutoire pour dissiper la tension qui le tenaillait. Il envisagea un instant de sortir pour s'exercer à l'épée ou faire un tour dans la campagne à bride abattue, avant de rentrer pantelant mais calmé.

Finalement, il se contenta de s'installer sur un grand fauteuil devant la cheminée, jambes étendues et mains croisées sur le ventre. Il observait la danse des flammes et écoutait le feu crépiter, incapable d'écarter les idées obsessionnelles qui le tourmentaient : les nouvelles que John lui avait apportées au sujet des ravages de l'Inquisition en France et le brusque revirement de Meg l'attristaient.

Une heure plus tôt, Meg était rentrée au manoir en larmes et avait couru s'enfermer dans sa chambre. Fiona était rentrée tout de suite après, très pâle. Elle s'était excusée à plusieurs reprises d'avoir « mis les pieds dans le plat ». Et cela, juste après que John eut recouvré assez de forces pour lui annoncer que les rets de l'Inquisition se resserraient inexorablement sur les templiers. John avait été fait prisonnier puis s'était évadé par miracle, avant de s'embarquer du côté de Montivilliers, non sans avoir appris bien des choses sur les projets de leurs persécuteurs. Richard avait clairement l'impression qu'il était trop tard pour demander au roi d'Angleterre son aide afin d'empêcher l'Église de s'en prendre aux templiers anglais.

Étant donné la sombre humeur qui était la sienne, Willa avait heureusement emmené ses nièces et ses neveux ramasser les dernières pommes dans le verger. Mais Fiona et Braedan lui avaient tenu compagnie. Toute conversation avait progressivement cessé et ils se taisaient tous les trois depuis plus d'un quart d'heure, broyant du noir.

Braedan jouait distraitement avec une coupe vide sur la table. Il s'arrêta quand Fiona posa la main sur son bras. Il la regarda et rompit enfin le silence.

— Réfléchis, Richard. Peut-être le moment est-il venu de partir dans le Nord. L'Inquisition est trop proche pour que tu prennes le risque de te montrer à la cour.

Avec un soupir, Richard se détourna de l'âtre et fut peiné de lire tant de souci dans les yeux bleus de son frère.

— Je ne puis ignorer la convocation de Sa Majesté, Braedan, tu le sais bien. Je refuse d'être pris pour un traître en fuyant en Écosse, alors que j'ai encore des chances de faire avancer les choses. Ce qu'il adviendra ensuite est entre les mains de Dieu.

— Tu auras effectivement besoin de la protection divine, si ces hypocrites traversent la Manche et exigent l'arrestation des templiers anglais, gronda Braedan.

— Advienne que pourra, répliqua Richard avec la même énergie. Je ne pourrai plus jamais me regarder dans un miroir si je fais passer ma sécurité personnelle avant le bien commun. Et tu n'agirais pas différemment, si tu étais à ma place. Tu le sais bien !

Braedan répondit d'un vague grognement, montrant qu'il était à court d'arguments pour réfuter cette affirmation.

— Tout cela est terrible, murmura Fiona en se tordant les doigts. Avec en plus cette étrange réaction de Meg, pour ajouter à tous tes soucis. Je suis vraiment désolée, Richard. J'ai cru bien faire en lui laissant entendre que vous étiez peut-être faits l'un pour l'autre.

— Tu n'y es pour rien, Fiona, assura Richard avec calme en se levant pour venir poser la main sur l'épaule de sa belle-sœur. Tu n'as rien fait de mal, crois-moi.

— C'est vrai, mon amour, insista Braedan à son tour. C'est surtout ma faute. C'est moi qui t'ai affirmé que Richard était amoureux de cette jeune femme...

Richard bondit.

— Quoi ?

— ... et il est évident que ce sentiment est partagé, conclut Braedan imperturbablement.

— Tu racontes n'importe quoi ! s'écria Richard en se passant nerveusement les doigts dans les cheveux. Arrête un peu !

— J'essaie simplement de te faire comprendre, continua Braedan sur ce ton de grand frère qui donnait à Richard envie de hurler, pourquoi Fiona a tenté d'aider Meg à éclaircir ses sentiments à ton endroit.

— Eh bien, c'est une réussite ! grinça Richard. On peut difficilement imaginer pire : pour qu'elle éclate en sanglots, il a suffi de lui laisser entendre que nous sommes *peut-être* faits l'un pour l'autre.

Fiona accusa le coup, et il s'abstint d'ajouter les jurons qui lui venaient à l'esprit.

Enfer et damnation ! Il prit une profonde inspiration, observa un instant le plafond blanchi à la chaux.

Tout cela ne menait à rien. Il s'était donné assez de mal pour convaincre Fiona qu'elle n'était pas responsable de la réaction de Meg. Et voici qu'il la ramenait à la case départ. Il lui fallait lever cette ambiguïté de la façon la plus expéditive, c'est-à-dire la plus pénible.

— Fiona, dit-il gentiment à sa belle-sœur en s'asseyant à côté d'elle pour lui prendre la main, répète-moi mot pour mot, si tu le veux bien, ta conversation avec Meg avant qu'elle ne rentre en courant.

— Mais pourquoi, Richard ? répliqua la jeune femme. Je t'ai pratiquement tout dit, et cela ne t'avance à rien de te tourmenter à ce sujet. Ce qui est fait est fait.

— Je sais, Fiona. Mais j'ai besoin de l'entendre de nouveau, pour me faire une opinion définitive... Allons ! Fais ce que je te demande, insista-t-il en lui pressant la main.

— Eh bien, je... j'ai simplement dit que rien ne me ferait plus plaisir que de te voir enfin trouver le bonheur auprès d'une femme de caractère, au cœur bon et capable de sentiments profonds. Que tu le mérites tant, cher Richard, répéta-t-elle avec ferveur en serrant ses mains.

— Ah, milady, murmura Richard en lui levant la main pour la baiser, comme toujours tu m'honores de tes soins et moi je me conduis comme un mufle.

— Certainement pas, rétorqua Fiona en caressant la joue de Richard et en souriant à travers ses larmes. Je n'en ferai jamais assez pour toi.

Richard lui rendit son sourire.

— Merci, milady. Et que t'a répondu Margaret ?

— D'abord je lui ai demandé, comme pour rire, si elle connaissait une femme correspondant au portrait que je venais de tracer. C'est là qu'elle a éclaté en sanglots. Elle bredouillait que tout était impossible.

« Cela ne peut se faire... » Je crois bien que c'était sa phrase. J'ai essayé de la consoler, mais elle s'est excusée précipitamment, s'est levée d'un bond et a détalé.

— C'est tout ?

— Mais oui. Rien de plus. Je n'ai pas compris sur le moment, et je ne comprends toujours pas.

— Elle n'a pas dit précisément ce qui était impossible, ni pourquoi ?

— Non, elle n'a rien dit d'autre. Mais il était clair que l'éventualité d'une liaison sentimentale avec toi lui apparaissait inimaginable.

Richard réfléchit. Prenant en compte ce qu'il croyait connaître de Meg, il essaya d'envisager les raisons pour lesquelles elle aurait décidé de mettre fin à leur relation.

Il repassait dans son esprit leur conversation dans la grande chambre. Soudain, il entrevit une hypothèse. Ce n'était pas réglé d'avance, mais peut-être...

— Merci, Fiona. Je te remercie de ton aide.

Il l'embrassa rapidement, se leva et se dirigea vers le couloir conduisant à la deuxième chambre.

— Alors, que vas-tu faire ? demanda Braedan en reprenant sa place à côté de Fiona.

Richard s'arrêta un instant à la porte.

— Maintenant que John est hors de danger, je vais partir pour le château de Tunbridge demain, comme prévu. Mais pour l'instant, je vais tâcher de trouver Meg. Avant que je ne l'emmène à la cour, il faut que je sache où elle en est exactement.

— Bonne chance, Richard, dit Fiona en lui envoyant un baiser.

— Oui, bonne chance à toi, mon frère, renchérit Braedan en enlaçant sa femme. Et n'oublie pas : les histoires de cœur ne sont jamais simples. Nous en avons l'expérience.

— Merci à vous deux. Je vous suis infiniment reconnaissant de votre soutien.

Il gagna l'escalier et se mit à gravir les marches trois par trois.

Meg venait d'entendre quelqu'un monter vivement l'escalier quand on frappa à sa porte. Elle crut que c'était un enfant, car ils avaient l'habitude de courir partout. Elle se lissa les cheveux de la main et traversa la pièce pour ouvrir. Elle avait les yeux bouffis de larmes, et la peau marbrée. Elle espérait que ce n'était pas un des plus petits : elle risquait de lui faire peur, mais elle ne voulait pas avoir l'impolitesse de rester enfermée dans cette pièce, qu'elle partageait désormais avec d'autres.

Lorsqu'elle ouvrit la porte et vit Richard sur le seuil, elle faillit pousser un cri de détresse. Le seul fait de l'apercevoir la transperçait de douleur.

Ce n'était pas juste : elle n'était pas du tout prête à l'affronter...

— Que faites-vous ici ? demanda-t-elle d'un ton qui se voulait agressif.

Richard faillit répondre qu'il était chez lui, mais il se contenta de soupirer en levant son beau regard sur Meg.

— Je suis venu vous poser trois questions, milady, si vous le voulez bien.

— Je ne sais pas... ça dépend... bafouilla-t-elle sans se résoudre à le laisser entrer.

— Je vous prie d'être sincère : ni plus, ni moins.

Quand il la regardait comme ça, elle se sentait la plus belle femme du monde. Et il ajouta :

— Ce n'est pas trop demander, tout de même, après tout ce que nous nous sommes déjà confié. N'est-ce pas ?

Meg était près de s'effondrer. Oui, ils s'étaient confié des choses, ils avaient partagé des moments magiques ! Elle aurait voulu se jeter dans ses bras. Mais c'était impossible.

— Je... je...

Elle savait qu'elle avait l'air égaré et affolé, comme une biche acculée par un chasseur. Elle recula de deux pas pour refermer la porte.

— Non, je suis désolée, Richard...

D'un geste vif comme l'éclair, il arrêta net le lourd vantail.

— Par le Ciel, si vous avez décidé de me chasser de votre vie, accordez-moi au moins quelques instants !

Un irrépressible sentiment de désolation submergea la jeune femme.

Quelle pitié de lui voir cette expression ravagée, ce regard ombreux ! Elle serrait les poings de toutes ses forces, elle se plantait les ongles dans sa propre chair jusqu'au sang. Cela valait mieux que d'enlacer Richard comme elle en avait tant envie.

— Je ne sais si je pourrai le supporter, Richard, souffla-t-elle.

— Je vous jure de ne rien faire pour vous convaincre de changer d'opinion, si c'est cela que vous redoutez, affirma-t-il. Je vous demande simplement de répondre à mes questions en toute sincérité.

Elle se sentit déchirée par la douceur de cette simple phrase, qui cassait le dernier fil tenant son cœur brisé.

— Je vous en conjure, Meg...

Subjuguée, elle acquiesça d'un signe de tête, sachant qu'elle ne pouvait parler sans pleurer et voulant épargner ses faibles forces pour l'épreuve qui l'attendait.

— Merci, chuchota-t-il.

Il entra et referma la porte avant de poursuivre.

— Maintenant, répondez si vous le voulez bien : ai-je fait – ou dit – quelque chose qui vous a rebutée ou plongée dans cette détresse si visible aujourd'hui ?

Meg était horrifiée qu'il pût chercher à expliquer de cette façon son changement d'attitude.

— Non, Richard, vous vous êtes montré noble et vaillant en tout. Vous êtes...

... gentil, tendre, attentionné, songea-t-elle. Bref, l'homme le plus merveilleux que je connaisse.

Mais elle garda ces mots pour elle.

— Je ne vous tiens nul grief de quoi que ce soit, passé ou présent, ajouta-t-elle. Mais il faut que vous compreniez, Richard. Nos relations ne peuvent se poursuivre sans risque de scandale. Cela ne vous saute-t-il pas aux yeux ? C'est ma faute, Richard, et non la vôtre.

Comme il ne répondait pas, elle reprit vaille que vaille sa respiration et enchaîna :

— Je vous en supplie, ne rendez pas les choses plus difficiles qu'elles ne le sont, aussi bien pour vous que pour moi. Essayez de comprendre que nous ne pouvons rien changer à la situation, quel qu'en soit notre désir.

Il acquiesça gravement, toujours calme et, somme toute, à peine déconcerté.

— Ma seconde question, poursuivit-il, est la suivante : est-ce que vous éprouvez pour moi des sentiments – et j'en suis convaincu – qui vont au-delà d'une simple amitié ?

La voix était si douce et vulnérable, si caressante que la question transperçait Margaret comme un aiguillon. Elle pinça les lèvres. Elle avait tenté d'éclaircir ses sentiments, elle s'était humiliée pour bien se faire comprendre, alors pourquoi lui faisait-il cela ?

Elle fit avec la tête un geste de dénégation, les larmes aux yeux.

— Vous n'êtes pas juste, Richard. Ce n'est pas juste de me poser une question pareille.

Il ignora sa protestation.

— Mais, milady, vous m'avez promis d'être sincère. Vous vous souvenez ?

Elle eut un gémissement plaintif, et il insista :

— Il faut que vous me répondiez, Meg, pour que je puisse formuler ma troisième et dernière question.

Elle se raidit. Il allait la harceler jusqu'au bout, par le Ciel, et cela ne semblait pas l'émouvoir outre mesure, alors qu'elle se sentait sombrer dans des abîmes de désolation.

— Répondrez-vous ? demanda-t-il doucement sans la regarder en face. Est-ce que vos sentiments à mon endroit, milady, se limitent à une simple amitié ?

La jeune femme sentait monter en elle une pression insupportable. Ainsi, il ne la laisserait pas tant qu'elle n'aurait pas avoué la vérité.

— Oui, puisque vous y tenez. Vous avez raison de croire cela. Mes sentiments pour vous vont au-delà d'une simple amitié.

Il acquiesça, avec une expression qui ressemblait à du soulagement. Elle en fut stupéfaite. Quelles pensées extravagantes pouvaient bien le faire ainsi jubiler face à l'horrible réalité : d'un côté elle l'aimait, de l'autre elle refusait tout développement de cet amour entre eux.

— Maintenant, Meg, donnez-moi votre main.

— Quoi ?

Paniquée par cette requête, elle se hâta de cacher ses mains derrière son dos, dans les plis de ses jupes.

— Vous ne m'aviez pas dit, Richard, que vous aviez l'intention de me toucher. Je ne vous ai pas donné mon accord pour ça. Vous n'avez droit qu'à une troisième question, rien d'autre.

— Certes, mais ma question exige que je vous la pose en vous tenant la main. C'est indispensable.

Comme elle hésitait, il l'encouragea.

— Allons, milady, n'ayez pas peur, je vais juste vous tenir par le bout des doigts, si vous préférez. Est-ce que cette humble demande vous semble odieuse, après tout ce qu'il y a déjà eu entre nous ?

Ah, comme il la connaissait bien ! Dès qu'il avait formulé sa requête, elle avait senti son cœur s'emballer. Elle hésitait à refuser, mais était partagée. Sa main droite sortit toute seule de sa cachette et elle la lui tendit.

Et il la prit.

D'une façon qu'elle n'aurait jamais imaginée.

Il la caressa avec douceur d'un geste sensuel, presque insupportable : si frais et brûlant à la fois ! Puis ses doigts poussèrent leur caresse au milieu de sa paume, et enfin se refermèrent pour prendre possession de sa main dans une ferme étreinte.

Elle eut une profonde inspiration.

Elle regardait leurs mains entrelacées, évitant absolument de bouger : ne pas retirer ses doigts, rester solide sur ses pieds alors que les ondes de désir provoquées par cette simple caresse lui coupaient les jambes.

— Vous tremblez, milady, souffla-t-il.

— Oui, confirma-t-elle, incapable de mentir.

Elle ne pouvait détacher les yeux de leurs mains entrelacées. Quant à lui, il la dévorait du regard.

— Est-ce de la peur ou de la répugnance ?

— Oh, ni l'une ni l'autre !

— C'est bien. C'est ce que je voulais savoir.

Leurs regards se croisèrent et elle lut dans les yeux de Richard un désir ardent dont la force la terrassa comme une énorme vague. S'il ne l'avait pas soutenue, elle aurait vacillé en arrière. Il pencha la tête vers leurs mains. Il allait sans doute frôler de ses lèvres le dos des doigts de Meg, comme il l'avait déjà fait une fois...

Non, il s'arrêta à quelques millimètres et elle sentit juste son haleine, doux supplice de Tantale sans le contact qu'elle attendait.

Il se redressa, lui lâcha la main et conclut à mi-voix :

— Merci de votre sincérité, Meg. Nous partons pour le château de Tunbridge demain à l'aube.

Il eut un sourire qui mit en miettes le cœur de Meg, puis ressortit, la laissant en état de choc, égarée et malheureuse.

Tous ses sens étaient en émoi.

Trois jours plus tard, Meg n'allait pas mieux. Ils approchaient du château de Tunbridge. En route, ils s'étaient arrêtés dans une auberge appelée « Le Taureau et la Poule », où ils avaient pris chacun une chambre. En descendant du carrosse, les muscles endoloris, elle avait su que son malaise était causé autant par l'attitude naturelle et détendue de Richard que par l'ardent désir qu'elle éprouvait toujours à son égard.

Depuis l'autre soir avant leur départ, il s'était comporté en parfait gentleman, prévenant et attentif. Elle le surprenait parfois à la regarder. Le fait qu'il se soit accommodé de cette situation d'un côté la mettait en rage et de l'autre la décourageait. Car chaque instant passé en sa compagnie était pour Meg un véritable supplice.

La présence de Jane Cleary, sa nouvelle dame de compagnie, avait un peu facilité les choses. Jane était une jeune villageoise, ravie d'être promue à cette position élevée. Les protestations initiales de Meg s'étaient tues quand elle avait observé combien Jane et sa famille étaient fières de cette promotion. Elle n'avait pas eu le cœur de leur avouer qu'elle était hostile à la notion même de dame de compagnie, car cela n'avait rien à voir avec Jane. En fait, c'est à contrecœur qu'elle reprenait son rang de fille de comte.

Mais Richard avait fait valoir que, quelle que fût son opinion à propos des dames de compagnie, elle avait besoin d'un chaperon pour effectuer ce voyage avec un homme.

C'est ainsi que les choses s'étaient décidées : ils étaient partis tous les trois pour Tunbridge, où Braedan les rejoindrait quelques jours plus tard, une fois Fiona et les enfants réinstallés chez eux.

Meg dormit sur une paillasse défoncée, dans la pénombre d'une chambrette au premier étage de l'auberge, avec pour seule compagnie les ronflements discrets de Jane et ses propres pensées tortueuses, qui lui donnaient des insomnies pour la troisième nuit consécutive.

Elle imaginait Richard dans son lit, de l'autre côté de la mince cloison. Aucun bruit ne révélait sa présence. Il devait pourtant être là. Elle se demandait s'il était éveillé comme elle, et à quoi il pensait. Ou de quoi il rêvait, s'il avait la chance d'avoir glissé dans le sommeil…

Depuis le début du voyage, il s'était montré d'une égalité d'humeur olympienne. Il était donc probable qu'il dormait. Si son regard avait été capable de percer la cloison de bois qui les séparait, elle l'aurait sans doute vu paisiblement couché en chien de fusil, abandonné au sommeil comme un bébé.

Après tout, elle s'inquiétait largement pour deux.

Au manoir, Willa l'avait remplacée pour servir d'aide-soignante à Richard auprès de John. La servante avait appris à Meg que Richard avait arraché à John la promesse de rester à Hawksley jusqu'à son complet rétablissement. Quand ce moment surviendrait, Richard se serait déjà manifesté depuis la cour. Ainsi, s'il y avait la moindre anicroche à Tunbridge, soit avec le roi soit à cause de l'arrivée soudaine de l'Inquisition, John pourrait récupérer dans le cimetière de la préceptorie la portion du trésor du Temple emportée par Richard, et s'enfuir avec celle-ci en Écosse. Quant à la part transportée par John, elle avait été confisquée par les gens d'armes qui l'avaient capturé près de Montivilliers.

Meg était davantage effrayée par la perspective de voir Richard se faire arrêter à Tunbridge, que par les nouveaux débuts qu'elle devait faire dans le milieu de la noblesse.

Et elle souffrait.

Elle souffrait de voir Richard serein, après ce qui était arrivé entre eux. Elle souffrait à cause des périls auxquels il ne manquerait pas d'être exposé.

Elle souffrait dans son cœur de l'avoir perdu, lui, l'homme qu'elle aimait, et de devoir se montrer forte malgré tout… sachant qu'elle ne le mettrait jamais en situation de devoir choisir entre sa réputation et son amour pour elle.

Elle avait cru que le plus simple était d'en finir tout de bon, comme elle l'avait fait à Hawksley, lorsqu'elle avait compris dans quel piège ils étaient en train de tomber tous les deux.

Et elle s'était trompée.

La souffrance qui en résultait s'aggravait d'heure en heure, de minute en minute. Ainsi, à la veille de son retour à la cour après trois longues années, elle était parvenue à une décision. Elle demanderait audience au roi, et la permission de prendre le voile. Elle disparaîtrait pour toujours dans les cloîtres silencieux de quelque couvent, et se soumettrait à la règle de saint Benoît, *Ora et labora,* « prie et travaille ».

Elle avait jugé que telle était la seule issue pour elle, la seule vie qu'elle serait capable de supporter. En effet, elle ne souhaitait plus continuer à vivre dans ce monde d'ombre et de souffrance. Sans Richard, ce monde ne signifiait rien pour elle.

Aux petites heures du matin, Meg sombra enfin dans un sommeil agité.

Il régnait en elle un vide amer.

À la cour d'Édouard II

14

Le château de Tunbridge se dressait dans l'est du Kent. C'était une forteresse construite sur une hauteur, défendue par d'impressionnantes tours de pierre rondes. Les portes voûtées faisaient penser à celles des églises. Il n'était guère étonnant, songea Richard juste avant d'être reçu avec Meg par le roi, que le jeune souverain ait choisi cet endroit pour le mariage de son favori, le chevalier Piers Gaveston.

Édouard et Piers avaient fait ensemble un certain nombre de frasques mémorables. Édouard Ier, père du souverain actuel, avait eu lieu de regretter d'avoir donné comme confident à son fils un seigneur aussi arrogant et avide que Gaveston.

Sept ans plus tôt, Richard était venu à la cour pour participer à l'entraînement martial du prince Édouard. Il était clair pour tout le monde que celui-ci était amoureux fou de son fringant camarade.

Le roi, en l'apprenant, avait banni Piers en France pour quelque temps.

Maintenant que le vieux roi était mort, Édouard II était sur le trône, et il profitait de sa liberté. Il pouvait décider tout ce qu'il voulait à propos de Piers, malgré la fureur de ses barons.

Richard et Meg étaient à Tunbridge depuis moins d'une heure que déjà il percevait les tensions causées par les faveurs délirantes dont le monarque comblait Gaveston. Tous les grands du royaume haïssaient le favori.

Le pire était le titre de comte de Cornouailles que le roi lui avait récemment accordé, alors que c'était l'un des titres les plus convoités du royaume.

En dehors de cet affront, les grands aristocrates avaient une foule de raisons de rouscailler, car le roi avait dépensé sans compter pour que les noces de son favori soient d'une splendeur sans précédent. On avait le vertige en découvrant l'étendue des prodigalités à la charge du trésor royal.

Toutefois, la seule conclusion immédiate que tirait Richard, c'était que le roi serait certainement de très bonne humeur lors de leur entrevue. La fronde des nobles ne le concernait pas, pas plus que les intrigues pour obtenir le pouvoir ou réduire les taxes.

En vérité, la seule chose qui comptait vraiment pour Richard, c'était la présence de cette femme, debout, si calme et silencieuse à côté de lui. En fait de salle d'attente, la chambre d'audience du roi n'avait qu'un couloir tapissé de tentures en soie. Richard observa Meg un instant. Par déférence pour elle, il était contraint de cacher ses véritables émotions, mais cela ne changeait rien au fait qu'elle était pour lui l'air qu'il respirait, le soleil qui l'éclairait. Dans ce monde de luttes et d'obscurité, elle était sa seule lumière. Malgré le rythme éreintant des derniers jours, elle restait éclatante de beauté. Les sentiments qui le tenaillaient le bouleversaient.

Heureusement, l'heure était presque venue. Encore quelques instants de malaise pour eux deux et, espérait-il, tout allait se conclure de la façon la plus magnifique.

De sa vie, il n'avait rien fait de plus difficile que supporter la distance affective qu'elle avait décidé de placer entre eux. Puis il avait compris la raison pour laquelle elle faisait cela : elle tentait de le protéger de la honte que représenterait une liaison avec elle et du scandale qui éclaterait, si peu de temps après la mort d'Aliénor.

Apparemment, elle ne se rendait pas compte de ce qu'elle symbolisait pour lui. D'ailleurs, il n'avait jamais réussi à le lui dire de façon un tant soit peu crédible. Il n'aurait sans doute pas su trouver les mots capables d'exprimer vraiment ce qu'il ressentait. Pour le moment, du moins. Et il la connaissait assez pour comprendre que, pour le moment, cela ne l'aurait avancé à rien de tenter quelque chose.

La parole est un talent important et souvent nécessaire pour charmer une femme, quelle qu'elle soit. C'était l'expérience qu'il avait faite très jeune. Mais cela ne suffisait pas. Les actes sont parfois plus éloquents que les mots.

Il espérait que celui qu'il s'apprêtait à faire effacerait toutes les ombres entre eux.

— Richard ?

Arraché à ses pensées par le son de la voix de Meg, il fut heureux et surpris qu'elle lui adressât enfin la parole, pour la première fois en trois jours. Cela devait concerner quelque chose d'important. Les grands yeux sombres de la jeune femme ressortaient mieux que jamais sur sa peau diaphane. Il se retint de l'enlacer sur-le-champ, de passer outre son serment de ne pas chercher à l'influencer jusqu'à l'audience royale.

— Qu'y a-t-il, Meg ? demanda-t-il prudemment, les mains le long du corps.

— Quand ce sera notre tour d'entrer, dit-elle d'une voix presque assurée, nous découvrirons tous les deux l'avenir qui nous attend.

— C'est exact, confirma-t-il.

Richard avait le cœur serré, redoutant que l'issue ne soit pas aussi favorable qu'il l'escomptait.

— C'est donc peut-être la dernière fois que nous parlons en tête à tête.

Par le Ciel, j'espère bien que non ! se dit-il.

Meg eut un coup d'œil vers les sentinelles qui montaient la garde de part et d'autre de la porte, et baissa le ton :

— Je souhaitais vous dire, par conséquent, que je prie pour que vous soyez délivré de tout danger consécutif à votre enrôlement parmi les templiers. Tout le monde sait que je n'ai pas toujours eu grande estime de l'ordre mais, avant que nous ne soyons séparés, je tiens à ce que vous sachiez que mes pensées ont... évolué à bien des égards, et cela grâce à vous.

Une petite ride se creusa entre ses sourcils.

— Richard, je...

Incapable d'en dire plus, elle baissa les yeux, puis les releva avec une sincérité si désarmante que Richard sentit sa poitrine se gonfler d'amour.

Enfin, elle recouvra sa voix.

— Sachez que j'espère de toutes mes forces, Richard... j'espère pour vous le plus grand bonheur. Maintenant et toujours.

Richard se mordit la lèvre. Même en un moment pareil, elle n'avait d'autre souci que son bonheur et sa sûreté à lui. Elle passait complètement au-dessus de ce qui la concernait, alors qu'elle allait revoir son père et affronter un avenir totalement inconnu.

À cet instant, une digue se rompit en lui et toute sa passion s'ouvrit d'un coup.

— Mon Dieu, Meg ! Il faut que je vous dise. Je me suis promis de me taire – du moins, j'avais prévu d'attendre jusqu'à l'audience – mais je ne puis me retenir plus longtemps, annonça-t-il en cueillant sa joue au creux de sa paume. J'ai besoin que vous sachiez ceci. Il n'y a rien au monde qui puisse me...

Les sentinelles de faction à la porte frappèrent le dallage avec la hampe de leur hallebarde et s'écartèrent d'un pas. L'énorme porte à deux battants s'ouvrit en grinçant.

Richard, coupé en pleine déclaration, ne put achever car le chambellan couvrit ses propos d'une voix tonnante.

— Sa Majesté le roi Édouard II accueille devant sa cour l'honorable sir Richard de Cantor, en compagnie de lady Margaret Newcomb, fille du comte de Weston. Qu'ils entrent !

À l'intérieur de la salle d'audience, le sol de marbre poli reflétait une assemblée de preux chevaliers et de gentes dames, dont beaucoup se tournaient pour mieux les voir. Ils étaient curieux de découvrir le fameux templier qui avait été le maître d'armes du roi, et la fille du comte de Weston qui avait fait scandale quelques années plus tôt.

Richard comprit que toute cette attention provenait de leur secret espoir de découvrir quelque nouvelle anecdote croustillante. Son séjour précédent à la cour lui revenait avec netteté. Ici, tout n'était que cancans, rumeurs et intrigues. C'était le passe-temps de la noblesse.

D'un geste résolu, il prit la main de Meg au creux de son coude et s'avança d'un pas ferme.

Il sentait sa compagne raide et indécise tandis qu'ils approchaient du trône.

Il était bien légitime qu'elle fût embarrassée, avec ces centaines de regards avides de curiosité, dont beaucoup étaient ceux de parents plus ou moins lointains, et d'autres personnes de son rang. C'était la première fois qu'elle se manifestait depuis son faux pas qui l'avait fait bannir de leur présence.

Richard ne déplorait en rien les circonstances qui avaient mis Meg sur son chemin, mais il savait combien il était difficile pour elle d'affronter les fantômes de son passé.

Il repéra enfin le roi, debout au fond de l'immense salle d'audience. Entouré d'un groupe de courtisans, il assistait à une démonstration de tir à l'arc. Richard entraîna Margaret dans cette direction, mais elle s'arrêta brusquement à mi-chemin. Il l'observa un instant : elle était livide, et sa respiration était oppressée.

— Qu'y a-t-il, milady ? murmura-t-il en se penchant vers elle.

— Mon père ! souffla-t-elle, le regard rivé sur un petit groupe situé sur la gauche.

Richard suivit son regard et repéra un personnage richement vêtu qui se tenait debout, avec un air assez mécontent, près d'un groupe qui jouait aux dés à une table. Derrière lui, presque entièrement cachée par sa silhouette rebondie, se tenait une dame élégante mais timide, aux cheveux châtains. Elle sursauta quand leurs regards se croisèrent et ses yeux s'emplirent de larmes.

Il sentit la main de Meg se crisper sur son bras.

— Votre mère ? demanda-t-il à mi-voix.

C'était si évident qu'il n'était guère besoin de le confirmer : mère et fille se ressemblaient trait pour trait, mais Meg possédait une grâce pétillante que sa mère avait perdue dans les vicissitudes de l'existence, à supposer qu'elle l'ait jamais possédée.

Le comte se tourna vers un personnage grand et brun en pleine partie de dés. Les deux hommes s'avancèrent avec l'intention manifeste de rejoindre Richard et Meg.

— Désirez-vous lui parler ? s'enquit discrètement Richard sans quitter les deux individus du regard.

— Oh non !

— Eh bien, venez, dit-il en l'entraînant vers le roi. Même s'il parvient à nous couper le chemin, l'étiquette interdira à votre père de nous interrompre pendant que nous saluons Sa Majesté.

Meg acquiesça, raide comme un bâton, tandis qu'ils se frayaient un chemin au milieu des courtisans.

Le roi était à moins de dix pas d'eux. De profil, il lançait un bon mot à un seigneur près de lui.

À vingt-trois ans, Édouard II était élancé, et aussi beau que son père. Restait à savoir s'il serait un aussi bon souverain. C'était en tout cas un athlète, très intéressé par le concours de tir à l'arc organisé pour le distraire.

— Bravo, Preston, lança-t-il les bras croisés quand un concurrent parvint à planter sa flèche au centre de la cible.

Le jeune homme leva son arc pour saluer le souverain, avec un signe de tête assez désinvolte.

— À qui le tour ? demanda le roi d'un ton enjoué.

Richard allait profiter de cet instant de silence pour annoncer sa présence et celle de Meg, lorsqu'un détail attira son attention. Un homme vêtu de vêtements éclatants se tourna dans leur direction et Richard s'arrêta net, comme Meg quelques instants plus tôt. Le blason qu'il portait était « d'azur à semis de fleurs de lys » : les armoiries de la couronne de France.

Meg aperçut ces armes pratiquement au même moment et eut un haut-le-corps. Elle croisa le regard de Richard : la même question leur brûlait les lèvres à tous les deux.

— Je ne sais pas, milady, éluda-t-il en essayant d'identifier les personnages autour du roi.

Il fallait savoir lesquels étaient français ou pouvaient l'être, sans tirer de conclusion hâtive.

Trois, quatre... cinq... Richard compta une bonne demi-douzaine de Français dans le groupe. Puis il pivota vers la droite et, avec un nouveau choc, aperçut un évêque en tenue d'apparat – chasuble de cérémonie, crosse et mitre – qui observait les festivités avec une distance hautaine et une distinction royale.

Il n'y avait aucune raison pour qu'un prélat de cette importance soit présent à ce genre d'événement, sauf s'il était venu en compagnie d'autres personnes explicitement conviées. Tel serait exactement le cas d'inquisiteurs français...

— Richard ? demanda Meg d'une voix craintive.

Il s'arracha à ses sombres pensées et il lui fallut un instant pour comprendre le souci de la jeune femme, dont le père et son compagnon les avaient presque rattrapés. Quels que soient les dangers représentés par l'Inquisition, ils n'avaient plus une seconde à perdre.

Richard songea, en prenant la main de Meg pour franchir les quelques pas qui les séparaient du roi, que finalement il avait de la chance : depuis quatre jours, ses motivations pour venir à la cour et faire appel au roi avaient changé du tout au tout. À présent en effet, il était indiscutable qu'il n'aurait pu choisir public plus hostile pour plaider la cause des templiers anglais.

Il força le pas, échappa de justesse au père de Meg et contourna les derniers courtisans qui entouraient le roi.

Ils se présentèrent devant le monarque, et se fendirent en courbettes conformes à l'étiquette.

Édouard II reconnut avec un plaisir évident le maître d'armes de sa jeunesse, accompagné par cette haute dame déchue et bannie de la cour plusieurs années plus tôt, qu'il avait rappelée à la vie en société par le simple bon plaisir de sa volonté royale.

— Relevez-vous, sir Richard de Cantor et lady Margaret Newcomb, invita-t-il avec un aimable sourire. Relevez-vous et saluez votre souverain, qui est heureux de vous accueillir. Notre fête est donnée en l'honneur de notre très cher Piers Gaveston, seigneur de Cornouailles, à l'occasion de son mariage avec notre estimée cousine, lady Margaret de Clare.

Il s'avança vers Richard et le saisit par l'avant-bras, puis se tourna vers Meg et prit sa main du bout des doigts.

— Sire, c'est un privilège pour nous que vous nous accordiez audience, répondit Richard avec une affection bien naturelle pour ce prince qu'il avait connu enfant.

Dans sa jeunesse, Édouard II avait eu du mal à apprendre le métier des armes, car il se passionnait davantage pour le théâtre et les chevaux que pour le maniement des armes et la tactique militaire, que son père voulait à tout prix lui inculquer. Néanmoins, Richard s'était attelé avec détermination à la formation du jeune Édouard, lequel avait fini par manier l'épée avec quelque aisance.

— Nous ne saurions dire combien nous nous sommes réjouis d'apprendre votre retour en Angleterre, sir Richard. Sachez notre compassion pour la nouvelle apportée par votre dernière missive, concernant le décès de lady de Cantor. Toutes nos condoléances ! Que votre séjour à la cour vous aide à vous consoler de votre deuil.

— Merci, Sire. Ce fut une période difficile, il est vrai ; et mon retour en Angleterre fut assez précipité, comme je vous l'ai exposé…

— Oui, murmura le roi, avant de continuer un ton plus bas à cause des gentilshommes français qui l'entouraient. Nous comprenons l'inquiétude dont vous nous informez dans cette correspondance, mais vous comprendrez sans mal que nous ne saurions traiter la question ici et maintenant.

Tout en parlant, Édouard II fit signe à l'un des courtisans français qu'il avait la permission de décocher à son tour une flèche sur la cible.

— Nous nous entretiendrons en particulier de cette question ultérieurement, si vous le désirez, continua le souverain. Pour le moment, il est inutile d'attirer l'attention de nos invités d'outre-Manche.

— Je le comprends, Majesté, et je vous remercie de votre bienveillance.

— Cela va de soi.

Richard se prépara à exprimer sa principale supplique, mais Édouard II s'était tourné vers Meg, toujours debout, pâle et muette. Elle semblait attendre son tour de parler, mais encore fallait-il que le roi lui cédât la parole.

— Ah, lady Margaret, lança aimablement le monarque, personne ne vous a oubliée. Nous tenons à ce que vous sachiez que votre bonheur a fait l'objet de bien des débats, en ce jour où vous retrouvez votre place dans la société. Votre père, d'ailleurs, a arrangé ce qui devrait s'avérer un excellent mar...

— Pardonnez-moi, Majesté, interrompit brusquement Richard, mais je sollicite de Votre Altesse l'autorisation de parler.

Un instant de stupeur s'ensuivit car l'étiquette était formelle : on ne coupe jamais la parole au roi !

Mais Richard n'avait pas eu le choix car le monarque, ayant cité la présence du père de Margaret, s'apprêtait à lui annoncer rien de moins qu'un mariage arrangé.

La jeune femme était à l'évidence affolée, et le roi lui-même passablement estomaqué.

Édouard II n'appréciait nullement ce geste de lèse-majesté, comme il n'en avait peut-être pas connu depuis son accès au trône.

— C'est à quel sujet, sir Richard ? demanda-t-il enfin d'un ton plein de morgue. Faut-il que le sujet soit d'importance, pour que vous jugiez nécessaire de m'interrompre de la sorte !

Richard s'inclina humblement.

— Votre Majesté a absolument raison, c'est une question de vie ou de mort, confirma-t-il. J'implore le pardon de Votre Majesté pour ne pas avoir abordé le sujet de façon plus précoce et plus courtoise.

— Or donc, parlez ! trancha le roi, agacé.

Richard sonda une seconde le regard perplexe de Meg, puis s'adressa au souverain.

— C'est au sujet de lady Margaret, Sire : c'est elle qui est à l'origine de l'acte que je me vois contraint de commettre maintenant, dit-il d'une voix haute et claire.

Il y eut comme une onde de chuchotements autour d'eux et les spectateurs, flairant le scandale, serrèrent les rangs.

— Car du fond de ma détresse, poursuivit-il, j'ai eu la bénédiction de rencontrer cette femme dont la force d'âme, le courage et l'intelligence s'avèrent pour moi plus précieux, je l'affirme, que ma propre vie.

Il y eut un brouhaha de surprise dans la salle d'audience.

Richard tendit la main à Margaret qui posa sur sa paume des doigts tremblants. Les yeux dans les yeux, il lui sourit puis se tourna de nouveau vers le roi.

— Majesté, je vous demande l'autorisation d'épouser lady Margaret Newcomb, car je ne saurais imaginer plus grand honneur que celui de pouvoir l'appeler ma femme.

15

— Ai-je votre accord, Meg ? questionna Richard d'un ton solennel.

Les exclamations de surprise fusaient, mais la jeune femme parvint à entendre la question.

Quant au roi, il ne disait mot.

Meg gardait un silence stupéfait, le temps semblait pour elle arrêté. Le regard plongé dans celui de Richard, elle était inconsciente du bruit et de l'effervescence qui régnaient autour d'eux. Une joie prudente mais délicieuse sourdait en elle, pourtant elle n'osait s'y abandonner.

Il lui fallait prendre vraiment conscience de ce qui lui arrivait, essayer de faire le tour des émotions qui la bouleversaient, et oublier l'horizon de tristesse que, quelques instants plus tôt, elle s'était résignée à envisager.

En effet, à quelques secondes près, elle allait demander au souverain la permission de devenir religieuse.

Quelques secondes de plus et, selon toute vraisemblance, elle aurait appris que son propre père et le roi avaient, quant à eux, un tout autre projet pour elle. Mais Richard était intervenu. Il avait demandé sa main, malgré l'auréole de scandale qui l'entourait, et malgré l'opprobre qu'il encourait du fait de se remarier si vite après la mort d'Aliénor.

Il avait fait sa demande directement au souverain, en présence de la fine fleur de la noblesse anglaise.

Rien que cela, par le Ciel !

Margaret réalisa brusquement qu'il la regardait toujours, éperdu d'amour, mais avec une inquiétude croissante au fur et à mesure que le temps passait. Elle se demanda quelle était la cause de ce rembrunissement. Puis, elle comprit. Elle n'avait toujours pas donné sa réponse.

Mais elle n'eut pas le temps de s'exprimer, car une puissante voix de basse domina le brouhaha.

— Pardonnez-moi, Sire, mais je suis au regret de protester. Je le déclare, nul n'épousera ma fille sans ma permission et, en l'espèce, il n'est pas question que je la donne à cet homme !

Le tumulte monta d'un cran après la déclaration véhémente du comte. La garde se précipita pour isoler le souverain de la bousculade et des imprécations qui se déchaînaient. Le roi aboya quelques ordres afin que Richard, lord Welton et Margaret soient conduits dans son appartement privé pour une audience particulière.

Richard entraîna Meg à l'écart de la foule en la rassurant d'une voix douce, pour lui garantir que tout allait bien se passer.

Puis ils furent provisoirement séparés.

Après une attente inquiète qui sembla durer une éternité, ils se retrouvèrent dans une grande pièce fort intimidante, qui faisait partie des appartements privés du monarque. C'est là que le roi résidait pendant son séjour au château de Tunbridge.

Édouard II était assis à une petite table de bois poli près de l'âtre, à côté de son ami intime et confident, Piers Gaveston, le jeune marié. Il ne se passait pas trois minutes sans que les deux hommes ne se penchent l'un vers l'autre pour échanger quelque point de vue.

Richard et lord Welton étaient debout devant la table, et c'est le comte qui le premier défendit sa cause. Margaret était tenue un peu à l'écart, près de la porte élégante donnant sur l'oratoire privé du roi. Celui-ci l'avait invitée à s'asseoir à une table et lui avait fait porter une collation.

Elle était incapable d'avaler une bouchée. Elle avait la gorge trop serrée et la simple vue de son père la mettait au bord de l'évanouissement. Cela durait depuis un quart d'heure. Le comte défendait avec feu les droits qu'il avait sur sa fille. Meg n'avait qu'une envie : bondir de son fauteuil et lui hurler d'arrêter de la traiter comme un rouleau de tissu ou un morceau de terrain.

Elle n'était pas surprise par cette attitude. De toute façon, il ne l'avait jamais considérée comme autre chose qu'un objet.

Mais cela faisait quand même très mal.

De toute façon, elle était tenue de garder le silence, il était inutile qu'elle gaspillât sa salive. Au contraire, elle risquerait de s'attirer les foudres du monarque.

— Votre Altesse, tonnait de nouveau lord Welton, tout ceci est contraire aux us et je proteste contre ce... l'absurde prétention de sir Richard. Elle doit être tout bonnement ignorée.

— Attention à ce que vous dites, lord Welton ! répondit le roi, courroucé. Ne présumez pas de notre jugement car sir Richard est un ami, loyal serviteur de la Couronne, et nous envisagerions avec bienveillance son union avec lady Margaret.

— Mais, Sire, poursuivit lord Welton d'un ton plus conciliant. Nos conversations sur ce sujet depuis un mois étaient claires : ma fille sera soulagée des rigueurs de son bannissement pour épouser sir Ector Thornton, en récompense de... l'appui qu'il m'a fourni lors de la jacquerie de mon domaine de Twyford Crossing.

Meg s'étranglait d'indignation.

— Et je n'ai pas besoin de vous rappeler, Sire, que sir Ector a vaillamment servi votre père lors des guerres écossaises. On lui a promis à l'époque une forte récompense au nom de l'Angleterre.

— Sir Ector a déjà été récompensé de ses efforts en Écosse, Welton, rétorqua le roi d'un ton cinglant. Toute cette affaire me soulève encore le cœur : il s'est servi lui-même en faisant main basse sur tout ce qu'il pouvait s'approprier, au prix du massacre de villages entiers, par le Ciel ! La Couronne ne lui doit plus un liard.

— Sire, intervint Richard tranquillement, je suis contraint d'insister sur le fait que le point de vue – et le bien-être – de lady Margaret devraient entrer en ligne de compte dans ce jugement. Certes, je suis juge et partie, mais je ne puis me défaire de la conviction que je ferai un bien meilleur mari qu'un chevalier qui s'est enrichi en dépouillant la veuve et l'orphelin.

— Il vous sied peu, sir Richard, de prêcher la vertu avec ce que l'on sait de votre passé, répliqua lord Welton avec mépris. Quoi qu'il en soit, ma fille a elle-même souillé sa réputation. Cela lui interdit d'avoir voix au chapitre quant au choix de son époux. Elle a bien de la chance, en vérité, que sir Ector accepte de passer sur sa vertu saccagée il y a quatre ans : elle s'est conduite comme une fille des rues.

Meg, outrée, poussa un gémissement qui fut couvert par le grondement de Richard. Il se jeta sur le comte et l'empoigna par le revers fourré de son pourpoint.

— Je vous dénie le droit de prononcer son nom, messire !

— Sir Richard, maîtrisez-vous ! s'exclama Édouard II tandis que les gardes de faction aux portes se précipitaient pour séparer les deux hommes.

Meg s'était levée d'un jet et, le pugilat évité, elle restait debout, toute raide, les bras ballants et le cœur lourd. Elle s'avança vers Richard, mais n'avait pas fait la moitié du chemin qu'il y eut un raclement derrière elle et l'énorme porte à deux vantaux s'ouvrit brusquement, sans l'autorisation du roi.

Le souverain se dressa dans toute sa majesté outragée.

— Qu'est-ce ? hurla-t-il.

Ayant identifié les intrus, il calma ses gardes qui avaient lâché Richard et lord Welton pour se ruer vers la porte.

— Frère de Villeroi, dit Édouard II au premier des trois Français qui pénétraient dans la pièce.

Toutefois, le monarque était encore piqué par la façon dont ces étrangers venaient de violer l'étiquette. Ils portaient tous les trois le blason fleurdelisé. Un quatrième entra à son tour : c'était l'inconnu brun que Meg avait aperçu avec son père dans la salle d'audience, un homme trapu au visage de rapace et au regard cruel.

Sir Ector, se rappela-t-elle avant que le roi n'ait prononcé son nom. Par le Ciel ! C'était le monstre que son père voulait lui donner pour époux !

Richard, qui n'avait pas bougé depuis son empoignade avec lord Welton, se porta vivement au côté de Meg, lui prit la main et s'interposa entre elle et les quatre individus qui venaient d'entrer.

— À quoi devons-nous le plaisir de votre présence, frère ? demanda le roi, qui n'avait pas l'air de considérer cette irruption comme particulièrement plaisante.

— Nous venons d'apprendre, Altesse, répondit de Villeroi avec un fort accent français, une nouvelle tout à fait inquiétante. D'autant plus que nous ne la tenons pas de votre bouche, Sire.

Meg surprit un regard entendu entre sir Ector et lord Welton.

— Nous espérons vivement que vous corrigerez cet oubli séance tenante, conclut de Villeroi.

— De quoi s'agit-il, mon cher ? Nous ne pouvons accéder à votre demande tant que vous ne la formulez point, déclara Édouard II.

De Villeroi toisait le jeune monarque, nullement effrayé par son mécontentement.

— Nous avons appris qu'un chevalier du Temple est présent à la cour, et même dans cette pièce. Notre roi Philippe le Bel nous a garanti votre appui en ce qui concerne l'ordre du Temple, car il sait l'amour que vous lui portez, grâce à vos fiançailles avec sa fille bien-aimée, la belle Isabelle de France.

Le souverain ne répondit pas tout de suite, et le regard de l'inquisiteur se fit plus pesant.

— Nous comptons sur vous, Majesté, pour nous remettre ce templier. Il doit subir la question et avouer les sacrilèges commis par ceux qui sont acceptés dans cette confrérie.

À chaque mot du Français, Meg avait l'impression qu'un garrot de fer lui serrait un peu plus la gorge. Richard écoutait avec attention cet homme qui complotait pour qu'il soit arrêté et jugé pour hérésie.

Non ! Ne me le prenez pas ! avait envie de hurler la jeune femme.

Mais, pour Richard, elle se taisait. Lui-même serrait doucement sa main afin de l'encourager à être forte. Ils avaient déjà traversé des orages ensemble, ils traverseraient celui-ci.

Le roi s'approcha de Richard et de Meg.

— Nous sommes au regret de vous dire que vous faites erreur, frère. Il n'y a pas plus de templier dans cette pièce que dans tout le reste de la cour.

Un instant démonté, de Villeroi répondit d'une voix douce.

— Pardonnez-moi, Altesse, mais je sais que sir Richard de Cantor est ici, et qu'il était encore templier il n'y a pas trois mois, si mes sources sont exactes.

Il échangea un regard appuyé avec sir Ector, qui ne cilla pas.

— Il n'y a pas trois mois, nous vous l'accordons, rétorqua le roi. Sir Richard de Cantor n'est plus templier.

— Même les anciens templiers doivent être interrogés. Je croyais, Sire, que ce point était acquis, étant donné la nature de notre visite dans votre beau pays. Nous sommes venus recueillir les preuves des viles hérésies commises par l'ordre du Temple en Angleterre, pour les ajouter à celles que nous avons découvertes en France. La meilleure façon d'atteindre ce but, c'est de soumettre à la question ceux qui sont – ou étaient – templiers.

Richard lâcha Meg et s'avança d'un pas, exaspéré par tant d'hypocrisie.

— Aucun crime n'a été commis par les templiers, frère, gronda-t-il, tremblant de fureur. Vous en revanche, ainsi que toute l'Inquisition, commettez des atrocités en torturant des innocents pour leur arracher de faux aveux.

L'inquisiteur se tourna vers Richard.

— Les vrais innocents n'avouent jamais, quels que soient les traitements qu'ils subissent.

— Vos tortures sont si abominables qu'un malheureux avoue n'importe quoi pour les faire cesser, riposta vivement Richard. Ayez au moins l'honnêteté de le reconnaître : vous ne cherchez pas à identifier le coupable et l'innocent, vous brisez des hommes afin de détruire l'ordre du Temple.

— Je serai ravi, sir Richard, d'établir moi-même votre innocence ou votre culpabilité, je vous le garantis.

— Assez ! trancha le roi. Nous estimons inutile de soumettre sir Richard à votre examen.

— Réfléchissez bien, Sire, car, comme vous le savez pertinemment, cette décision serait lourde de conséquences...

L'inquisiteur parlait d'un ton égal, mais les conséquences de la rupture des fiançailles entre Édouard II et Isabelle de France seraient en effet colossales.

Un ange passa. Meg tentait de se calmer en inspirant profondément. Tous se toisaient en chiens de faïence. Elle posa le regard sur le favori d'Édouard II, Piers Gaveston.

Pendant toute l'altercation, Piers s'était contenté d'écouter successivement Richard, lord Welton, l'inquisiteur et le roi. Soudain, il se redressa sur son fauteuil et, à la surprise générale, prit la parole.

— Nous sommes dans une impasse, messeigneurs, madame. Une double impasse, aussi bien quant au mariage de lady Margaret qu'au statut de sir Richard vis-à-vis de l'ordre souverain, militaire et hospitalier du Temple. Si je puis me permettre cette audace, j'aurais une suggestion susceptible de satisfaire tout le monde.

Édouard II eut l'air soulagé et se rassit avec un regard affectueux pour son favori.

— Vas-y, mon mignon, parle ! Nous serons ravis que tu proposes un accord à l'amiable.

— Avec plaisir, répondit Piers, enchanté de la considération que lui témoignait le souverain.

Il posa les coudes sur la table d'un geste important. Meg se souvenait que de longues années plus tôt, quand il n'était encore qu'un enfant, il aimait à être le centre de l'attention de tous.

— Il est une coutume antique, abandonnée depuis peu par les guerriers comme sir Richard, prévue pour prouver de façon éclatante la culpabilité ou l'innocence. Le genre de preuve dont a besoin frère de Villeroi.

Il marqua une pause pour ménager ses effets, mais le souverain n'était pas d'humeur à patienter longtemps.

— Quelle est cette coutume, mon mignon ? Et comment pouvons-nous l'utiliser afin de trancher notre dilemme ?

Le souverain commençait à trouver qu'il avait eu une journée chargée, et sa patience était à bout.

— Le jugement de Dieu ! révéla Piers, incapable de cacher sa fierté et son enthousiasme. En l'espèce, nos hôtes français fourniront leur meilleur homme d'épée pour affronter sir Richard : si celui-ci remporte le duel, il sera proclamé innocent. Il n'aura pas à subir la question et obtiendra la main de lady Margaret. Dans le cas contraire, il sera remis à l'Inquisition et lord Welton aura le droit de donner sa fille à qui bon lui semble.

Meg fut prise d'une nausée, et Richard l'enlaça dans un geste d'affection.

— Non, Sire, protesta-t-il. Vous ne sauriez accepter cette proposition : lady Margaret n'est pas un butin à attribuer de la sorte !

— Vous avez si peur de perdre, sir Richard, que vous refusez le jugement de Dieu ? se moqua frère de Villeroi.

— Ce n'est pas le duel qui me fait peur, soyez tranquille, grogna Richard avec un regard meurtrier. Je suis rompu au métier des armes, et je défierai volontiers quiconque l'Inquisition me donnera à affronter. Mais je rejette l'utilisation de lady Margaret comme prime au vainqueur. C'est dégradant. Elle est une dame, et non du bétail que l'on se dispute à la pointe de l'épée.

— Refuseriez-vous de vous battre pour elle ? ricana sir Ector en lorgnant Meg avec concupiscence. Je le ferais moi-même volontiers, mais certes pas pour son honneur. Car la question de son pucela...

Il n'acheva pas sa phrase. Richard était déjà sur lui et lui allongeait un formidable coup de poing à la mâchoire, qui le projeta à terre. Ector fit une roulade et se releva en grognant, prêt à se précipiter sur son ennemi. Mais les deux gardes, sur un signe du roi, l'immobilisèrent.

— Sir Richard, encore une fantaisie de ce genre et je vous fais ligoter, avertit le monarque d'un ton cinglant avant de se tourner vers sir Ector. Quant à vous, messire, sachez que ce genre d'insulte est parfaitement déplacé et ne sera pas toléré à ma cour. N'était notre estime pour lord Welton, dont nous apprécions l'hommage, vous seriez chassé non seulement de cette pièce mais de la cour, à cause de votre grossièreté.

Ector eut la sagesse de rester coi, mais le regard qu'il adressa à Richard était chargé de haine.

Meg sentait chez Richard la colère déferler par vagues, mais son souffle demeurait régulier. Comment faisait-il pour être si calme face aux menaces qui pesaient sur lui ?

— Nous pouvons continuer, observa le roi. Donc, bien que cette solution ne soit pas parfaite, nous n'en voyons pas de meilleure que celle proposée par notre très cher Piers Gaveston.

Édouard II interrogea l'inquisiteur.

— Frère de Villeroi, acceptez-vous le jugement de Dieu, au nom de l'Inquisition ? Répondez par oui ou par non.

— Oui, à condition que nous ayons le temps pour choisir notre candidat et le faire venir jusqu'ici. Sir Richard est, en tant qu'ancien templier, un excellent combattant : il lui faut un adversaire à sa mesure. Nous réclamons une semaine pour le trouver.

— Et vous, messire ? demanda le roi à lord Welton.

— Je déplore, Sire, pour le cas où sir Richard serait victorieux, d'avoir à trouver une autre façon de récompenser sir Ector pour ses services distingués vis-à-vis de moi-même et de la Couronne, dans l'affaire – que j'ai déjà citée – de Twyford Crossing. Cela va me coûter et je ne voudrais pas en porter seul le poids.

— Cessez donc de pleurnicher et répondez-nous : acceptez-vous, oui ou non, de vous conformer au jugement de Dieu ? répéta Édouard II, exaspéré par l'obsession qu'avait lord Welton de s'emplir ses poches avec l'or de la Couronne.

— Oui, Sire, bougonna enfin Welton avec un regard mauvais à Richard et Meg. Et si tout se termine selon mes prières, je dirai que l'ordre du Temple m'aura rendu deux fiers services en cinq ans.

Meg devint livide, et Richard mit quelques instants à saisir ce qu'impliquait le sarcasme du comte.

— Prenez garde, messire, gronda-t-il sans se départir de son calme. Je pourrais bien achever la tâche que les gardes m'ont empêché de mener à bien. N'essayez pas de me pousser à bout !

Édouard II était las des insultes. Il voulait en finir. Il posa donc la même question à Richard.

— Et vous, sir Richard, êtes-vous prêt à vous soumettre au jugement de Dieu face au candidat de l'Inquisition, pour prouver votre innocence ?

— Ça dépend...

Le souverain s'attendait à une réponse plus tranchée. Il marmonna un juron qui n'avait rien de royal.

— Ça dépend de quoi ?

— De lady Margaret, répliqua Richard en forçant la voix mais sans le ton de colère du souverain. Je refuse de jouer son avenir sur l'issue d'un combat, Majesté. Sur le reste, je suis d'accord.

— C'est inacceptable ! rétorqua le roi, furieux. Les autres ayant accepté les conditions telles quelles, nous déclarons que les choses se dérouleront comme Piers Gaveston l'a suggéré, faute d'avoir trouvé de meilleure solution pour régler le mariage de lady Margaret. Vous désirez l'épouser, et Welton désire la donner à quelqu'un d'autre. Croyez-nous quand nous vous déconseillons de nous contraindre à choisir entre le comte et vous. Acceptez les conditions, qu'on en finisse avec cette audience.

— Et si je refuse ? demanda Richard.

— Si vous refusez, sir Richard, martela Édouard II exaspéré, nous n'aurons plus le choix : nous vous abandonnerons à l'Inquisition pour subir la question, conformément aux vœux de notre futur beau-père Philippe le Bel. Lady Margaret, de son côté, sera remise à son père qui, sauf erreur de notre part, la donnera immédiatement à sir Ector en mariage.

Puis le monarque, qui se tracassait au fond pour Richard, finit sur un ton plus conciliant.

— Vous n'avez rien à gagner, sir Richard, et beaucoup à perdre à vous entêter. Faites donc vite votre choix, que l'affaire soit entendue.

Meg se tenait debout, à côté de Richard, en proie au supplice car il n'avait pas vraiment le choix. Éperdue d'amour pour lui, elle attendait sa réponse. Il détourna le visage un moment, égaré à cause du piège qu'on leur avait tendu sans issue possible. Enfin, amer et résigné, il consulta Meg du regard et se tourna vers le roi.

— Fort bien, Sire, répondit-il humblement. Je suis obligé de donner mon accord.

— Voilà qui est fait, constata Édouard II, un peu gêné.

Dans le silence qui suivit, les ennemis se toisèrent sans aménité.

— Puisque nous en avons terminé, je vais vous souhaiter une bonne soirée, Majesté, dit enfin de Villeroi en s'apprêtant à quitter la pièce avec ses compatriotes.

— Oui, frère. Mais souvenez-vous : vous n'avez qu'une semaine. Sir Richard est assigné à résidence au château de Tunbridge pendant sept jours. Si, d'ici là, votre candidat ne se présente pas, je le libère.

— C'est entendu, altesse, répliqua de Villeroi avec une vague courbette. Vous pouvez compter sur nous.

Ce fut ensuite le tour de lord Welton et de sir Ector d'être éconduits, en dépit de leurs objections. Piers en profita pour s'éclipser, sous prétexte qu'il lui fallait rejoindre sa jeune épousée.

Ainsi, le roi resta seul avec Richard et Meg, comme il le désirait.

— Nous voici maintenant tranquilles pour préciser certains détails, sir Richard, lady Margaret, exposa Édouard II en leur faisant signe de le suivre dans son oratoire.

Dans ce minuscule lieu de culte, il faisait plus frais et sombre.

— Et nous souhaitons nous entretenir avec vous en particulier pour que nul ne puisse nous entendre et colporter par la suite des ragots, ajouta le roi en désignant du regard les deux sentinelles toujours en faction devant la porte.

Richard murmura un remerciement, ainsi que Meg. Ils s'agenouillèrent devant le petit autel en même temps que le roi, puis le monarque s'assit sur un banc latéral, tandis que Meg et Richard restaient debout, conformément à l'étiquette – sans se toucher, bien sûr. Ce n'était pourtant pas l'envie qui manquait à Richard de prendre la jeune femme dans ses bras pour la réconforter après cette pénible épreuve.

Il se contenta d'attendre patiemment qu'Édouard II leur parle. Le roi observait en silence l'autel illuminé de cierges, et le crucifix qui le dominait. Le souverain était fatigué. Il n'était guère difficile d'imaginer que le poids de la couronne était parfois trop grand.

Le regard du monarque se posa enfin sur eux, empreint d'une certaine tristesse.

— Vous vous aimez : c'est clair. Mais un royaume ne se gouverne jamais par la seule force de l'amour. Si c'était le cas, vous seriez en train d'échanger vos consentements, au lieu de vous préparer au jugement de Dieu dans une semaine. Toutefois, le trône nous confère le privilège de certaines décisions, dans les limites des contraintes politiques, s'entend. Ce degré de liberté pourra vous rendre à tous les deux la semaine qui vient plus supportable.

— Comment, Sire ? demanda doucement Richard sans comprendre où le roi voulait en venir.

Meg se rapprocha d'un centimètre, juste assez pour qu'il lui prenne subrepticement la main, cachée dans les replis de sa jupe.

— Notre accord, sir Richard, exige que nous vous assignions à résidence à Tunbridge, jusqu'au duel.

— Oui, Majesté, j'ai bien compris.

— Ce sur quoi nous ne nous sommes pas engagés, c'est sur l'emplacement précis de cette résidence, ni sur les libertés que nous vous laisserons pendant ces sept jours. Notre intention est de vous fournir toutes les facilités possibles pour vous entraîner en vue de l'épreuve. Vous serez sans cesse surveillé par des gardes, mais ils ne vous empêcheront pas de vous entraîner avec qui vous jugerez bon.

Richard sentit Meg lui serrer la main avec chaleur. Il était vivement reconnaissant envers le roi pour ces égards.

— Je vous en sais gré, Majesté.

Le roi, toujours solennel, acquiesça de la tête et poursuivit.

— Au lieu de loger dans les quartiers des gardes, vous disposerez d'une petite chambre isolée, dans l'aile ouest. Elle est confortablement meublée, afin que vous ayez toutes vos aises. Elle est meublée, dirions-nous, comme une chambre doit l'être pour une nuit de noces...

Richard entendit sa compagne laisser échapper une sorte de hoquet, et lui-même sentit sa poitrine se serrer. Il lui glissa un regard : qu'elle était belle à la lueur des cierges !

— Je ne sais que dire, Sire...

— Eh bien, gardez le silence, répondit le roi.

Dans son regard, Richard lut une bonté qui lui avait souvent attiré la réprobation de son père, autoritaire et distant.

— Nous ne pouvons vous accorder le mariage officiel que vous désirez, précisa-t-il avec douceur, mais vous pouvez vous prévaloir de notre bénédiction. Pour nous, votre union est plus authentique que celle de bien des couples, fussent-ils bardés de consentements officiels. Faites donc à votre guise pour le temps qui vous reste car, même si nous espérons que le bon droit l'emporte, il n'est pas en notre pouvoir de le garantir.

— Merci, Majesté, souffla Meg. Vous nous faites un immense cadeau.

— L'amour est toujours un cadeau, lady Margaret, reconnut le roi avec un sourire pensif. Qu'il faut chérir jusqu'à son dernier soupir.

Il se tut un instant, puis leur adressa un signe de tête.

— Nous allons à présent vous laisser ici quelque moment, en tête à tête. Sachez que nous ne vous parlerons plus jusqu'au jour décisif. Nos pensées sont avec vous. Que Dieu, dans Son infinie sagesse, vous accorde à tous les deux la paix jusque-là.

Richard s'inclina et Meg fit une profonde révérence tandis que le roi quittait l'oratoire. Il referma la porte derrière lui et ils entendirent le son étouffé de sa voix : on devait leur laisser un moment avant de les escorter jusqu'à leurs chambres ; après quoi, leurs affaires seraient portées dans l'aile ouest.

Et le silence retomba.

La flamme des cierges montait bien droit. Une odeur délicate d'encens conférait à cet instant une atmosphère de paix.

Richard porta devant sa bouche leurs mains entrecroisées, et baisa les doigts de Meg.

— Eh bien, milady, nous voici tranquilles tous les deux, enfin.

— Oui, murmura-t-elle en regardant d'abord leurs doigts enlacés, puis les yeux de Richard à la douce lueur des cierges.

— Nous voici dans un endroit paisible, recueilli, poursuivit-il.

— Oui, tranquille assurément, admit-elle en se demandant où il voulait en venir.

— Eh bien, voilà : vous n'avez toujours pas répondu à la question que je vous ai posée il y a une heure devant témoins.

Il sentit qu'elle se raidissait et lut une ombre dans son regard avant qu'elle ne baisse les paupières.

— Vous avez demandé ma main, murmura-t-elle, gênée.

— Oui, et je n'ai toujours pas de réponse, que je sache...

Quand elle releva ses grands yeux, une petite lueur y dansait.

— J'ai été surprise, Richard, vous le savez bien. Si vous voulez tout savoir, je m'apprêtais à demander au roi la permission d'entrer au couvent.

— Au couvent ? gronda-t-il. Vous voulez vous faire none ?

— Pas vraiment, même si c'est une belle et simple vocation. Mais avais-je le choix ? Vous ne vous rendez pas compte de ce que j'endure depuis des jours ? Je voyais approcher l'instant de notre séparation définitive, ce qui ne semblait guère vous affecter. J'ai donc résolu de me consacrer à Dieu plutôt que de traverser l'existence en solitaire. Ou, pire, d'être donnée à un autre.

Richard avait le cœur brisé, tant il lisait de douleur et de courage dans les beaux yeux de Meg.

— Je suis désolé, milady, pour les souffrances que je vous ai causées en n'affichant pas plus tôt mes intentions.

— Mais pourquoi ? s'enquit-elle. Pourquoi m'avoir fait croire que l'abîme ouvert entre nous vous laissait indifférent ?

— Parce que je n'avais pas le choix, milady. Quand je suis venu dans votre chambre, cette fameuse nuit à Hawksley, je vous ai demandé les raisons de votre brusque changement d'attitude à mon égard. J'ai promis de ne chercher ni à vous convaincre de modifier vos convictions, ni de vous influencer de quelque façon que ce soit en vue de changer vos opinions. Vous vous souvenez ?

— Oui, acquiesça-t-elle.

— Je ne pouvais renier ma parole. De toute façon, vous ne me l'auriez pas permis. Je savais que vous ne m'écouteriez pas à ce moment-là. J'ai donc résolu d'être patient, et de vous poser la question devant le roi en personne, pour que vous compreniez avec quelle force nous appartenons l'un à l'autre.

— Mais ne comprenez-vous pas ? rétorqua-t-elle en rougissant. J'ai eu peur de ce que représenterait pour vous le fait d'être lié au scandale qui pèse toujours sur moi. Et maintenant, ce jugement de Dieu... Il va vous falloir combattre ! J'ai peur pour vous, Richard ! Tout cela parce que vous vous battez pour moi...

Des larmes jaillirent de ses yeux et elle détourna le visage, tâchant de contenir ses émotions.

Lui-même avait le cœur lourd. Il lui frôla le menton et l'incita à tourner la tête vers lui.

— Ah, milady ! Ne comprenez-vous pas ? La mort n'est pas pire pour moi que la vie sans vous. Il n'y a rien au monde qui puisse m'empêcher de me battre pour vous jusqu'à mon dernier soupir. Vous êtes ma vie, Meg. Rien d'autre ne compte.

De nouveau, les beaux yeux de la jeune femme s'emplirent de larmes. Puis elle ébaucha un sourire tremblant.

— Alors, Meg, que dites-vous maintenant ? Acceptez-vous que je devienne, ici et maintenant, votre mari dans mon cœur, en attendant de nous marier vraiment quand tous ces noirs nuages seront éloignés ?

— Oui, Richard, j'accepte. Et de mon côté, je vous demande de me prendre pour épouse.

Il acquiesça en s'inclinant solennellement et la guida jusqu'au centre de l'autel de bois poli, superbe dans sa simplicité. Il lui saisit les deux mains et parla d'un ton ferme.

— J'affirme ici devant Dieu mon amour pour vous, lady Margaret Newcomb. Avec tout ce que je suis et ce que je deviendrai, je me donne à vous à partir d'aujourd'hui et jusqu'au jour de ma mort, j'en fais le serment.

Les yeux de Margaret brillaient à la lueur des cierges de l'autel. Elle eut un doux sourire.

— Et moi, sir Richard de Cantor, je vous déclare mon amour. Il n'y en aura jamais d'autre dans mon cœur car je me donne toute à vous, maintenant et pour toujours. J'en fais le serment et je scelle mon engagement... par ce baiser.

Elle pencha la tête en arrière et leva le visage vers Richard. Leurs lèvres se frôlèrent, puis il revint avec un baiser plus appuyé sur cette bouche soyeuse, gage de désir, de passion, d'espérance et de rédemption qui faillit le faire chanceler.

Quand ils se séparèrent enfin, il continua à la regarder dans les yeux, plein d'amour, brûlé par un ardent et profond besoin de la faire sienne tout entière. De lui donner à profusion tout ce qu'il ressentait... de célébrer son corps de façon aussi complète qu'il chérissait la beauté de son cœur.

Ce jour viendrait. Pour l'instant, ils avaient à peine goûté au paradis qui les attendait. Car les portes d'une incertitude infernale s'étaient ouvertes devant eux. Heureusement que ces précieux instants leur étaient accordés : ils n'avaient pas l'intention d'en gâcher la moindre seconde.

— À ce soir, mon amour, dit-il, très ému, en tenant tendrement le visage de Margaret entre ses mains.

Puis il déposa un dernier baiser sur son front.

— À ce soir.

16

Le jour tirait à sa fin. Un vent d'automne assez frais sifflait dans les tours du château de Tunbridge. On l'entendait jusque dans le couloir, éclairé de torches de jonc, qui conduisait à l'aile ouest.

Meg marchait d'un pas vif, le cœur battant. Elle approchait de la porte de Richard – qui serait également la sienne jusqu'à l'aube. Une onde de chaleur monta en elle à cette pensée.

Comme l'avait promis le roi, la chambre qui leur avait été assignée était très isolée. Tellement isolée que les sentinelles chargées de surveiller Richard n'étaient pas postées à sa porte mais au bout du couloir, à vingt pas de là. Meg les voyait au garde-à-vous, tournées vers le couloir principal.

Richard serait seul chaque nuit jusqu'au lever du soleil, avait précisé le garde, les yeux baissés, quand il était venu au crépuscule dans la chambre qu'elle partageait avec Jane. Donc, après avoir souhaité bonne nuit à Jane, elle avait laissé le garde l'escorter jusqu'à cet endroit, et continué à descendre le couloir sur le signe de tête qu'il lui avait adressé.

Elle arriva devant la porte, rouge d'émotion et les paumes moites malgré la fraîcheur qui régnait dans le château, à l'approche de la pluie. Le vent gémissait dans les tours comme une mélopée lointaine. Meg ferma les yeux, imagina Richard debout derrière la porte, attendant devant un bon feu qu'elle se présente.

Et attendant de consommer leur amour avec une impatience qui n'avait d'égale que la sienne.

Toutefois, un détail restait à régler. Elle porta les mains à sa poitrine et toucha le lourd pendentif d'argent qui, depuis quatre ans, reposait contre son cœur. Ce bijou était le cadeau d'adieu d'Alexandre, un travail d'orfèvre d'un prix exorbitant, à une époque où lui-même n'avait guère que son cœur à offrir. Meg savait alors depuis moins de quinze jours qu'elle portait leur bébé. Alexandre lui avait offert ce collier en gage de son amour pour elle et pour le bébé.

Moins d'une semaine plus tard, son père le comte avait découvert leur illégitime union et avait contraint Alexandre à s'engager dans les templiers. De ce jour, elle n'avait jamais retiré ce joyau malgré sa grossesse, la nouvelle de la mort d'Alexandre sur le champ de bataille, la mort de Madeline et les années de pénitence au couvent de Bayham puis au manoir de Hawksley. Pas une fois elle ne l'avait ôté depuis le jour où Alexandre le lui avait glissé par-dessus la tête.

Mais à présent, le moment était venu. Avec tendresse, elle eut une prière silencieuse à la mémoire de cet homme dont l'amour avait façonné sa vie. Puis, avec un soupir, elle saisit des deux mains le fermoir sur sa nuque et retira le collier. Elle le posa dans sa paume, lourd et encore chaud du contact avec sa peau. Elle referma un instant les doigts dessus, puis le laissa glisser dans la poche de son mantelet.

Elle se redressa et gratta à la porte, la poussa et enjamba le seuil pour entrer dans la pièce.

— Enfin, te voilà.

— Oui, Richard, murmura-t-elle. Tout le jour, j'ai attendu cet instant.

Il était debout, à demi caché dans l'ombre entre le foyer et une meurtrière qui laissait pénétrer dans la pièce un étroit rayon de lune, d'une blancheur laiteuse.

Elle laissa la porte se refermer toute seule derrière elle, et la pièce fut de nouveau plongée dans la pénombre, à l'exception de la lumière du feu dans l'âtre.

— Veux-tu approcher, milady ? invita-t-il. Vers le feu, que je te voie... et que je te touche.

À ces mots, elle frissonna de plaisir et s'avança pour se placer devant la cheminée. La chaleur des braises formait un contraste délicieux avec la fraîcheur du reste de la chambre. Elle frissonna légèrement.

Richard était toujours dans l'ombre mais son regard semblait la brûler. Il la fixait sous ses lourdes paupières. Ses yeux étaient si beaux dans leur chatoiement vert et or.

La respiration de Meg s'accéléra quand il s'approcha, pour s'immobiliser à vingt centimètres d'elle. Il la regardait toujours, mais ne la touchait pas. Pas encore. La lumière dansante des flammes faisait vibrer les ombres sur son visage.

Tandis qu'elle le regardait, une onde exquise se développa dans le ventre de Meg. L'attente ne faisait que renforcer son désir. C'était la même tension qu'elle avait ressentie à maintes reprises à Hawksley. La seule différence, c'est qu'elle savait que cette nuit, ils allaient enfin satisfaire l'envie qu'ils partageaient.

Bientôt elle sentirait ses bras qui l'enlaceraient, elle se serrerait contre son corps, leurs bouches se cajoleraient. Elle connaîtrait le plaisir d'enfoncer ses doigts dans l'épaisse chevelure du chevalier.

Bientôt...

— Ah, milady, que tu es belle ! soupira-t-il en la caressant des yeux.

Il suffisait d'un regard pour qu'elle sente sa chair fourmiller.

Il tendit enfin le bras et prit sa main. Elle avait les doigts qui tremblaient malgré elle tandis qu'il les portait à ses lèvres, et les frôlait de la bouche d'une façon si légère qu'un frisson l'envahit d'une torpeur langoureuse, se prolongeant délicieusement.

— As-tu idée de l'effet que tu me fais, Meg ? demanda-t-il dans le silence intime où ils se trouvaient. Tu sais à quel point je te désire en ce moment ?

— Si c'est la même chose que ce que je ressens pour toi, oui, j'en ai une idée, confirma-t-elle, la gorge serrée par la passion et submergée par l'amour qu'elle éprouvait pour lui.

De l'autre main, il la serra contre lui, et l'enlaça. Elle se laissa entraîner par une marée de sensations quand il lui frôla la tempe avec les lèvres.

— Je t'aime, milady, murmura-t-il contre ses cheveux tandis qu'il glissait ses mains du haut en bas de son dos. Et je veux te montrer à quel point, de façon aussi complète que je le pourrai…

Il se tourna légèrement et elle sentit contre son ventre sa dure érection. Elle inspira brusquement et s'appuya contre lui.

— … et aussi souvent, aussi. D'ailleurs, les fois suivantes s'avéreront peut-être plus faciles, car cela fait pour moi si longtemps…

Elle perçut son sourire avant de le voir, puis il s'écarta un peu et elle put de nouveau plonger son regard dans celui de Richard. Il lui prit le visage entre les paumes et lui inclina la tête en arrière pour l'embrasser avec délicatesse sur le front, le nez, les joues. Elle lui souriait en retour et lui offrait ses lèvres. Lorsque leurs bouches s'unirent, il montra une passion vorace qui coupa le souffle de Meg.

Elle eut un haut-le-corps quand il bascula soudain les hanches et glissa sa cuisse musclée entre ses jambes, comme pour prendre possession de la chair tendre qui s'y abritait. Un plaisir brûlant l'envahit et elle s'entendit l'appeler par son nom. Lui-même murmurait quelque chose contre sa gorge, et fourrageait d'une main dans sa chevelure, en la débarrassant du filet qui la retenait.

Comme au milieu d'un rêve sensuel, elle sentit sa tête dodeliner sous l'ivresse. Il l'inclina et couvrit de baisers le côté dénudé de son cou. En même temps, il descendait une main le long du dos de Margaret pour lui empoigner les fesses et la plaquer étroitement contre lui. Il se mit à la balancer en cadence contre sa cuisse.

Un long gémissement échappa à Meg. Elle serrait les jambes sous l'effet du frottement érotique qui faisait palpiter sa féminité. Son désir montait par vagues si intenses qu'elle était obligée de s'accrocher au bras de Richard, ses ongles s'enfonçant dans sa chemise. Autrement, elle se serait affalée par terre. Quelques instants de plus de cette exquise torture, et elle arriverait à l'orgasme.

— Richard, je... oh, oui... bafouillait-elle en murmures incohérents. Je t'en prie, juste comme ça...

— Chut, mon amour ! susurra-t-il à son oreille sans cesser de la balancer contre lui. Profite de la beauté de cet instant... ce n'est qu'un aperçu des joies que j'entends te donner.

Elle crispait les doigts de plus en plus fort, enfonçait les ongles dans les épaules de Richard tandis que ses sensations s'épanouissaient. Elle gémit de nouveau puis s'abandonna à une série de spasmes rapides, brûlants. Les vagues de plaisir se succédèrent, plus dures et plus fortes.

Avec un cri aigu, Meg se cambra en arrière, secouée par la jouissance. Elle serait tombée si Richard ne l'avait pas gardée enlacée. Il chuchotait des mots d'amour, des murmures passionnés qui ne parvenaient à la jeune femme qu'à travers la brume du plaisir.

Elle sentit qu'il la soulevait dans ses bras et la portait jusqu'au lit à baldaquin, orné de lourdes tentures, pour la déposer sur le couvre-lit. Elle fut alors capable de rouvrir les yeux et distingua, à travers le flou des émotions qui la transportaient, le visage de Richard. Elle lui sourit à travers ses larmes. L'amour qu'elle éprouvait pour lui était si grand que c'était comme une douleur dans sa poitrine, à la base de sa gorge, qui l'empêchait de prononcer un seul mot des sentiments qu'il lui inspirait.

Ces sentiments, Richard les lisait à livre ouvert dans les yeux de Meg, couché sur le côté, la tête appuyée sur la main ; et il lui adressa un lent sourire sensuel.

— Si tu as aimé cela autant que moi, ou ne serait-ce que la moitié, alors j'ai des raisons de me réjouir, dit-il doucement en lui touchant le bout du nez.

— Oh, oui ! répondit-elle. Mais ce qui me plairait davantage encore, c'est de te donner autant de plaisir.

Tandis qu'elle parlait, elle descendit la main le long de son ventre, et caressa de la paume son membre dur et brûlant, qui tendait ses hauts-de-chausses. Il se raidit à ce contact et gémit. Mais il ne se laissa caresser ainsi qu'un moment : il lui attrapa le poignet et s'assit.

— Pourquoi veux-tu que j'arrête ? demanda-t-elle doucement en s'asseyant à son tour.

Il se passa la main dans les cheveux avec un rire tremblant.

— Crois-moi, Meg, je n'ai aucune envie que tu arrêtes. Mais cela fait six ans que je n'ai pas touché une femme, et ton contact est bien trop merveilleux pour que je le supporte sans répandre ma semence.

— Serait-ce si affreux ?

Il lui caressa la pommette, sourit de nouveau avec tendresse, sans quitter son visage des yeux.

— Parce que je veux m'enfouir profondément en toi. Mais nous avons des tas de délices à nous procurer mutuellement avant que je ne m'autorise cette jouissance.

— Oh...

Meg devina qu'elle rougissait, car elle sentait de nouveau fleurir le désir au tréfonds d'elle-même.

— Mais ce lit n'est pas l'endroit où je souhaite t'entraîner, pour le moment du moins. Il fait noir, il y a trop de courants d'air.

Le regard du chevalier allait de la bouche aux yeux de Meg.

Elle acquiesça vaguement de la tête.

— Viens ! chuchota-t-il.

Il l'entraîna sur le tapis au milieu de la pièce, à mi-distance du lit et de la cheminée.

— Où allons-nous ? demanda-t-elle d'une voix chevrotante.

— Pas bien loin, répondit-il, amusé, en l'immobilisant exactement dans le rayon de lune.

Et il se plaça juste derrière elle.

— Ici, ce sera parfait, murmura-t-il à son oreille.

Sa douce haleine la fit frissonner jusqu'au bout des bras.

— Mais je ne peux pas te voir, Richard, si je suis comme ça. Ce n'est pas juste !

Ce faible plaidoyer ne méritait qu'une réaction, qui ne tarda pas. Il eut un petit rire grave, écarta du cou de Meg sa chevelure parfumée et se mit à couvrir son cou de baisers.

Elle ferma les yeux et se laissa aller en arrière, contre lui, pour le laisser poursuivre cet assaut voluptueux tandis qu'il l'enlaçait des deux bras.

— N'aie pas peur, mon amour, dit-il entre deux baisers, tu auras ton tour... mais, s'il te plaît, je veux le mien d'abord, et pas plus tard que tout de suite.

Elle abandonna toute volonté de répondre, captivée par un flot de sensations nouvelles. Il glissa les mains des épaules de Meg le long de ses bras. Elle sentait leur chaleur à travers la fine étoffe des manches de sa tunique ajustée. Quand il atteignit ses mains, il entrelaça ses doigts avec ceux de Meg et lui releva les bras jusqu'à poser les mains derrière sa nuque. Ils restèrent ainsi debout, elle légèrement cambrée et la tête appuyée contre la poitrine de Richard.

Il se mit à lui caresser les hanches, puis le ventre et la taille, s'immisçant par les fentes latérales du surcot qu'elle portait sur sa tunique. Enfin, ses douces mains cueillirent les seins de Meg. Elle eut une inspiration profonde et ne put s'empêcher de se cambrer davantage tandis qu'il saisissait entre ses doigts ses mamelons durcis, à travers la fine étoffe.

— Je te vois enfin pour de vrai, Meg, comme je t'ai vue si longtemps en rêve.

Il abandonna ses seins pour lui passer par-dessus la tête son surcot qu'il laissa choir sur le sol. Puis, de ses longs doigts, il entreprit de défaire un à un les minuscules boutons de sa tunique, jusqu'à la taille. Il ouvrit alors largement le vêtement, dévoilant le trésor de sa peau nue.

Avec un gémissement grave, Meg baissa les bras pour laisser glisser son corset, dévoilant ses seins au clair de lune. Il lui embrassait les épaules et le cou. Un exquis fourmillement durcissait les mamelons de la jeune femme, au point de lui faire presque mal. Elle appelait la douceur érotique des paumes de Richard contre ses seins nus, sans la barrière de la moindre étoffe.

Il la laissa attendre ainsi, en l'effleurant de caresses légères, sans jamais toucher l'endroit qu'elle espérait.

— Tu es délicieuse, Meg, confia-t-il en se penchant sur elle.

Alors, sous le plein éclat de la lune, il lui donna enfin ce qu'elle voulait avidement : il mit ses paumes en coupe et lui caressa les seins à pleines mains puis, sans tarder, entreprit de les sucer et les taquiner en formant des spirales avec sa langue rapide.

Elle enfouit les mains dans ses cheveux, tandis qu'il dévorait avec passion un sein après l'autre. Continuant à jouer ainsi de sa bouche, il s'agenouilla et glissa les mains sur ses côtés en tirant sur ses jupons pour lui libérer les hanches. Meg mit quelques secondes à réaliser, à travers l'ouragan de sensations, son geste. Puis elle se raidit et se recula légèrement.

Il interrompit son baiser et l'interrogea du regard. Il était d'une beauté à couper le souffle.

— Qu'y a-t-il, mon amour ? murmura-t-il.

Margaret se sentit une fois de plus rougir.

— Je crois... que ce serait bien d'aller sur le lit maintenant, Richard, suggéra-t-elle en baissant les yeux, gênée.

— Tu as froid ? s'inquiéta-t-il. Je pensais qu'il ferait assez chaud, ici devant le feu.

— Non, je n'ai pas froid, répondit-elle avec un sourire rassurant. Mais ce clair de lune est impitoyable, je... je crois que je préfère l'ombre.

Il ne comprenait toujours pas.

— Mon corps est marqué par le fait d'avoir porté un enfant, Richard, ajouta-t-elle. Je ne voudrais pas gâcher ton plaisir.

Il ferma les yeux et baissa la tête, comme s'il venait de recevoir un coup. Meg demeura pétrifiée, consternée qu'il ait tant de mal à accepter la réalité de son passé. Elle était désemparée et, rassemblant son courage, tenta de faire un pas en arrière.

Richard l'en empêcha, et serra plus fort les replis de l'étoffe au niveau de sa taille.

Puis il leva de nouveau le regard vers elle et, en un éclair, elle comprit combien elle se trompait. Loin de lui l'idée de lui reprocher quoi que ce soit ! Ses yeux étaient pleins de tendresse et de passion – de tant d'amour pour elle qu'elle dut ciller pour retenir ses larmes.

— Ah, milady, murmura-t-il d'une voix enrouée par l'émotion, tu ne sais pas que pour moi, tu es la perfection dans tout ce que tu es... tout, tu m'entends ? Rien ne pourrait gâter mon plaisir de t'aimer, ni maintenant ni plus tard, ma chérie.

Tout en parlant, il tirait doucement ses jupons vers le bas, glissant le tout sur les hanches jusqu'à ce que l'ensemble tombe à ses pieds, dans un froissement soyeux.

Elle se retrouva nue devant lui, sous la lumière du clair de lune. Ses yeux étaient brouillés de larmes silencieuses.

Richard leva les mains contre son ventre bombé. Elle ferma les paupières et étouffa un sanglot alors qu'il suivait des doigts les fines marques de ce ventre autrefois si lisse. Elle lui agrippa les épaules avec une force passionnée tandis qu'il frôlait de ses lèvres les signes laissés par ce bébé qu'elle avait aimé et abrité dans son corps.

— Oh, Richard, je t'aime tant, soupira-t-elle en lui appuyant la joue contre l'endroit qu'il venait d'embrasser.

Il l'enlaça au niveau des hanches, posa les mains à plat au creux de ses reins et se redressa, jusqu'à se retrouver debout contre elle.

Il la serra contre lui.

— Moi aussi, je t'aime, Meg, murmura-t-il. Comme je t'aime ! Plus que je ne me croyais capable d'aimer !

Il saisit une mèche entre deux doigts et la remit tendrement derrière l'oreille de la jeune femme. Il lui frôla la tempe avec les lèvres, puis la joue, puis la bouche. Le désir palpitait en lui. Quel délice que de sentir les mains de Margaret l'aider à retirer ses vêtements à son tour !

Enfin, ils furent nus tous les deux.

Ils restèrent ainsi debout, longtemps. Il humait la fragrance florale de sa chevelure tandis qu'elle se noyait dans l'incroyable sensation de son corps serré contre celui du chevalier. Tout était silence, à l'exception du crépitement des bûches dans l'âtre et de la bourrasque qui forçait le tirage dans la cheminée. Enfin, la lune se cacha derrière les nuages alors que résonnait un tapotement régulier.

— La pluie est enfin arrivée, dit doucement Meg contre l'épaule de Richard.

— Oui, mais nous sommes bien au chaud, ici.

— Je voudrais y rester pour toujours, confia-t-elle.

Richard en eut le cœur serré. Il savait ce que signifiaient ces mots d'une touchante simplicité.

— Moi aussi, mon amour, murmura-t-il en lui caressant les cheveux et en l'embrassant au sommet de la tête. Mais pour l'instant, ne songeons qu'au cadeau que représente cette nuit... Le fait de t'avoir dans mes bras est le seul trésor qui compte pour moi maintenant. L'amour me consume et cache tout le reste.

Meg leva les yeux vers lui : il vit le désir brûlant qui scintillait dans ses grands yeux sombres.

— Moi aussi, Richard. Aide-moi à éloigner mes peurs.

Son beau visage vulnérable reflétait un tourbillon d'émotions qu'elle avait du mal à maîtriser.

— Fais-moi l'amour maintenant, dit-elle d'un ton rauque. Chasse tout, sauf ce qu'il y a de vrai et de sacré entre nous.

— Oui, milady, répondit-il, haletant, en la soulevant contre lui.

Elle écarta les jambes et les referma autour de la taille de Richard. Il la porta jusqu'au lit et la déposa sur l'édredon, basculant à sa suite. Il appuya l'extrémité de son membre raidi contre elle.

Il tremblait sous l'effort qu'il fournissait pour se retenir alors que, cambrée, elle s'offrait à l'accomplissement de leur union.

— Sache que je t'aime, Meg ! chuchota-t-il, les yeux dans les siens. Rien n'y pourra changer, pas même l'éternité.

Elle laissa échapper un hoquet lorsqu'il la pénétra lestement, s'enfouissant jusqu'à la garde dans son fourreau brûlant. Les sensations de Richard furent si vives qu'il fut pris d'un vertige, comme s'il allait s'évanouir. Avec un grognement, il se retira presque pour revenir à l'assaut, encore et encore, pendant qu'elle soulevait les hanches à sa rencontre.

Les brumes de l'extase envahissaient Richard, il entendit Meg murmurer son nom et vit son visage se tendre sous la violence de ce qu'il ressentait lui aussi. Il se raidissait, ses poussées se faisaient plus courtes et plus intenses, il sentait que l'accomplissement était proche mais cherchait désespérément à se retenir pour que Meg atteigne en même temps que lui le sommet.

Elle cria en lui agrippant les épaules, cambrée comme jamais, secouée de spasmes puissants qui amenèrent Richard tout près de basculer.

Après une ultime et magique poussée, il se répandit enfin en elle et il prononça son nom comme une prière...

Cet acte d'amour semblait le libérer de toute la souffrance et de l'obscurité qui l'avaient tourmenté plus de la moitié de sa vie !

Juste avant le lever du jour, Richard se glissa hors du lit en veillant à ne pas déranger Meg. Elle s'était endormie et il craignait de la réveiller.

Pendant la nuit, ils avaient encore fait l'amour deux fois, de façon plus lente et profonde, jusqu'à ce que tous deux, épuisés et comblés, s'abandonnent ensemble au sommeil.

Mais la paix n'avait pas duré longtemps pour Richard. Il s'était éveillé en sursaut une demi-heure plus tôt, remuant de sombres pensées à propos de tout ce qui risquait d'arriver à la fin de cette semaine.

Il s'avança pieds nus jusqu'à la petite fenêtre, regarda dehors. À l'horizon, le soleil s'annonçait. Une fine ligne d'or se glissait sous le gris des nuages, annonçant le jour. Annonçant aussi le prochain duel qu'il serait obligé de livrer contre un adversaire encore sans visage.

Il était parvenu à cacher à Meg son appréhension, mais celle-ci lui dévorait les entrailles. Ce n'était pas pour lui qu'il avait peur. En revanche, il était terrifié par ce qu'il adviendrait de la jeune femme s'il se faisait battre par le candidat de l'Inquisition. Il avait dépêché une missive à Braedan pour lui narrer les événements de la veille et l'inviter à le rejoindre de toute urgence à Tunbridge. Mais il savait que Braedan, en l'aidant à s'entraîner pour le duel, ne représentait dans le meilleur des cas qu'une solution provisoire.

En vérité, si Richard perdait, Braedan ne pourrait pas faire grand-chose pour Meg. Le roi la rendrait à lord Weston, qui la jetterait en pâture à sir Ector. Cette simple pensée torturait Richard, le privait de sommeil, lui ôtait presque la raison.

Il n'avait aucun désir de perdre la vie. Et pourtant la perspective de mourir ne comptait pas à ses yeux, par rapport à la pensée de Meg abandonnée à un abominable destin...

Elle dormait paisiblement, si belle de visage et de corps que Richard en avait la gorge nouée. Il inspira profondément, décidé à faire tout ce qui était en son pouvoir. Il allait travailler plus qu'il ne l'avait fait de sa vie pour être au sommet de ses qualités d'homme d'armes, au terme de cette semaine. Il aimerait Meg avec toute la passion de son âme, tout en réveillant ses instincts pugnaces de la façon la plus brutale : cet instinct de tueur qui permet de frapper l'adversaire comme l'éclair, à son point faible. Il s'en était servi au cours de chaque combat dans les troupes d'élite de l'ordre du Temple, avec comme seul but de tuer.

Il s'attellerait à ce devoir avec une précision froide, effaçant de son cœur pitié et remords. L'homme auquel il allait se mesurer à la fin de la semaine devait périr de sa main, indépendamment de toute autre considération. Étant donné l'enjeu, Richard n'avait pas le choix...

Car sa défaite entraînerait la femme qu'il aimait vers un destin plus noir que l'enfer.

17

Le jour tant redouté se leva, clair et lumineux après une semaine de pluie battante. À l'aube, les brumes matinales emmaillotaient les champs brun et or et les forêts qui entouraient Tunbridge. Elles s'accrochaient aux branches des arbres comme des dentelles vaporeuses.

Le spectacle aurait été charmant, songea Meg, un jour moins dramatique que celui-ci...

Richard et elle n'avaient guère parlé cette nuit-là. En revanche, ils avaient fait l'amour avec lenteur et tendresse, et avec tant de passion douce-amère que Meg avait failli éclater en sanglots. Elle s'était retenue aussi bien pour Richard que pour elle-même, pour faire durer le plaisir... pour éloigner la terrible réalité aussi longtemps qu'il leur était possible.

Mais nul ne peut arrêter le temps. Ce jour, porteur de tant de peurs, était venu.

Alors que Richard achevait ses ablutions matinales, elle s'était postée devant la fenêtre, consumée par l'angoisse.

Bientôt, les gardes étaient venus le chercher. Elle avait été courageuse quand il l'avait embrassée en murmurant un mot d'adieu. Elle était même parvenue à l'encourager d'un sourire, lui avait souhaité bonne chance et avait assuré qu'elle serait avec lui pendant le duel.

Et il s'en était allé.

Elle était demeurée seule, dans cette pièce qui avait connu les feux de leur passion. Sans lui, elle s'y sentait perdue.

Elle tomba à genoux pour se mettre à prier.

Quelques minutes plus tard, elle se releva et se frotta les yeux. Braedan n'allait pas tarder à venir la chercher : il resterait avec elle pendant le duel. Elle ne voulait pas qu'il la croie incapable d'endurer ce qui les attendait.

Lorsqu'on frappa à la porte, Meg traversa la pièce en murmurant une dernière prière afin d'être forte. Elle était prête à se rendre, en compagnie du frère de Richard, dans l'immense salle d'armes du château de Tunbridge, cadre de l'épreuve qui attendait l'homme qu'elle aimait.

Richard se tenait face à une rangée de juges, clercs et inquisiteurs français, sur le vaste plancher de la salle d'armes. Il y avait aussi d'un côté plusieurs prélats et prêtres anglais, et de l'autre le roi Édouard et Piers Gaveston.

Il se sentait calme, résigné presque, tandis qu'il attendait que commence ce duel – le jugement de Dieu.

D'après la coutume, le duel devait débuter avant midi et être achevé avant le coucher du soleil. Le dernier homme debout serait déclaré vainqueur. Richard doutait que le combat dure ne serait-ce que la moitié de ce temps, car l'Inquisition avait décidé, sur demande insistante du roi, que soient abandonnés les gourdins traditionnels en faveur des épées personnelles des combattants. Un instrument tranchant avait davantage de chances d'infliger des blessures graves, voire mortelles. Cette perspective était préférable à celle de se voir matraquer à mort dans le cadre d'un long combat sanglant.

Richard regarda derrière lui la foule qui se rassemblait. Il évita les regards de lord Welton et de sir Ector, qui se trouvaient vers le fond à droite. En revanche, il croisa un instant les yeux de Margaret. Tout son amour passa dans ses prunelles. Elle avait peur de l'issue du combat, il le savait, mais elle refusait de le montrer, afin de rendre l'épreuve plus supportable pour lui. Elle se tenait bien droite, les yeux secs.

Pour lui, elle serait forte : cela galvanisa la détermination de Richard d'achever vite et bien ce qu'il avait à faire, dans la mesure de ses capacités.

Braedan, très solennel, était debout à côté de la jeune femme. Il adressa à son frère un signe de tête, précieux réconfort dans cette épreuve. Richard avait souvenir d'un autre jour d'épreuve, quelques années plus tôt, où Braedan l'avait également appuyé, en attendant le verdict prononcé contre lui suite à la mort de leur oncle.

Au fond, pas grand-chose n'avait changé depuis cette époque, songea Richard en remerciant son frère aîné d'un signe de tête en retour.

Et il se retourna vers ceux qui allaient arbitrer le jugement de Dieu. Il lui tardait de tirer son épée du fourreau, dont le poids familier pesait sur sa hanche. Il avait hâte d'en finir, mais il ne pouvait rien faire tant que son adversaire ne serait pas présent. Pour l'instant, il ne pouvait qu'attendre.

— Qu'est-ce qu'on attend ? souffla Margaret à Braedan d'une voix craintive.

— Le candidat de l'Inquisition n'est pas encore là. Toutefois, je sais qu'il est arrivé à Tunbridge. Deux des inquisiteurs assis là-bas, continua-t-il en désignant le groupe des Français, sont descendus hier soir aux écuries avec plusieurs gardes du roi. Trois cavaliers venaient d'arriver : deux gardes et un troisième homme, enveloppé dans une cape. Un grand gaillard musclé.

— Vous pensez que le troisième est le candidat de l'Inquisition ? demanda Meg en fronçant les sourcils.

— Sans doute. Outre sa stature, il montait un destrier : un beau hongre comme j'en ai vu souvent aux croisades.

Le malaise qui avait tourmenté Meg toute la semaine s'accrut soudain.

— Il est étrange que les inquisiteurs aient choisi un candidat qui ait besoin d'une escorte pour faire le voyage.

— Je me disais la même chose, confirma Braedan.

Il regarda la porte placée à droite de la salle, par où Richard était entré et par où les gardes s'apprêtaient à introduire son adversaire. Meg suivit le regard de son beau-frère. Tout était calme, mais à en juger par les sombres mines et les disputes feutrées à la table des juges, quelque chose n'allait pas.

— Je me demande... commença Braedan.

Il n'acheva pas sa phrase car, au même instant, Édouard II se leva, visiblement agacé.

— Commençons les formalités, afin que nous puissions passer au jugement de Dieu dès que le candidat français daignera venir dans cette pièce.

— Très bien, répondit frère de Villeroi.

Il portait l'habit de cérémonie correspondant à sa charge de chef de l'Inquisition française. Il se leva face à l'ensemble des témoins, et s'adressa à Richard.

— Sir Richard de Cantor, je vous donne une dernière chance de renier l'ordre du Temple à cause des sacrilèges commis par ses membres : cracher sur la croix au cours des initiations, se livrer à la sodomie et faire serment contre la divinité du Christ. Confessez ces hérésies devant nous et devant ces témoins : si vous vous repentez, vous serez déchargé du jugement de Dieu. Quelle est votre réponse ?

Meg fixait Richard. Elle vit les muscles de son dos se raidir pendant l'accusation et devina la fureur meurtrière que le discours de l'inquisiteur faisait gronder en lui.

Il serra les poings, inspira fortement et répondit d'une voix tonnante.

— Je rejette les charges retenues contre moi et tout l'ordre templier, frère. Je nie catégoriquement les allégations que vous avancez. Les templiers sont innocents de toute hérésie. Ses membres arrêtés et mis à la question sont les victimes de la peur et de la cupidité de votre souverain, Philippe le Bel, roi de France !

Des exclamations fusèrent et Meg, l'estomac noué, vit blêmir frère de Villeroi qui fixait Richard avec une malveillance évidente.

— Vous avez parlé, gronda de Villeroi, la mâchoire si serrée qu'il ouvrait à peine la bouche. Vous avez remis votre âme au diable de votre plein gré. Que votre adversaire s'avance !

Et il désigna d'un geste large la porte d'entrée de la salle.

Meg sentit Braedan la serrer contre lui. Effrayée, elle lui prit la main. L'homme qui allait entrer d'un instant à l'autre personnifiait ses pires cauchemars, car il était là pour tuer l'homme qu'elle aimait.

Le cœur battant, au bord de la nausée, elle aurait voulu courir vers Richard et l'emmener loin d'ici, le soustraire au danger qu'il allait affronter. Malade de terreur, elle le regarda se tourner vers la porte. Elle le voyait maintenant de profil : les dents serrées, il attendait son adversaire sans manifester la moindre peur.

Respirant à fond, Meg luttait contre la panique. Elle tentait de se convaincre que, si elle restait calme et forte, le candidat français ne serait qu'un homme comme un autre, c'est-à-dire un adversaire que Richard, formé dans les troupes d'élite des templiers, avait de fortes chances de battre.

L'instant d'après, elle comprit qu'elle s'était terriblement, affreusement trompée. L'inconnu entra d'un pas souple, sa cape jetée sur ses épaules. En le voyant, Meg eut l'impression qu'une dague lui transperçait le cœur.

— Alex ? s'exclama Richard, incrédule.

Il croisa le regard du guerrier et les deux hommes furent frappés tous les deux de la même stupeur.

La vérité s'imposa également à Margaret avec une évidence douloureuse. Il ne s'agissait pas d'un inconnu. Elle connaissait cet homme, par le Ciel ! Ce ne pouvait être… Non, non, non…

— Alexandre ?

Elle s'aperçut à peine qu'elle venait de prononcer son nom à voix haute. L'homme se raidit et, lentement, tourna son visage vers elle. Leurs regards se croisèrent.

Fébrilement, la jeune femme s'arracha à l'étreinte amicale de Braedan et avança d'un pas titubant. L'horreur et la douleur la submergeaient. C'était bien sir Alexandre d'Ashby, l'homme pour lequel elle avait sacrifié sa vie entière. Il lui avait fait un enfant, puis avait disparu. Mais il n'était pas mort. Il était même bien vivant : il était là, prêt à se battre contre Richard. Prêt à le tuer, par le Ciel… à détruire cet homme merveilleux, attentionné, qu'elle aimait plus que la prunelle de ses yeux !

C'en était trop. Pour la première fois de sa vie, elle sentit ses forces l'abandonner. Elle fit encore quelques pas vers eux. Le silence de la pièce s'emplit soudain d'un étrange bourdonnement, comme un énorme essaim d'abeilles. D'épaisses ombres noires convergèrent devant ses yeux. Elle sentit ses genoux se muer en coton. La dernière chose qu'elle vit fut le visage de Richard, ses beaux yeux posés sur elle avec une expression de stupéfaction attristée.

Et elle perdit connaissance.

18

Quand elle revint à elle quelques minutes plus tard, Margaret était dans la petite chambre à coucher qu'on lui avait attribuée à son arrivée à Tunbridge. Jane et Braedan étaient à son chevet. Voulant à tout prix voir Richard, elle envoya immédiatement Braedan implorer le roi qui, apprit-elle, avait demandé un ajournement du combat et s'était retiré dans ses appartements privés avec les inquisiteurs français et leur candidat, afin de comprendre ce qui venait de se passer.

Braedan réapparut moins d'une heure plus tard, il faisait grise mine. Toutefois, il avait de l'influence sur le roi : il avait obtenu que Margaret passe quelques instants en tête à tête avec Richard.

Meg rejoignit la pièce où Richard avait été consigné, sous forte escorte, dans l'attente de la décision du roi. Sur un signe d'elle, les sentinelles s'écartèrent et la laissèrent entrer. Elle franchit le seuil et les entendit refermer et verrouiller solidement la porte derrière elle.

Il se tourna au moment où elle entrait. Elle courut dans ses bras, incapable de retenir un sanglot étouffé avant d'enfouir son visage dans son cou, en le serrant fortement contre elle.

— Chut, Meg, ça va… murmura-t-il en lui frôlant la joue.

Il était clair qu'il tentait de lui cacher son désarroi, mais il avait le visage ravagé.

— J'ai peine à y croire, Richard, gémit-elle.

— Moi aussi, milady. En vérité, je suis égaré.

L'inquiétude de Margaret empira quand il la lâcha brusquement et s'éloigna de quelques pas vers la fenêtre, une simple ouverture sculptée, protégée par un volet en bois. Cela ne ressemblait guère à Richard de la repousser ainsi, pour quelque raison que ce soit. Ils avaient déjà surmonté ensemble des difficultés de toute nature.

Mais elle ne voulait à aucun prix peser sur lui. Elle ravala donc sa douleur et lui posa une question.

— As-tu idée de ce que tu vas faire ?

Il lui répondit, toujours tourné vers la fenêtre.

— Je dois attendre la décision du roi, c'est clair. Prie pour qu'il décide de différer le jugement de Dieu, jusqu'au moment où l'on pourra m'opposer un autre adversaire. Car s'il ne le fait pas…

Il ne parvint pas à finir sa phrase, submergé par l'émotion.

— Quel gâchis, n'est-ce pas, Meg ? enchaîna-t-il. Même si cet homme que je suis censé tuer pour prouver mon innocence n'était pas l'un de mes amis les plus proches – un templier, pour qui j'ai versé tant de sang – il resterait ton premier amour, revenu de la mort et placé contre moi par un pervers effet du hasard. Si Alex et moi sommes contraints de nous affronter, je suis perdu, quelle que soit l'issue du combat.

Meg demeura sans voix : ce qu'il avait dit lui brisait le cœur et la stupéfiait. *Il est toujours ton premier amour…*

Cette phrase se répétait en écho dans son esprit. Elle s'approcha de lui, comprenant peu à peu pourquoi il mettait cette distance entre eux.

— Richard, murmura-t-elle enfin, tu sais, n'est-ce pas, que je ne crains rien dans tout cela, sauf ce que j'ai toujours craint : que tu aies à souffrir pendant ou après ce combat. Le fait que l'Inquisition ait choisi Alexandre pour te combattre, le fait qu'il ne soit pas mort, qu'il soit l'un des amis avec lesquels tu t'es enfui de France, tout cela est sans aucun doute un choc affreux. Mais pour moi cela ne change rien, tu comprends ? Rien du tout.

Richard garda le silence à son tour. Les mots de Margaret faisaient leur chemin dans ses pensées. Il se détourna de la fenêtre : il avait l'air vulnérable et si las qu'elle en eut le cœur brisé.

— Qu'est-ce que tu dis, Meg ? demanda-t-il doucement. Alex est le premier homme que tu as aimé. À une époque, tu aurais donné ta vie pour lui. Tu le croyais mort, par le Ciel, et le voilà sain et sauf. Est-ce que tu peux l'ignorer aujourd'hui comme si rien ne s'était passé entre vous ?

— Non, murmura-t-elle sans quitter Richard des yeux. Je ne puis prétendre que nous n'avons rien partagé. En vérité, j'espère m'entretenir avec lui en particulier. Mon seul souci sera de lui demander de se retirer de ce combat de fous. Je lui demanderai, au nom de tout ce que nous fûmes l'un pour l'autre, de refuser de défendre les couleurs de l'Inquisition dans un combat contre l'homme que j'aime. Car cet homme, c'est toi, Richard. Je t'aime et nul ne pourra changer cela.

Le chevalier demeura un instant bouche bée.

— Même pas le père de ton enfant ?

— Même pas lui, confirma Meg en venant tout contre lui.

Elle lui caressa la joue et sentit un flot d'amour l'envahir tandis qu'il fermait les yeux et penchait la tête vers sa main.

— Alexandre fait partie de mon passé, Richard. C'est toi qui es mon présent et mon avenir...

— Ah, merci milady ! s'exclama-t-il d'un ton bourru en l'étreignant de toutes ses forces.

Il lui baisa les cheveux et reprit sa respiration comme un homme qui a failli se noyer.

— Je craignais de t'avoir perdue dès avant le combat.

— Non, Richard, cela n'arrivera jamais ! s'écria-t-elle, les yeux pleins de larmes.

L'amour qu'elle ressentait pour lui effaçait tout, sauf la douceur d'être là, dans ses bras. Elle l'embrassa longuement, d'un baiser lourd de désir et de promesses, goûtant la beauté de ce qu'ils partageaient, avant de s'écarter pour croiser son regard.

— Et c'est pour cette raison que je voudrais te demander quelque chose, déclara-t-elle avec gravité.

— Tu sais que, si c'est en mon pouvoir, je ferai tout ce que tu me demandes.

— C'est en ton pouvoir, à condition que tu y mettes vraiment du tien. Jamais je ne t'aurais demandé une chose pareille dans des circonstances normales. Richard, je veux que tu me promettes ceci : si je n'arrive pas à convaincre Alexandre de renoncer au jugement de Dieu, je veux que tu combattes de toutes tes forces et que tu le vainques. Que tu vainques à tout prix, en sorte que je te retrouve sain et sauf dans mes bras après le combat. Promets-le !

Aussi douloureux que cela fût, ils n'avaient pas le choix. Elle aimait Richard de tout son cœur et de toute son âme, et ne pourrait supporter de le perdre.

Richard ne répondait rien, déchiré par cet insupportable dilemme. Enfin, il acquiesça d'un signe de tête, les yeux assombris sous le poids terrible de sa décision.

— D'accord, milady. Je ferai ce qu'il faut, coûte que coûte : je te donne ma parole.

Meg n'avait guère de temps pour tenter de renverser le cours des événements. Quand elle sortit de la chambre de Richard, Braedan lui apprit que le jugement de Dieu aurait lieu dans moins d'une heure. On passait outre à l'ancienne camaraderie entre les deux hommes, on les obligeait à tirer l'épée l'un contre l'autre alors qu'ils s'étaient toujours battus côte à côte.

Frère de Villeroi était formel : Dieu se prononcerait en accordant la victoire à l'un d'eux. Pourtant, Édouard II et l'ensemble des clercs anglais ne cachaient pas leur horreur devant le tour que prenaient les choses. Mais l'inquisiteur était intraitable : il s'était donné beaucoup de mal pour faire venir en Angleterre un combattant capable d'affronter un chevalier du Temple, et il ne le remplacerait pas. Tout effort de la part d'Édouard II pour différer davantage le duel serait interprété comme une insulte à la Couronne de France et compromettrait l'alliance entre les deux pays, qui devait être formalisée par le mariage imminent d'Édouard II avec Isabelle de France, fille de Philippe le Bel.

Ainsi, le malheur ne pouvait être évité.

Entre-temps, on ne permit pas à Meg de revoir Richard. D'ailleurs, elle avait appris avec soulagement qu'il n'était plus seul. Plusieurs prêtres s'étaient réunis dans sa chambre pour célébrer une messe et l'entendre en confession afin que son âme soit sauvée, en cas de défaite.

Alexandre avait reçu les mêmes grâces de la part des prélats français, apprit-elle. Peu après, on l'introduisit dans une salle d'armes plus petite, contiguë de celle où le duel aurait lieu – pour attendre le combat. Avec l'aide de Braedan et quelques piécettes afin de soudoyer les portiers, Meg se glissa dans la salle pour rencontrer l'homme qu'elle avait jadis aimé et plaider la cause de celui sans lequel elle ne pouvait plus vivre.

— Je me demandais si tu viendrais, commença Alexandre à mi-voix.

Moyennant quelques liards supplémentaires, les sentinelles s'éloignèrent hors de portée de voix. Le silence était complet. La pièce était nue, à l'exception d'une petite table munie de bancs et d'un gros coffre en bois. Meg se sentait très gênée de se trouver si près de lui, après toutes ces années.

— Il faut que nous parlions, Alexandre, répondit-elle en rassemblant sa volonté.

Il se tourna vers elle, avec sa formidable présence physique, ses magnifiques cheveux noirs et ses yeux d'un bleu profond. Jadis, elle l'avait aimé à la folie. Fort heureusement, aucune de ces émotions n'avait résisté au temps. Elle ne ressentait vis-à-vis de lui qu'une certaine compassion, et l'affection vague que l'on a pour un ami qui s'est absenté longtemps.

Bref, le genre de sentiment que l'on ressent peut-être pour un ancien amant, longtemps après la rupture, quand le cœur a fini de saigner et s'est consolé de la trahison.

— Mon père m'avait annoncé ta mort, dit-elle d'un ton neutre. Pourquoi m'as-tu laissé croire cela, Alexandre ? Pourquoi nous as-tu abandonnées, notre enfant et moi ?

Il réagit comme sous l'effet d'une gifle, en fermant les yeux et en poussant un lourd soupir. Il mit un moment à recouvrer son sang-froid. Quand il la regarda de nouveau, elle lut dans ses yeux tristesse et regret.

— Je t'ai laissé croire le mensonge de lord Welton car je suis un lâche, Margaret. J'étais jeune et inconscient, et trop bête ou égoïste pour faire ce qu'il fallait.

Un demi-sourire apparut sur ses lèvres sensuelles, qui la faisaient complètement fondre autrefois.

— J'ai fait cela, j'imagine, car je n'étais qu'un simple chevalier sans un liard, et j'étais tombé amoureux de la fille d'un comte, grands dieux ! Ainsi, je ne pouvais t'offrir la vie que tu méritais.

— La seule vie que je souhaitais à l'époque, c'était la vie avec toi. Tu le savais, dit-elle en fronçant les sourcils.

— Il se peut. Mais tu étais jeune aussi, et tu ignorais combien la vie peut être dure pour quiconque n'est pas à la fois riche et noble, rétorqua-t-il.

Il la regardait bien en face et elle baissa les yeux. C'est exact, elle était innocente à l'époque, ignorante des dures réalités de l'existence. Depuis, elle avait appris – et à quel prix...

— Après ton départ, je n'ai pas eu la vie très... facile. J'ai cru mourir.

Il hésita. Meg connaissait la question qui brûlait les lèvres du père de son enfant : il avait le droit de la poser, mais elle redoutait ce moment. Jadis, elle aurait tant voulu partager avec lui sa douleur, et connaître le réconfort de son étreinte. Il aurait été le seul à vraiment savoir ce qu'elle ressentait car il avait subi la même perte. Mais ce besoin d'appui s'était lentement dissous, puis avait complètement disparu. En le revoyant vivant après tant d'années, c'était la colère qui surgissait.

— Et notre bébé ? murmura-t-il.

Qu'il le mérite ou non, elle allait tout lui dire, et serra les poings pour se lancer.

— Nous avons eu une fille, Madeline. C'était pour moi le plus précieux des cadeaux et elle me semblait parfaite à tous les égards, mais elle n'a pas survécu.

— Je... commença Alexandre en se laissant glisser sur un banc. Je ne savais pas, Margaret. Je le jure devant Dieu : je ne l'ai jamais su...

Elle le crut. Il avait beau avoir des défauts, il y avait de bons côtés chez lui.

— On m'a enfermée au couvent de Bayham, pour y subir la discipline. Ensuite, on m'a assignée au chevet d'Aliénor, une cousine éloignée mariée à Richard de Cantor, au manoir de Hawksley. Elle aussi est morte.

— Et toi, tu aimes Richard.

Il avait énoncé ce fait sans aucune rancœur.

— Oui, nous nous aimons. Et c'est la raison pour laquelle je suis ici, Alexandre. Je veux te demander – te supplier, si nécessaire – de refuser ce duel auquel on t'a convoqué. Très sincèrement, je me demande pourquoi tu as accepté au départ. Je ne comprends pas que tu appuies cette Inquisition qui arrête et torture tant de vos compagnons d'armes. Ne te bats pas contre Richard : retire-toi.

— Je voudrais le faire, Margaret, mais c'est impossible, répondit-il, accablé.

— Pourquoi ? Ce n'est quand même pas compliqué de déclarer que tu refuses de porter les armes contre ton compagnon !

Il grimaça.

— Je vais te dire pourquoi : si je ne participe pas au jugement de Dieu, c'est mon frère qui devra le faire à ma place, mon frère selon la chair et le sang.

Alexandre semblait torturé par le poids du destin, mais ses yeux exprimaient une résolution sans faille.

— En ce moment même, Damien est aux mains de l'Inquisition en France, milady. Nous avons été capturés ensemble la nuit de la grande rafle, mais mon maudit frère a refusé de se plier à leurs exigences.

Sa voix se brisa et il se racla la gorge.

— Il te faut comprendre que, contrairement à moi, Damien s'est fait templier par idéal : il croyait pardessus tout à la cause de cet ordre souverain, militaire et hospitalier. Quand on nous a emprisonnés, j'ai dit ce qu'il fallait pour être remis en liberté, alors que Damien a refusé de violer ses vœux. Il s'est enfermé dans le mutisme, malgré les passages à tabac, la privation de sommeil et de nourriture. Puis ils se sont mis à le torturer vraiment pour lui arracher des aveux.

Elle comprenait d'autant mieux la douleur d'Alexandre qu'elle craignait elle-même pour la sécurité de Richard.

— Il est si obstiné et pur de cœur qu'il n'aurait jamais cédé. On lui a fait souffrir les pires abominations sans venir à bout de sa résistance. Le seul moyen pour moi d'obtenir l'arrêt des tortures, ce fut de porter les armes au nom de l'Inquisition. Damien n'est pas au courant : s'il l'apprenait, il désavouerait cette trahison de l'ordre du Temple. Mais je ne puis rester les bras croisés sans chercher à lui porter secours.

— C'est affreux, Alexandre… J'ignorais tout cela.

Il acquiesça.

— C'est un complot ignoble, Margaret. Je suis leur jouet. Il faut que j'affronte Richard et que je fasse de mon mieux pour le vaincre. Je puis seulement espérer qu'il fera de même, et que ni lui ni moi ne mourrons.

Margaret se sentait glisser dans le désespoir. Elle croisa les bras autour de sa taille. Tout était donc joué d'avance ! Le duel aurait lieu, il était impossible de l'empêcher…

— Il te combattra, Alexandre, c'est vrai, dit-elle. Il fera de son mieux pour gagner. Car de son côté, c'est ma vie qu'il défend.

— C'est bien ce que je craignais, soupira Alex. Ah, milady, nous voici de nouveau confrontés à un dilemme dont les deux issues possibles ne sont que souffrance.

— Oui, Alexandre, reconnut-elle d'une voix douce. C'est aussi mon impression.

On frappa à la porte et un garde annonça que les combattants devaient se préparer pour le jugement de Dieu. Le roi se dirigeait vers la grande salle, ainsi que les membres de l'Inquisition, les juges et les témoins convoqués.

La jeune femme secoua la tête.

— Il est temps, murmura-t-elle.

— Je ne puis rien ajouter de plus, répondit sombrement Alex, si ce n'est que je suis navré. Navré pour tout, Margaret. Je m'en remets donc à Dieu.

Elle acquiesça, horrifiée.

— Moi aussi, Alexandre… moi aussi.

19

Pour la deuxième fois de la journée, Richard était entré dans la salle d'armes : le poids de son devoir lui écrasait la poitrine. En pénétrant dans la pièce, il avait constaté la détermination de Braedan. Puis il avait remarqué Meg, à côté de son frère. Elle lui avait adressé un signe discret de dénégation, la réponse à la question qu'il se posait. C'était clair : Alex ne se retirerait pas.

Richard émit un juron. Il allait devoir se battre contre son compagnon d'armes, auquel il avait sauvé la vie en maintes occasions et réciproquement.

Outré par cette injustice qui lui tordait les entrailles, il ne pensait plus à quoi que ce soit d'autre. C'était le seul moyen de se concentrer sur le devoir odieux que l'on exigeait de lui.

Les inquisiteurs français, Édouard II et les autres juges chargés de veiller sur le jugement de Dieu étaient tous présents, installés sous le dais à l'extrémité de la pièce. Les autres spectateurs étaient postés derrière des cordes tendues ; leur nombre avait augmenté de moitié par rapport au matin car la nouvelle s'était vite répandue dans toute la cour. Tout le monde voulait voir ce spectacle unique : deux templiers d'élite qui s'affronteraient en duel.

Richard poussa un soupir dégoûté. Alex n'allait pas tarder à le rejoindre. Debout et les jambes écartées, il ferma les yeux et inspira profondément pour détendre ses bras avant l'effort. Quand il rouvrit les yeux, ce fut pour fixer la double porte par laquelle son adversaire allait apparaître.

Ce ne fut pas long.

Les deux battants s'ouvrirent et Alex entra sous les exclamations excitées des spectateurs. C'était un formidable guerrier, élancé et large d'épaules comme Richard, et pratiquement de la même taille. Leur ressemblance avait fait l'objet de plaisanteries au sein de l'ordre du Temple. Il était parfaitement sérieux et impassible, c'est-à-dire prêt à tuer.

Exactement comme Richard.

— Bien ! Commençons ! lança Édouard II d'un ton lugubre.

Le silence se fit et le roi annonça :

— Nous sommes ici pour assister au jugement de Dieu entre sir Richard de Cantor et le défenseur de l'Inquisition française, sir Alexandre d'Ashby. D'après la loi, le combat s'achèvera par la victoire d'un des deux combattants ou par le cri de « merci ! ». Ce cri signifie que le combattant se rend : si c'est sir Richard, c'est qu'il est coupable ; si c'est sir Alexandre, c'est que sir Richard est innocent. Quelqu'un a-t-il une question à poser avant que le combat ne commence ?

Le silence se fit pesant, et le monarque continua.

— Il est temps, alors, de prononcer votre serment, sir Richard. Il sera répété par sir Alexandre après vous.

Richard prononça le serment du jugement de Dieu.

— Écoutez, ô juges ; je n'ai rien bu aujourd'hui, rien mangé, rien pris sur moi en fait d'amulettes, de charmes ou autres objets de sorcellerie propres à faire triompher la force de Satan et à mettre en échec la force de Dieu. Je le jure devant Dieu et ses saints !

Édouard II se tourna vers l'inquisiteur qui eut un geste d'acquiescement. Le roi se tourna alors vers Alex qui prononça le même serment. Le duel pouvait débuter.

Quand Alex eut parlé, de Villeroi se leva.

— Sir Richard, vous avez droit à une toute dernière chance. Avez-vous quelque chose à dire avant que le duel ne commence ? Il est encore temps pour vous de confesser vos fautes et d'éviter l'épreuve.

Richard se tourna vers le prélat français, qui le fixait d'un regard plein de haine et d'arrogance. L'inquisiteur s'attendait à ce que Richard tienne bon et refuse de confesser quoi que ce soit. Sans doute même espérait-il cette obstination, pour voir les blessures mortelles que Richard allait recevoir au cours du combat.

Certes, frère de Villeroi allait peut-être obtenir exactement ce qu'il souhaitait, mais Richard tenait à rappeler à tous la vérité et la raison pour laquelle il était là.

— J'ai bel et bien quelque chose à dire, frère de Villeroi, quelque chose qui ne manquera pas de vous intéresser.

Un murmure courut sur l'assistance et Richard eut la satisfaction de voir de Villeroi serrer les dents.

— C'est une phrase qui vous est familière, frère... Une devise dont vous devriez tenir compte aujourd'hui, et lors de tous les interrogatoires impies que vous entreprendrez à l'avenir. Car certains hommes qui les prononcent manquent totalement de sincérité et de sens du service divin.

Richard, tourné vers le dais, mit un genou à terre, fit le signe de la croix et prononça d'une voix forte la devise des templiers, devise qu'il avait prononcée, avec ses frères d'armes, avant chaque bataille. Sa voix, lourde d'émotion, était comme une bénédiction envers ses compagnons jetés dans des cachots, et soumis à la question à travers toute la France.

— *Non nobis, Domine, non nobis, sed Nomini Tuo da gloriam !*

Un silence sépulcral suivit cette déclamation. « Pas à nous, Seigneur, pas à nous mais à Ton nom donne la gloire ! »

Lorsque Richard releva le visage, il vit qu'Alex semblait affolé. Quant au roi, il s'était affaissé sur son trône. Ensuite, Richard vit Meg au premier rang de la foule. Elle le regardait et lui offrait son appui muet, la main pressée contre ses lèvres pour retenir ses larmes, emplie d'amour.

Il sentit sa fureur se calmer. Avec majesté, il se releva, face à cette rangée d'inquisiteurs chargés de torturer et de supplicier tant de ses frères innocents. Et il conclut sa déclaration.

— Que la volonté de Dieu se manifeste en cette heure, messeigneurs ! Pour moi, en qualité de templier, je suis prêt à donner ma vie pour qu'elle se manifeste !

Frère de Villeroi semblait toujours abasourdi.

— Ainsi soit-il, bafouilla-t-il.

Et, sur un signe du roi, le duel commença.

Richard pivota d'un geste souple en dégainant son épée. Il leva son bouclier au moment où Alex sortait son épée du fourreau et se ruait déjà sur lui pour le frapper à la tête. Richard dévia le coup en levant son arme, et les deux lames tintèrent violemment, faisant reculer la foule de plusieurs pas.

Grognant sous l'effort, il para un autre coup de taille qu'Alex lui porta : il reconnaissait un enchaînement que tous deux avaient répété à Chypre. Ce souvenir l'envahit de tristesse tandis qu'il portait un coup d'estoc, qu'Alex arrêta avec son bouclier. Si le coup avait porté, il aurait traversé les côtes de son ami et tranché sa chair.

C'était fou, complètement fou de lever l'épée contre Alex !

Cette évidence ne quittait pas l'esprit de Richard, malgré le rythme effréné du combat.

Alex poussa une nouvelle botte et Richard sentit la brûlure de la sueur dans ses yeux. Bousculé, son coude heurta sa mâchoire. Il se dégagea mais il avait dans la bouche le goût chaud et métallique du sang. Il se redressa pour contrebalancer le poids d'Alex. Leurs épées se neutralisaient et, appuyés l'un contre l'autre, de force et d'habileté égales, ils surent qu'ils auraient beaucoup de mal à se départager.

— Rends-toi, Alex, murmura Richard en tentant de dégager son épée sans se faire couper le bras. Demande merci et finissons-en, plutôt que de mourir comme des gladiateurs pour le plaisir de l'Inquisition.

— Non, Richard : ils tiennent Damien et je ne puis l'abandonner à leurs tortures !

Alex se dégagea d'une brusque poussée, et enchaîna sur un coup circulaire, en contre-attaque au coup d'estoc de Richard. Il tituba sous l'assaut de Richard et celui-ci entendit vaguement la foule s'exclamer, tandis qu'Alex se redressait tant bien que mal et s'écartait de quelques pas pour s'essuyer le front avec le bras.

— C'est de la folie, gronda Richard. Tu sais bien que Damien préférerait mourir plutôt que de te voir au service de l'Inquisition.

— Peut-être, mais moi je veux qu'il vive !

Tous les deux étaient trop essoufflés pour discourir davantage. Ils continuèrent à tourner, en garde et prêts à une nouvelle attaque. Derrière lui, Richard percevait les murmures des spectateurs et leur impatience de voir le combat reprendre.

— Qu'ils aillent au diable ! Je n'ai pas envie de te tuer, Alex, grinça-t-il enfin.

— Et moi, je n'ai pas envie de mourir, répliqua Alex avec le demi-sourire qui lui était familier. Mais prends garde, Richard, car c'est toi qui pourrais tomber.

Alex se fendit soudain, et leurs lames se heurtèrent si brusquement que des étincelles volèrent. Ils grognaient sous l'effort et la foule réagit par un brouhaha excité.

Tout à coup, Richard gémit sous la douleur d'une coupure au-dessus du coude, au bras droit. La blessure saignait beaucoup et il recula de plusieurs pas, sachant que l'hémorragie était dangereuse car elle l'affaiblissait. Il était incapable de conserver sa force face à un adversaire aussi habile qu'Alex. S'il continuait à se vider de son sang, il serait mort dans quelques minutes.

Profitant de l'avantage que lui donnait cette blessure, Alex se rua à l'attaque et frappa de l'épée si violemment que, manquant de poigne, Richard lâcha son arme qui tomba en tintant sur le plancher.

De nouveau, la foule s'exclama.

Richard reconnut le cri de peur de Meg par-dessus les autres voix. Il était contraint de parer les coups avec son seul bouclier, et se laissa entraîner de plus en plus loin de son épée.

— Que vas-tu faire, Alex ? demanda-t-il. Vas-tu m'embrocher maintenant que je suis désarmé, ou as-tu suffisamment servi l'Inquisition pour aujourd'hui ?

— J'en ai assez de tes sarcasmes, répondit Alex en se fendant brusquement.

Il rata de très peu la jambe de Richard qui esquiva en bondissant de côté, puis en faisant un roulé-boulé.

Il récupéra son épée et put ainsi parer le coup suivant d'Alex.

Celui-ci avait pris un tel élan qu'il bascula au-dessus de Richard : c'était l'occasion que ce dernier attendait. En se tournant vivement, il se redressa et repoussa l'arme de son adversaire avec sa main protégée par un gantelet. Alex tomba par terre et Richard pointa son épée sur sa gorge.

Un silence de mort s'installa dans la salle. On n'entendait plus que le souffle puissant des deux combattants.

— Achève-moi, Richard, demanda Alex sans faire de mouvement brusque à cause de la lame, tranchante comme un rasoir, qui frôlait son cou. Allons, ils ne se contenteront pas de demi-mesure...

Richard bredouilla un juron, puis écarta son épée de la gorge de son ami.

— Qu'ils aillent au diable, car je me refuse à te donner la mort.

Baissant lentement son arme, Richard se tourna vers le dais.

— Le combat est terminé, j'ai eu raison de mon adversaire et je me déclare innocent des accusations lancées contre moi et contre l'ordre du Temple.

— Non, sir Richard, aboya frère de Villeroi en se levant, plein de fureur. Ni vous ni sir Alexandre n'avez demandé merci, et vous êtes tous les deux bel et bien vivants. Donc, le jugement de Dieu n'a pas été rendu. Achevez ce que vous avez commencé, ou reconnaissez votre culpabilité. Alors seulement, le verdict sera clair.

Outré, Richard s'approcha de l'inquisiteur.

— Vous avez eu du sang, frère. Vous n'avez pas le droit de me faire commettre un meurtre, et je refuse de confesser des hérésies dont ni moi ni mes frères templiers ne sommes coupables.

— À votre aise, répondit de Villeroi, en braquant son regard mauvais sur Alex. Dans ce cas, c'est à vous, messire, de finir le combat et de prouver le bon droit de l'Inquisition. Frappez-le, qu'on en finisse !

Meg était au bord de l'évanouissement. Elle s'était sentie désespérée en voyant Richard et Alexandre se livrer à ce duel à mort. Rien ne pourrait davantage lui briser le cœur, ni lui donner pire nausée, avait-elle pensé. Mais, comme cela s'était si souvent passé depuis quelques semaines, elle s'était trompée. Un sentiment d'horreur indescriptible l'envahit quand elle vit Alexandre se lever et brandir son épée pour obéir à l'inquisiteur.

Lever son épée pour tuer Richard !

Meg lança un cri d'alarme, fendit la foule et entra dans l'espace réservé à la bataille.

Richard pivota à son appel mais ne bougea plus, car Alexandre était déjà près de lui. Celui-ci tenait son épée très haut : il n'avait qu'à l'abaisser pour exécuter le commandement de l'inquisiteur. Un coup suffirait sans doute, sauf si Richard l'esquivait.

— Je t'en supplie, Alexandre, implora Meg, ne fais pas ça !

— Allez-y, messire, ou vous en subirez les conséquences ! hurla frère de Villeroi. Si vous rangez votre arme, je n'aurai d'autre choix que de vous considérer comme relaps. On vous arrêtera et vous subirez la question dans un dernier effort pour tenter de sauver votre âme de la damnation...

— Fais ton devoir, Alex ! dit paisiblement Richard tandis que de Villeroi s'égosillait sous le dais.

Meg n'en revenait pas de le voir si calme.

— Sois bien sûr néanmoins, continua Richard sans quitter le regard d'Alex, d'être capable d'assumer ton choix jusqu'à la fin de ta vie.

Alex était en proie à un dilemme. Meg savait exactement quelles étaient ses pensées.

Finalement, il bredouilla une sorte de juron. Un sourire fugace apparut sur ses lèvres et Meg ressentit à la fois du soulagement, de la reconnaissance et de la pitié pour lui.

— Avant d'en finir, Margaret, je veux que tu saches quelque chose, murmura-t-il. Je t'aime. Toute ma vie, je regretterai ma lâcheté qui nous a séparés. Mes choix ont fait du mal à beaucoup de personnes. Je dois donc changer de chemin. Il faut que je fasse ce que Richard ferait à ma place... et Damien aussi, je crois.

Il s'adressa alors à Richard, les yeux brillants et d'une voix à peine audible.

— Tâche de bien continuer ta vie grâce à la liberté que je vais t'offrir, mon ami. Tu le mérites.

Puis il se tourna vers le dais et eut un geste qui rappela à Meg l'aventurier casse-cou qu'elle avait rencontré tant d'années auparavant. Il jeta son épée sur le sol et leva les mains pour montrer qu'il se rendait.

— Messeigneurs, je dénonce mes précédents aveux d'hérésie. Les templiers sont innocents, et moi aussi, j'en fais le serment. Devant Dieu, nous sommes tous innocents.

Il ne put en dire plus. Margaret eut le cœur chaviré par un si grand courage.

Frère de Villeroi, s'étant rassis avec raideur, fit signe aux gardes français de le mettre en état d'arrestation. Les chuchotements allaient bon train tandis qu'on couvrait Alex de chaînes et qu'on l'entraînait hors de la salle, sans qu'il se départît de son stoïcisme. La jeune femme aperçut une lueur de peur dans ses yeux mais il ne s'effondra pas, tout au moins jusqu'à ce que les portes se referment derrière lui.

Le groupe des Français se leva presque comme un seul homme, à l'exemple de frère de Villeroi. Ils se retirèrent en essayant de rester dignes. C'est tout juste s'ils s'inclinèrent devant Édouard II avant de disparaître par la même porte qu'Alexandre.

Et le silence retomba. Meg croisa le regard plein de tristesse de Richard : ni lui, ni elle ne pourraient jamais remercier Alexandre pour le sacrifice qu'il venait de faire. Pour le moment, elle n'avait qu'une envie : se jeter dans les bras de Richard, le serrer contre elle, et soigner les blessures qu'il avait subies dans son âme et dans son corps.

Mais il fallait d'abord que le roi prononce son jugement.

— Sire ? demanda Richard à son souverain. Quel est votre verdict ?

Le monarque semblait encore plus éprouvé que les combattants eux-mêmes. Il avait le teint blafard.

Piers Gaveston, qui siégeait à côté de lui, plaça une main encourageante sur la sienne.

— Oui, sir Richard, répondit le roi. Le voici : le jugement de Dieu a prouvé votre innocence.

— Pardon, Majesté ! C'est impossible !

Meg tressaillit en voyant son père, lord Welton, et sir Ector s'avancer d'un air menaçant.

— Sir Alexandre d'Ashby, tout lâche et couard qu'il soit, n'a jamais demandé merci. Rien ne prouve donc l'innocence ou la culpabilité de sir Richard. Son adversaire est revenu sur un aveu d'hérésie qui ne nous concerne pas : c'est sans rapport avec la question que nous voulions voir trancher.

Le groupe de prélats anglais, venus en qualité de témoins pour assister au jugement de Dieu, accueillit ce discours avec des sentiments partagés : les uns approuvaient, les autres non.

— Par le Ciel, messire, vous trouvez que l'on n'en a pas assez vu aujourd'hui ? gronda le roi, exaspéré par cette obstination.

Le primat d'Angleterre, qui avait autorité sur tous les évêques du pays, s'avança.

— Veuillez m'excuser, Sire, mais la réclamation de lord Welton est fondée. Plusieurs d'entre nous estiment qu'il est inutile de pousser l'affaire davantage, mais l'on ne peut ignorer cette objection maintenant qu'elle a été soulevée de façon publique.

Édouard II était dépassé par les événements.

— Que voulez-vous que nous fassions ? demanda-t-il. Le champion des Français a abandonné le combat : celui-ci est donc terminé. Voulez-vous dire que nous sommes revenus au point où nous en étions il y a une semaine, comme si le jugement de Dieu n'avait pas eu lieu ?

— Hélas oui, Sire ! confirma l'évêque. L'innocence de sir Richard n'est pas prouvée, car le duel n'a pas permis d'identifier nettement le vainqueur. Bref, nous sommes revenus à la case départ.

— Exigez, Sire, que sir Richard confesse le crime d'hérésie dont on l'accuse en qualité de templier, suggéra lord Welton d'un ton froid. Imposez-lui le châtiment qui convient, ou remettez-le aux Français pour qu'il subisse la question et mesure l'étendue de ses erreurs, en vue de son salut éternel.

Lord Welton jubilait. Il planta le dernier clou du cercueil qu'il avait méticuleusement refermé sur Richard en prononçant ces derniers mots :

— Je suis prêt à parier que, malgré la hâte avec laquelle ils ont quitté ce lieu, les inquisiteurs ne refuseraient pas qu'on leur fasse don de sir Richard pour l'emmener en France avec eux. Cette faveur apaiserait suffisamment frère de Villeroi pour qu'il s'abstienne de faire au roi Philippe le Bel un rapport en notre défaveur.

— Vil calculateur ! gronda Richard, aussitôt approuvé par Braedan.

Plusieurs gardes se précipitèrent pour s'interposer entre les deux frères et lord Welton.

Meg serra les poings et éclata.

— Par tous les saints, messire, quand donc en finirez-vous avec vos intrigues destructrices ? Vous étalez votre cupidité d'une façon indigne d'un homme d'honneur.

Lord Welton blêmit sous l'insulte, et le roi enfouit la tête dans ses mains tandis qu'un énorme tumulte saluait l'audace de cette attaque frontale contre l'un des grands du royaume.

Meg se dressait contre son père, indomptable, tremblante de rage et sûre de mériter cette fois-ci un exil définitif. Mais elle n'en avait cure : la seule chose dont elle pouvait se soucier, c'étaient les conséquences que cela aurait pour Richard.

Elle croisa le regard du chevalier : cet échange muet était si chaleureux qu'il les rendait invincibles. Il se tenait à présent calme et silencieux. Il se montrait totalement déterminé à ne pas se soumettre aux forces déployées contre lui. Il refusait de faire des aveux mensongers, fût-ce au prix de sa vie. Son honneur ne le souffrirait pas, et c'était l'une des nombreuses raisons pour lesquelles elle l'aimait tant.

Ce moment se prolongea, plein de complicité, de passion et d'un amour profond. Elle sut à cet instant qu'elle était prête à revivre toutes les souffrances qu'elle avait déjà endurées. Elle était prête à faire n'importe quoi, aussi difficile cela soit-il, pour libérer Richard du nœud coulant que son père tentait de lui serrer autour du cou.

Et elle eut soudain une inspiration.

Elle s'avança, toute droite, jusqu'au roi et parla d'une voix forte pour dominer le tumulte.

— Sire, j'implore votre attention sur le sujet qui nous occupe.

Édouard II leva vers elle un regard exténué.

— Eh bien, parlez, lady Margaret. Par le Saint-Esprit, nous avons épuisé toutes les idées pour sortir de cette folie.

— Je vous propose un échange, Majesté : moi-même contre la liberté de sir Richard. Je me soumettrai à mon père, lord Welton, et à sa volonté si toutes les accusations concernant sir Richard sont levées, et qu'on lui accorde un non-lieu pour l'ensemble de ses prétendus crimes.

— Non, Margaret, non ! hurla Richard avant que le roi n'ait articulé un mot. Je préfère la mort plutôt que te voir à la merci de ce félon !

Lord Welton se raidit. Tous les nobles présents échangèrent des commentaires excités, mais Margaret n'avait d'yeux que pour Richard. Elle était bouleversée de ce témoignage d'amour qu'il venait de lui décerner de façon publique.

— Il est inutile que tu te sacrifies pour moi, milady, continua Richard d'un ton plus posé.

Puis il se tourna vers le roi et ses pairs.

— En vérité, j'ai à confesser un péché commis quand j'étais templier. J'espère que le fait de le reconnaître satisfera les exigences de notre sainte mère l'Église, car je le fais en toute sincérité et désire m'amender.

Meg croisa les bras autour de sa taille, comme pour calmer l'émoi qui la bouleversait.

— Du fond du cœur, je confesse le seul acte que j'aie jamais commis susceptible d'être qualifié d'hérésie, poursuivit-il calmement. Plusieurs fois sur le champ de bataille, très loin d'ici, j'ai demandé le sacrement de confession à un autre templier, qui n'était pas prêtre. Nous avons commis ce péché dans notre désir de recevoir une bénédiction avant un combat où nous pouvions périr. Ce faisant, nous avons violé le droit canon. C'est le seul acte d'hérésie que j'admets avoir commis.

L'évêque hocha gravement la tête.

— Oui, c'est un grand péché, hérétique dans sa forme. Mais le fait que vous le confessiez vous honore, sir Richard. Vous paierez une amende et pour votre pénitence, on vous donnera à dire des prières et faire des méditations. Est-ce la seule chose que vous avez à confesser ?

— Non, murmura Richard. Il y a une autre faute que je dois révéler : non pas une hérésie mais un acte contraire aux statuts de l'ordre, un péché de chair pour lequel je jure de ne jamais me repentir.

De nouveau, des exclamations fusèrent mais Richard continua :

— Bien qu'ayant achevé officiellement le temps de mon service au sein de l'ordre, j'ai violé mon vœu de chasteté en aimant une femme : une femme somptueuse avec laquelle, je l'avoue, j'ai commis l'acte de chair. Mais j'entends compenser ce péché en épousant lady Margaret, monseigneur, si toutefois elle l'accepte.

L'évêque ne sachant que répondre, Meg prit la parole.

— J'accepte, Richard, répliqua-t-elle. Je t'épouserai devant Dieu et devant les hommes, pour sacraliser l'union de nos corps et de nos cœurs.

Éberlué par cette déclaration d'amour, l'évêque regardait tour à tour Richard et Margaret. Il les jugea sincères et, après un instant de réflexion, acquiesça.

— Eh bien, milady, si tel est votre désir, vous êtes à lui.

— Oui ! renchérit Édouard II, soulagé. Nous acceptons cette solution, acquise non sans mal, précisa-t-il d'une voix sonore, qui couvrit les protestations de lord Welton. Nous décrétons l'affaire entendue et non révisable, jusqu'à la fin de nos jours !

Le roi fit un signe de tête à Meg qui, jubilante, courut vers Richard. Ils tombèrent dans les bras l'un de l'autre, riant et pleurant à la fois. Il la serra contre lui de toutes ses forces. Elle posa la tête sur sa poitrine et il baisa sa chevelure.

Braedan courut à la rescousse, empoigna Richard par son épaule valide et le tourna vers lui pour l'embrasser à son tour. Le soulagement de Braedan était palpable, se dit Meg. Elle comprit quel calvaire avait subi le frère aîné en voyant son cadet frôler la mort.

La jeune femme se laissa également embrasser par Braedan, puis s'écarta un peu pour laisser les deux frères entre eux. Au bout d'un moment, Braedan prit congé et, toujours souriant, alla chercher de quoi panser la blessure de Richard.

Ainsi Meg et Richard se retrouvèrent-ils seuls au milieu de la bousculade de la cour qui se dispersait. Mais cette pagaille était sans importance, car la joie de Meg était parfaite dans les bras de cet homme qui avait terrassé un guerrier d'élite, un puissant comte et la redoutable Inquisition. Il l'avait fait pour elle, et afin que triomphe la justice. Il s'en sortait sain et sauf, à peine marqué par une écorchure qui serait bientôt cicatrisée.

Et ce n'était pas tout, songea-t-elle tandis qu'il la contemplait, très ému. C'est par amour pour elle qu'il avait fait tout cela.

— Je ne puis vivre sans toi, Margaret, souffla-t-il avant de lui embrasser le bout du nez. Tu le sais, n'est-ce pas ? Ne me quitte jamais, milady, car je mettrais fin à mes jours plus vite que n'importe quel guerrier ou tortionnaire ne serait capable de le faire.

— Je le jure, Richard, confirma-t-elle en se pressant contre lui. C'est pareil pour moi. Tu n'as rien à craindre, car je resterai toujours à tes côtés, et pour cela je me considère comme la femme la plus chanceuse du monde.

Enfin, leurs lèvres se rejoignirent dans un baiser plein de passion, lourd de promesses d'avenir merveilleuses.

Évidemment, cet avenir comporterait des efforts héroïques pour libérer Alex et Damien, pour défendre la cause des templiers devant les hommes de pouvoir. Mais d'abord, ils allaient goûter ensemble la joie d'être réunis, libérés de toute obscurité, de toute souillure et de la tristesse qui les avait écrasés si longtemps.

— Viens, murmura-t-elle avec un sourire timide. Viens te faire soigner dans notre chambre car, une fois que je t'aurai pansé, j'aurai envie de te montrer combien je t'adore.

— Comment ça ? demanda-t-il avec dans les yeux une lueur malicieuse qui bouleversa le cœur de Meg.

— Tu vas voir ! rétorqua-t-elle en lui caressant les joues avant de l'embrasser avec un petit rire. Car j'ai le sentiment qu'il me faudra très, très longtemps pour arriver à faire cela parfaitement.

— Ah bon ? s'enquit Richard, taquin. Eh bien, c'est en forgeant qu'on devient forgeron. L'éternité, ça te va ?

— Oui, mon amour, répondit Meg, les yeux voilés de larmes de bonheur. L'éternité, c'est exactement ce dont j'ai besoin.

Épilogue

Février 1308

Le vent d'hiver hurlait sur les tourelles du manoir de Hawksley. Il n'en faisait que meilleur dans la chambre confortable où se trouvaient Margaret et Richard, debout devant le grand feu de cheminée.

Meg était adossée contre le large torse de Richard, qui la tenait enlacée. De petits grêlons tombaient en chuintant dans le feu. Elle soupira, souriante.

— Eh bien ma femme, tu m'as l'air peu soucieuse de la tempête qui déchire la nuit, murmura Richard à son oreille en la frôlant des lèvres.

Ce contact léger la fit frissonner et elle se serra contre lui avec un petit grognement de plaisir.

— Oui, mon mari, répondit-elle, l'orage me plaît.

— Vraiment ? demanda-t-il d'un ton badin en s'écartant un peu. Tu es bien sûre que ce sont les forces brutes de la nature qui te plaisent, et non… ça ?

Tout en parlant, il remonta sa main posée sur la taille de Margaret pour cueillir un sein.

— Ou ça ?

Il baissa la tête pour la mordiller dans le cou.

— Mmm, ronronna-t-elle en s'étirant comme un chat et en penchant la tête pour mieux exposer son cou.

Déjà, elle sentait entre ses cuisses enfler un délicieux désir. Elle lui prit l'autre main sur son côté et la caressa langoureusement. Il eut un grondement satisfait : elle sourit malgré elle, toujours ravie de ses réactions à ses caresses.

— C'est injuste, murmura-t-il.

Elle comprit qu'il souriait, bien qu'elle ne vît pas son visage.

— Non ! C'est juste des chatouilles... C'est loin d'être aussi efficace que les caresses que tu m'administres.

Elle glissa entre les mains de Richard pour se poster face à lui, puis elle plongea les doigts dans les cheveux de son mari, au-dessus de la nuque, et leva les lèvres pour un baiser qui commença en douceur et se termina en explosion torride.

— Vraiment, mon mari, haleta-t-elle enfin, je serai heureuse de me glisser avec toi entre les draps ce soir... Mais avant que tu ne me fasses oublier ce que je souhaite te dire, je dois te demander si tu as des nouvelles de John.

— Non, pas encore, répondit-il, plus sérieux.

Leurs regards se croisèrent et elle fut, comme chaque fois, saisie par la beauté de ses yeux verts et or.

— Cela fait à peine plus de quinze jours que nous avons mis en sûreté le trésor des templiers en Écosse. John m'a garanti qu'il connaît des hommes – partisans secrets de l'ordre en France – qui peuvent nous conduire à Alex et Damien. Je m'attends à ce qu'ils se manifestent d'un jour à l'autre.

— Et alors ? s'enquit doucement Meg.

— Alors je partirai pour la France, faire tout ce que nous pourrons pour les arracher aux griffes de l'Inquisition.

Elle acquiesça d'un signe de tête, bien que déjà inquiète pour la sûreté de Richard. Certes, il était en possession d'un certificat d'absolution de l'Église, mais elle avait quand même peur, car la France était le pays le plus notoirement hostile à l'ordre du Temple, et son roi était déterminé à le détruire par tous les moyens.

— Il n'y aura rien à craindre, Meg, murmura-t-il comme s'il lisait dans ses pensées. Je serai prudent et je rentrerai ici sain et sauf. Ne t'inquiète pas !

Elle ne put s'empêcher de sourire quand, pour s'amuser, il lui mordilla l'oreille.

— C'est plus fort que moi, tu sais, répliqua-t-elle. Toute ma vie, je m'inquiéterai pour toi, Richard. Tu n'y échapperas pas.

— Et toi non plus, mon amour, rétorqua-t-il en lui caressant la lèvre inférieure avec le pouce, ce qui faisait toujours frémir la jeune femme de la tête aux pieds. Je crains que tu ne te libères jamais de mes soins assidus pour satisfaire tous tes besoins et tes désirs.

Il lui fit une kyrielle de petits baisers de la tempe au menton, avant de lever sa main. Il la tourna pour embrasser tendrement sa paume.

— Je te suis reconnaissante de me dire ça, soupira-t-elle en s'appuyant contre lui.

La joue sur sa poitrine, elle entendait le battement régulier du cœur de Richard.

— Je t'aime, Meg, murmura-t-il.

Le feu dans la cheminée les réchauffait agréablement. Le vent gémissait toujours à l'extérieur, mais son souffle glacé ne les atteignait pas.

— Je veux que tu saches que rien ne pourra y changer quoi que ce soit.

— Oui, Richard, répondit-elle doucement. Je le sais, car j'éprouve les mêmes sentiments.

Ils affronteraient ensemble tout ce que la vie leur apporterait, grâce à la force de leur amour.

Et cette force-là, jugea-t-elle avec un soupir de satisfaction, rien ne l'arrêterait jamais.

Postface

Les templiers étaient un corps d'élite à leur époque, comme aujourd'hui les bérets verts et autres forces spéciales. Cet ordre souverain, militaire et hospitalier fut créé à Jérusalem au début du XIIe siècle, pour protéger les pèlerins venant au Saint-Sépulcre. C'étaient des combattants bien entraînés qui se conformaient à un code strict d'honneur et de morale et ne dépendaient que du pape, quel que soit leur pays d'origine ou de résidence.

Le fait que les templiers fussent un ordre souverain conduisit certains à s'interroger sur ce qui se passait durant leurs chapitres réputés secrets, ainsi que sur leurs richesses. Le vœu de pauvreté leur interdisait d'amasser une fortune personnelle. Mais leur réputation d'honnêteté absolue fit d'eux les premiers banquiers internationaux. Ils contrôlaient d'immenses quantités d'or, de pierreries et autres valeurs, ce qui contribua à leur chute.

Le commencement de leur fin eut lieu à l'aube du vendredi 13 octobre 1307, quand le roi Philippe le Bel envoya des ordres à tous les baillis et sénéchaux du royaume : avant la tombée de la nuit, plusieurs milliers de templiers furent enfermés dans des bastilles et des geôles. Seuls une vingtaine parvinrent à fuir le royaume.

Ce sont ces hommes qui m'ont inspiré mes romans sur les chevaliers du Temple, ces hommes et la façon dont j'imagine qu'ils ont été pourchassés pendant des jours, des semaines et des mois, après la surprise de la première et brutale rafle.

Il est intéressant de remarquer la date de ces arrestations. À cause des templiers, l'Occident considère depuis ce jour le vendredi 13 comme un jour de malchance, quel que soit le mois où il tombe.

Beaucoup de mes livres mettent en scène d'authentiques personnages historiques, et celui-ci ne fait pas exception. Cela me demande naturellement des recherches. J'ai fait de mon mieux pour que les faits cités soient exacts, mais j'avoue me prévaloir d'une certaine liberté littéraire pour camper ces personnages. Néanmoins, comme je le présente dans cet ouvrage, le roi d'Angleterre Édouard II semble avoir été favorable à la cause des templiers : il ne les croyait pas coupables de pratiques hérétiques. D'ailleurs, quand il apprit les rafles, il réagit en envoyant des courriers aux souverains du Portugal, de la Castille, de l'Aragon et de Naples.

Il fallut que le pape en personne lui ordonne d'arrêter les templiers d'Angleterre et de les mettre à la question, pour qu'il transmette l'ordre à contrecœur aux baillis et sénéchaux de son royaume. Sur ce point précis, mon roman s'écarte de l'histoire. J'ai pris la liberté de situer en Angleterre le jugement de Richard en qualité de templier, et en présence d'inquisiteurs français, vers le mois de novembre 1307. En réalité, l'ordre d'arrêter les templiers en Angleterre ne fut donné que le 9 ou 10 janvier 1308. Quant aux inquisiteurs français, ils ne participèrent au jugement des templiers anglais qu'à partir du 13 septembre 1309.

Un autre événement historique auquel fait allusion cet ouvrage est le mariage de Piers Gaveston et Margaret de Clare, qui eut bien lieu le 2 novembre 1307 au château de Tunbridge, dans le Kent. Piers était le favori d'Édouard II, et le monarque anglais le couvrit à profusion de cadeaux, de titres et domaines. Cela provoqua beaucoup d'agitation dans le royaume et valut à Édouard II l'animosité de ses barons – ce qui ne sembla jamais beaucoup inquiéter le roi d'Angleterre.

Il existe bien d'autres points intéressants que j'aurais aimé révéler au lecteur à propos de l'ordre du Temple, de ses procès et des événements qui se déroulent dans ce roman. Toutefois, si je me laissais aller, cette postface risquerait de s'avérer aussi longue que le roman lui-même !

Je me contenterai donc de conclure que l'ordre du Temple est un organisme – une congrégation de moines guerriers – qui, bien qu'officiellement supprimé par une bulle du pape de 1314, a continué à stimuler l'imagination populaire dans le monde entier. À cause peut-être de leurs cérémonies secrètes et mystiques, et de l'accusation de pratiquer la magie noire, ou peut-être grâce à la conviction de nombreuses personnes que les templiers étaient les gardiens de reliques saintes tel le Graal – reliques que certains croient encore cachées là où les templiers les ont mises il y a plusieurs siècles. Leur héritage perdure et continue à attirer le respect et l'intérêt.

Je les trouve assurément passionnants, et j'espère leur avoir rendu justice devant l'Histoire, tout en narrant le cheminement parfois ardu de Meg et Richard vers la réalisation de leur amour passionné.

Merci, amie lectrice, ami lecteur, d'avoir été du voyage.

Mary REED MCCALL

AVENTURES & PASSIONS

19 août

Maggie Robinson

L'agence de Mme Evensong - 2 - Accordez-moi une nuit

Inédit

La vénérable Mme Evensong dirige la meilleure agence de placement de Londres. Le baron Alec Raeburn sollicite son aide : il a besoin d'une actrice qui jouerait une héritière ingénue afin de démasquer le meurtrier de sa femme. Et c'est Mary, la nièce de la vieille dame, qui va l'accompagner en Écosse pour vivre une aventure bien plus trépidante que tout ce qu'elle pouvait imaginer...

✦

Victoria Alexander

Secrets de famille - 1 - Un prince de rêve

Inédit

Camille a rencontré un prince et s'imagine déjà vivant dans un palais des Balkans. Même si pour cela, elle doit organiser un Noël digne des romans de Dickens pour l'impressionner. Et puisque toute la famille est absente, et les domestiques en congé, elle engage une troupe de comédiens. Grayson décide alors d'aider Camille qu'il aimait autrefois et qu'il aime toujours.

✦

Danelle Harmon

La saga des Montforte - 3 - L'intrépide

Andrew de Montforte, frère du duc de Blackheath, est fort attaché au célibat. Surpris dans une situation compromettante avec lady Celsiana Blake, il est dans l'obligation de l'épouser. Or Celsiana refuse : elle préfère la compagnie des animaux à celle des hommes !

26 août

Eloisa James

Les duchesses - 3 - Lady Harriet

Inédit

Harriet, duchesse de Berrow, s'ennuie depuis la mort de son mari. Ce qu'elle veut, c'est s'amuser. Déguisée en homme, elle décide de se rendre au bal organisé par le sulfureux lord Jem Strange à Fonthill, lieu de perdition. C'est l'occasion pour elle d'approcher le maître des lieux et de découvrir un monde bien étrange.

✦

Zoë Archer

Les justiciers - 3 - Une offre à double tranchant

Inédit

Bronwyn Parrish est une aristocrate veuve dont la fortune a mystérieusement disparu. Marco Black, agent de la Némésis, souhaite l'aider. Sa mission l'entraîne jusqu'à un puissant syndicat du crime. Et bientôt, tous deux doivent affronter un danger qui pourrait leur coûter la vie et une passion qui n'a pas de prix.

✦

Mary Reed McCall

Les chevaliers de l'ordre du Temple - La revanche du Templier

Pour protéger sa fortune de l'avidité de Hugues de Harwick, Alissande doit épouser Damien de Ashby, son ancien amour. Mais il est difficile pour elle de s'y résoudre, alors qu'elle l'a trahi et abandonné cinq ans plus tôt. Il doit sûrement la haïr aujourd'hui !

Jess Michaels

Les amantes - 3 - Un amour de courtisane

Inédit

Vivien Manning est une entremetteuse de luxe. Celle que l'on surnomme la « médiatrice » a permis la rencontre de nombreux couples. Lasse de cette vie, elle souhaite tout quitter. Auparavant, elle doit régler définitivement sa relation avec Benedict Greystone, l'homme qu'elle n'a jamais pu oublier.

BEST FRIEND

19 août

Shirley Jump, Susan Meier, Jackie Braun, Barbara Wallace

Un amour d'entremetteur

Inédit

Gaby est convoquée au manoir de son voisin, M. Bonaparte, mystérieux et excentrique milliardaire. Son majordome lui confie Charlie, le protégé à quatre pattes de M. Bonaparte. Car celui-ci doit effectuer un long voyage en Europe. Charlie, facétieux et rusé petit Jack Russell, va alors jouer les entremetteurs pour Gabby, puis successivement pour ses trois amies Marney, Mia et Jenny qui, tour à tour, vont prendre soin de lui. Les quatre amies trouveront-elles grâce à Charlie, le bonheur dont elles rêvent ?

Et toujours la reine du roman sentimental :

Barbara Cartland

« Les romans de Barbara Cartland nous transportent dans un monde passé, mais si proche de nous en ce qui concerne les sentiments. L'amour y est un protagoniste à part entière : un amour parfois contrarié, qui souvent arrive de façon imprévue.
Grâce à son style, Barbara Cartland nous apprend que les rêves peuvent toujours se réaliser et qu'il ne faut jamais désespérer. »
Angela Fracchiolla, lectrice, Italie

Le 19 août
La revanche du vicomte

8151

Composition
FACOMPO

Achevé d'imprimer en Italie
par GRAFICA VENETA
Le 8 juin 2015.

Dépôt légal : juin 2015.
EAN 9782290115367
L21EPSN001400N001
1er dépôt légal dans la collection : septembre 2006

ÉDITIONS J'AI LU
87, quai Panhard-et-Levassor, 75013 Paris

Diffusion France et étranger : Flammarion